本书为中国政法大学校级科学研究规划项目
"多元纠纷解决机制的中国传统与现代重构"的研究成果
项目编号:16ZFG82009

诉与非诉
诉讼传统及近现代演进

张德美◎著

SU YU FEISU
SUSONG CHUANTONG JI
JINXIANDAI YANJIN

中国政法大学出版社

2021·北京

图书在版编目（ＣＩＰ）数据

诉与非诉：诉讼传统及近现代演进/张德美著. —北京：中国政法大学出版社，2021.6

ISBN 978-7-5620-9759-4

Ⅰ.①诉… Ⅱ.①张… Ⅲ.①诉讼－司法制度－研究－中国 Ⅳ.①D925.04

中国版本图书馆CIP数据核字(2020)第232033号

出　版　者	中国政法大学出版社
地　　　址	北京市海淀区西土城路 25 号
邮寄地址	北京 100088 信箱 8034 分箱　　邮编 100088
网　　　址	http://www.cuplpress.com (网络实名：中国政法大学出版社)
电　　　话	010-58908289(编辑部) 58908334(邮购部)
承　　　印	北京九州迅驰传媒文化有限公司
开　　　本	880mm×1230mm　1/32
印　　　张	11
字　　　数	230 千字
版　　　次	2021 年 6 月第 1 版
印　　　次	2021 年 6 月第 1 次印刷
定　　　价	56.00 元

序

这本书，是我的中国政法大学校级科研规划项目"多元纠纷解决机制的中国传统与现代重构"的研究成果。

中国古代的诉讼审判制度，在西周时期便已初具规模，并在伴随司法实践不断丰富和发展的过程中形成了自己的特色。而诉讼外解决纠纷方法，在西周时期也已初见端倪，表明中国人从一开始便不想被某种形式主义的程序所束缚，不论诉与非诉，终极目的不过是解决纠纷而已。

有人把中国传统的诉讼模式称之为集权式审判，或父母官型诉讼，这些基于司法机关行为模式的概括未免有以偏概全之嫌，但影响却十分广泛。实际上，审判官集侦查、控诉、审判权于一身的纠问式诉讼模式为近代以前东西方国家所共有，所谓集权式审判实不足以体现中国传统诉讼模式的特色。至于父母官型诉讼的说法，主要基于古代民事审判不以实定法而以情理作为依据，其始作俑者既已清楚地知道古代重罪案件的立案判决必须严格依法进行，又如何用父母官型诉讼的说法来概括整个中国古代诉讼制度？

在法律制度西方化的背景下，人们对于中国传统诉讼制度的观察，常常无法摆脱西方视角。司法独立既然是预定的真理，反观中国传统诉讼制度，便觉有司法行政合一之弊；程序正义既然是预期的目标，反观中国传统诉讼制度，便觉审判官有为达目的不择手段之弊。客观来说，在近代以前行政机关分工尚不发达、司法审判只是古代衙门一种必备职能的前提下，无论如何不能指望在这个行政系统中分离出来一个独立的司法体系。而且，表面上的行政集权，并不意味着衙门内部缺乏司法职能的分工，宋代的审判制度，就可以为中国古代司法职能分工提供一个很好的例证。而以清代逐级审转复核制为代表的重案监督体制，也是在行政集权体制下一种行之有效的司法监督办法。

在中国古代的司法审判中，当事人并不都是沉默的羔羊。畏讼或许只是一种心理状态，诣阙而诉才能真正体现当事人的决心和行动，传统诉讼制度为当事人保留了上诉、越诉、直诉等多重救济方式，正是这许多决心和行动的反映。当然，并不是所有案件都需要这样不计成本，对于民间纠纷，当事人也可以选择诉讼外的解决方法。诉诸乡野村夫就能解决的事情，当然没必要诉诸皇帝。

今天，人们似乎已经忘记，诉讼与非诉讼手段的终极目标是解决纠纷，人们过度追求解决纠纷方法的正当性，在诉讼与非诉讼制度的建构中注入很多理想主义的内容，其结果是诉讼爆炸时代的来临，一度被唯一赋予解决纠纷正当性的司法机关不堪诉累，为了解决问题而建立的多元化纠纷解决机制因为无法摆脱对司法机关的依赖，可能会带来更多的问题。

本书尝试提出一些解决方法，但这并不是最重要的。重要的是，人们不应该满足于对传统诉讼制度的某些标签式的论断，而应该通过考察各个朝代的诉讼实践，探讨传统诉讼作为一个多方参与的过程，其各个侧面、在不同阶段所展现出来的特点，这样才能接近真实地反映中国传统诉讼制度的特征。人们也不应该把西方的诉讼模式当成预设真理，在追求司法独立时代我们曾经摒弃一切诉讼外纠纷解决方法，在ADR（替代性纠纷解决机制）来临时代，我们又为所谓东方经验而沾沾自喜，这只能说明我们还没有找到正确的方向。

但愿本书的写作，能够为上述探讨提供哪怕是一点点启发。

最后，感谢中国政法大学法学院为本书的出版提供资金支持！

特别感谢我的学生梁菊鲜女士，她为本书有关宋代州级审判的写作提供了大部分材料和基础研究，感谢中国政法大学法律史专业 2019 级硕士生李天成、刘欢同学，他们承担了本书初稿的校对工作。

感谢中国政法大学出版社第三编辑部各位编辑的辛勤劳动！感谢中国政法大学出版社玉成此书。

张德美

2021 年 1 月 8 日

目　录

古代部分

近现代部分

古 代 部 分

中国古代诉讼制度的特征

在长期的审判实践中，中国古代的诉讼制度逐步成形并日益完善。虽然历代没有编纂独立的诉讼法典，但在中国古代法律体系中，关于诉讼审判制度的内容极其丰富，且在审判职能、审判方式、证据收集与判断、审判监督、上诉救济等方面，都形成了自己的特色。目前学界关于中国古代诉讼审判制度总体特征的概括，如集权式审判、父母官式审判、小吏主导型审判等说法，均着眼于司法机关的行为模式，既无法反映作为一个过程的诉讼活动在某些重要环节上的特点，也无法体现诉讼当事人作为诉讼活动参与者的角色与功能，未免有以偏概全之弊。总体来说，中国古代诉讼制度的特征，包括以下方面：

一、审判是古代官吏的一种职能

在中国古代，审判几乎是所有行政机关都具备的职能，早在西周时期，便是如此。《周礼·秋官司寇》云：司寇"帅其属而掌邦禁，以佐王刑邦国"。《南季鼎》就记载了周王册命南季协助俗父掌理司寇的事务。但当时周王任命的很多官员都有审判职能，《扬簋》中任司工的扬、《毛公鼎》中掌公族与三有司的父厝、《大盂鼎》中任司戎的盂、《楚簋》中掌舟船的楚、

《蔡箴》中司王家内外及司百工的蔡，都兼管刑狱或诉讼之事。可见，即便真如《周礼》所讲，西周时期设立了专门的司法机关司寇，但司法并非该机关独有的权力，司法只是行政机关的职能之一。秦汉时廷尉是中央最高司法官吏，汉左丞相陈平曾告诉文帝"陛下即问决狱，责廷尉"，[1] 但其他中央官吏主持、参与重大案件审理的情况并不少见。如元狩元年（公元前 122 年）冬，"公卿请遣宗正、大行与沛郡杂治王（衡山王刘赐）"[2]；本始三年（公元前 71 年），"天子遣大鸿胪、丞相长史、御史丞、廷尉正杂治"[3] 广川王刘去诏狱。

唐宋以后，中央已设所谓三法司，但其他中央机关主持或参与重案审理的状况也很常见。唐太宗时，即"以古者断狱，必讯于三槐九棘之官，乃诏大辟罪，中书、门下五品以上及尚书等议之"[4]。武则天时，"润州刺史窦孝谌妻庞氏为奴诬告，云夜解祈福，则天令给事中薛季昶鞫之。"[5] 唐睿宗时张说任中书侍郎，兼雍州长史，"景云元年（710 年）秋，谯王重福于东都构逆而死，留守捕系枝党数百人，考讯结构之状，经时不决。睿宗令说往按其狱。"[6] 在宋代仍有所谓"杂治"，宋太宗时，兵部尚书多逊有罪，"命翰林学士承旨李昉、学士扈蒙、卫尉卿崔仁冀、膳部郎中知杂事滕中正杂治之"[7]。宋神宗时，

---

〔1〕《汉书》卷四十《陈平传》，中华书局 2000 年版，第 1585 页。
〔2〕《汉书》卷四十四《衡山王传》，中华书局 2000 年版，第 1659 页。
〔3〕《汉书》卷五十三《广川惠王传》，中华书局 2000 年版，第 1854 页。
〔4〕《旧唐书》卷五十《刑法志》，中华书局 2000 年版，第 1443 页。
〔5〕《旧唐书》卷八十五《徐有功传》，中华书局 2000 年版，第 1908 页。
〔6〕《旧唐书》卷九十七《张说传》，中华书局 2000 年版，第 2065 页。
〔7〕《宋史》卷二百六十四《卢多逊传》，中华书局 2000 年版，第 7197 页。

任太子中允、馆阁校勘、监察御史里行的徐禧"与中丞邓绾、知谏院范百禄杂治赵世居狱",后"朝廷以御史杂知,枢密院承旨参治"。[1] 诸如翰林学士承旨、学士、膳部郎中知杂事、知谏院,以及前面提到的唐代给事中、中书侍郎、中书、门下五品以上,还有汉代的大行、宗正、大鸿胪等中央官吏,似乎与司法职能毫不相干,却都参与了朝廷重要案件的审判。到了明清时期逐渐形成定制的秋朝、朝审,更是除三法司外,众多朝臣于天安门前共同议罪。至于地方,各级衙门自古以来被称为牧民之司,民间大小事务,概由官吏处置,受理词讼当然是应有之议。如果用近代分权的眼光来评判中国古代的司法权,未免有削足适履之嫌。在古代的中国,司法并不是一种独立的权力,而是官府的一种职能。法司既不免参议朝政,其他衙门审理案件自然也是正常的事情。

二、案件由集体审理

中国古代的审判制度排斥个人独断,这一点与近现代司法独立原则不相容。古代衙门里的审判,并不仅仅是一个人的事情,人们用集体智慧来防止个人独断之弊。以唐朝为例,当时大理寺设卿一员、少卿二员、正二人、丞六人、主簿二人、录事二人、府二十八人、史五十六人,大理寺卿掌"折狱详刑之事",少卿为之贰,正"参议刑辟",丞"分判寺事",如六丞"断罪不当",大理寺正"则以法正之"。[2] 作为三法司之一,大理寺职掌"折狱详刑",不独大理寺卿对判决负有责任,少

---

〔1〕《宋史》卷三百三十四《徐禧传》,中华书局 2000 年版,第 1854 页。

〔2〕《旧唐书》卷四十四《职官志》,中华书局 2000 年版,第 1284 页。

卿、正、丞、主簿、录事等属官同样会因错判受到牵连。《唐律疏议》规定："诸同职犯公坐者，长官为一等，通判官为一等，判官为一等，主典为一等，各以所由为首"，《疏议》对此进行了清楚的解释："同职者，谓连署之官。'公坐'，谓无私曲。假如大理寺断事有违，即大理卿是长官，少卿及正是通判官，丞是判官，府史是主典，是为四等。各以所由为首者，若主典检请有失，即主典为首，丞为第二从，少卿、二正为第三从，大卿为第四从，即主簿、录事亦为第四从；若由丞判断有失，以丞为首，少卿、二正为第二从，大卿为第三从，典为第四从，主簿、录事当同第四从。"该条注明："若通判官以上异判有失者，止坐异判以上之官"，意思是："假如一正异丞所判有失，又有一正复同判，即二正同为首罪。若一正先依丞判，一正始作异同，异同者自为首科，同丞者便即无罪。假如丞断合理，一正异断有乖，后正直云'依判'，即同前正之罪；若云'依丞判'者，后正无辜。二卿异同，亦各准此。其通判官以上，异同失理，应连坐者，唯长官及检勾官得罪，以下并不坐。通判以下有失，或中间一是一非，但长官判从正法，余者悉皆免罪。内外诸司皆准此。"[1] 可见，包括大理寺在内，唐代各级衙门官吏，分长官、通判官、判官、主典四等，对于本衙门公事，连坐承担责任。具体到本衙门受理案件，从长官到直接责任人，每个官员均得提出判决意见，并对该判决意见负责，判决既然不是长官一个人的事情，对于判决结果当然也不仅仅是长官承担责任。这种制度，宋人沿用。至明代，同僚四等官改称长官、

---

〔1〕《唐律疏议》卷五《名例》，"诸同职犯公坐者"条，法律出版社1999年版，第120页。

佐贰官、首领官、吏典〔1〕，而同职连坐之实并未改变。

因而在古代，直接主持案件审理的并总是各衙门长官，通常是一人断案，其他衙门官吏连署。下属官吏也得各抒己见，与长官意见或同或否，但都要对案件结果负责。唐高宗显庆三年（658 年），洛州妇女淳于氏因犯奸罪在大理寺受审，时任中书侍郎的李义府听说此女颇有姿色，"嘱大理寺丞毕正义求为别宅妇，特为雪其罪"，大理寺卿"段宝玄疑其故，遽以状闻，诏令按其事，正义惶惧自缢而死"〔2〕。唐中宗神龙年间，功臣敬晖、桓彦范被武三思陷害，皇帝下令大理寺给三人定罪。大理寺丞李朝隐"以晖等所犯，不经推穷，未可即正刑名"，当时裴谈任大理寺卿，"异笔断斩，仍籍没其家，朝隐由是忤旨。"除被发配到岭南，最后还是被贬为闻喜令。〔3〕后周广顺初，剧可久任大理卿，郑州人李思美之妻到御史台状告其夫贩卖私盐，本来罪不至死，但大理寺判官杨瑛却断以大辟。后杨瑛被治罪，剧可久"断瑛失入，减三等，徒二年半"〔4〕。北宋时单煦任御史台推直官，江南转运使吕昌龄被人诬告受贿，御史中丞张昇讯问后拟以此定罪，单煦却不肯阿附长官，最后替吕昌龄申了冤。〔5〕

地方衙门断案也是如此。根据《旧唐书·职官志》，唐代实行州县两级制，州长官刺史，通常下设别驾、长史、司马等官，

---

〔1〕《大明律》卷一《名例律》，"同僚犯公罪"条，法律出版社 1999 年版，第 16 页。

〔2〕《旧唐书》卷八十二《李义府传》，中华书局 2000 年版，第 1871 页。

〔3〕《旧唐书》卷一百《李朝隐传》，中华书局 2000 年版，第 2115 页。

〔4〕《宋史》卷二百七十《剧可久传》，中华书局 2000 年版，第 7588 页。

〔5〕参见《宋史》卷三百三十三《单煦传》，中华书局 2000 年版，第 8575 页。

为通判官，以下设司功、司仓、司户、司兵、司法、司士六曹参军事为判官，再下有典狱、问事、白直等为主典。县长官为令，下设丞、主簿、尉，再有司户、司法乃至典狱、问事、白直等。州县属吏之中，不乏片言折狱之辈。裴琰之，永徽年间任同州司户参军，州中有积年旧案数百起，刺史李崇义令其审结，裴琰之"命书吏数人，连纸进笔，斯须剖断并毕，文翰俱美，且尽与夺之理"，从此裴琰之名扬天下，号为"霹雳手"。[1] 宋代有名的开封府，断案一度被属吏所左右，据《宋史·吴择仁传》载：故事，尹以三日听讼，右曹吏十辈列庭下，自占姓名，一人云："某人送某狱，某人当杖，某人去"，而尹无所可否。[2] 其实宋代州县建制与唐有所不同。州长官称知州，下设通判，虽佐贰知州，但"凡兵民、钱谷、户口、赋役、狱讼听断之事，可否裁决，与守臣通签书施行"[3]。通判之下为幕职官，再下有录事参军、户曹参军事、司法参军事、司理参军事等。县长官称知县，下设县丞、主簿、尉等。宋代中央及地方法司断案实行鞫谳分司，所谓"狱司推鞫，法司检断，各有司存，所以防奸也"[4]。州司法参军"掌议法断刑"，司理参军"掌讼狱勘鞫"，[5] 集体断案的特征更加彰显，地方衙门属吏在司法实践中发挥了重要作用。宋仁宗时，张洞任颖州推官，百姓刘甲强迫其弟刘柳鞭笞柳妻致死，州中官吏认为刘柳

---

〔1〕《旧唐书》卷一百《裴漼传》，中华书局 2000 年版，第 2117 页。

〔2〕《宋史》卷三百二十二《吴择仁传》，中华书局 2000 年版，第 8396 页。

〔3〕《宋史》卷一百六十七《职官七》，中华书局 2000 年版，第 2663 页。

〔4〕（明）黄淮、杨士奇编：《历代名臣奏议》卷二百一十七《慎刑》，上海古籍出版社 1989 年版，第 2850 页。

〔5〕《宋史》卷一百六十七《职官七》，中华书局 2000 年版，第 2664 页。

当处极刑，知州欧阳修也有此意。张洞认为"律以教令者为首"[1]，刘柳为从犯，不当处死。但其余官吏并未采纳，后此案诉于朝廷，结果如张洞所判。仁宗时刘敞任杨州知州，天长县民王甲因杀人罪入狱，刘敞察觉其中有冤情，于是委派户曹杜诱审理，但杜诱未能平反此案，几乎给王甲定罪。最后刘敞亲自审理，终于查明案情。[2]南宋周敦颐曾任分宁主簿，"有狱久不决，敦颐至，一讯立辨"。后来周敦颐调任南安军司理参军，"有囚法不当死，转运使王逵欲深治之"，周敦颐不惜辞官，据理力争，终于使囚犯得以免罪。[3]到了明代，所谓"朝廷建官，郡设司理，事无巨细必取咨，狱无大小必取决"[4]，《大明令·刑令》规定："凡各府推官，职专理狱，通署刑名文字，不预余事"[5]，由此可见推官专职审理。广州府推官颜俊彦以一部洋洋大观的《盟水斋存牍》传世，足见其治狱之才。

古代司法官吏似乎很愿意借助集体智慧解决疑难案件。衙门之内如此，衙门之间讨论案件的情况也很平常。"（唐）太宗以古者断狱，必讯于三槐九棘之官，乃诏大辟罪，中书、门下五品已上及尚书等议之。"唐中宗景龙年间，韩思复任给事中，左散骑常侍严善思因谯王李重福事下狱，法司拟绞刑，许多大臣认为严善思应得到宽恕，法司仍执意处死。韩思复这样反驳："臣闻刑人于市，爵人于朝，必金谋佥同，始行之无惑。谨按诸

---

〔1〕《宋史》卷二百九十九《张洞传》，中华书局 2000 年版，第 8052 页。

〔2〕参见《宋史》卷二百九十九《刘敞传》，中华书局 2000 年版，第 8355 页。

〔3〕参见《宋史》卷二百九十九《周敦颐传》，中华书局 2000 年版，第 9938 页。

〔4〕（明）颜俊彦：《盟水斋存牍》"叙"，中国政法大学法律古籍整理研究所整理标点，中国政法大学出版社 2002 年版，第 6 页。

〔5〕《大明律》"附录"，怀效锋点校，法律出版社 1999 年版，第 261 页。

司所议，严善思十才一人，抵罪惟轻。夫帝阍九重，涂远千里。故借天下之耳以听。听无不聪；借天下之目以视，视无不接。今群言上闻，采择宜审，若弃多就少，臣实惧焉。……今措词多出，法合从轻。""上纳其奏，竟免善思死，配流静州。"〔1〕法司的意见难敌悠悠众口，这是发生在唐代的情形，而由汉迄宋史不绝书的"杂治"，明清时期名目繁多的会审，都是合众人之力断案的例子。《周礼》云："司寇听之，断其狱，弊其讼于朝，群士司刑皆在，各丽其法，以议狱讼"〔2〕。众人断案，成为中国古代司法审判的传统。

三、证据调查重结果轻程序

关于程序正义，美国最高法院的一位法官曾说过："程序公正与规范是自由不可或缺的内容。苛严的实体法如果公正地、不偏不倚地适用是可以忍受的。"〔3〕西方这种对于程序正义的关注，源于其法律传统。在古罗马时代，诉讼制度的发展便经历了法定诉讼、程式诉讼和非常程序三个时期，在诉讼制度发展的初始阶段，即实行严格的形式主义，特别是法定诉讼，对于诉讼形式的拘泥达到僵化的地步，"当事人在诉讼中必须使用法定的言词和动作，稍有出入，即致败诉"〔4〕。非常程序的出现可以说是对于种刻板的形式主义的改变。而从英国衡平法的发展进程，便可知道让西方改变对于严格程序的偏执并不是一

〔1〕《旧唐书》卷一百一《韩思复传》，中华书局2000年版，第2132页。

〔2〕《周礼·秋官司寇》。

〔3〕［英］威廉·韦德：《行政法》，徐炳等译，中国大百科全书出版社1997年版，第93页。

〔4〕周枏：《罗马法原论》（下），商务印书馆1996年版，第858页。

件十分容易的事情。在中国诉讼制度发展的轨迹上，没有留下这种严格的形式主义的痕迹。在西周青铜铭文中，可以见到周王对于司法官的训诫，无非要求断案公正、及时，而不是要他们拘泥于一些固定的程式。秦墓竹简中的《封诊式》，包含诸如审讯、查封、勘验之类的文书，也并不让人觉得如何僵化。《史记·酷吏列传》记载了汉代廷尉张汤少年时的故事：有一次张汤的父亲出门，留张汤看家。父亲回来的时候发现家里的肉被老鼠偷了，大怒之下将张汤揍了一顿。后来张汤掘开鼠洞发现了剩下的肉并抓住了老鼠，于是"劾鼠掠治，传爰书，讯鞫论报，并取鼠与肉，具狱磔堂下"。这段历史记录了张汤的天才，同时不难看出，当时的审判程序并不会让一个孩子觉得难以模仿。唐宋以后，刑律基本定型，其中斗讼、断狱篇集中了关于诉讼程序的内容。

不过，古代司法官吏似乎并不在意按部就班地执行诉讼程序，但对于案情真相的探究却十分执着。《尚书·吕刑》曰："两造具备，师听五辞。五辞简孚，正于五刑"，《周礼·秋官司寇》则说："以五声听狱讼，求民情，一曰辞听，二曰色听，三曰气听，四曰耳听，五曰目听"，人们很早就知道通过察言观色查明案情。西晋律学家张斐对此有过很好的阐释："夫刑者，司理之官；理者，求情之机，情者，心神之使。心感则情动于中，而形于言，畅于四支，发于事业。是故奸人心愧而面赤，内怖而色夺。论罪者务本其心，审其情，精其事，近取诸身，远取诸物，然后乃可以正刑。仰手似乞，俯手似夺，捧手似谢，拟手似诉，拱臂似自首，攘臂似格斗，矜庄似威，怡悦似福，喜怒忧欢，貌在声色。奸真猛弱，候在视息。出口有言当为告，下手有禁当为贼，喜子杀怒子当为戏，怒子杀喜子当为贼。诸如此类，自非至精不能极其理也"[1]。张斐认为，人的内心动机将外化为言语行动，司法官吏根据人的外在表现反察其心理，就能够查明实情，正刑定罪。在古代侦查手段较为落后的情况下，通过审查案件相关各方口供，从中发现案情真相，看起来是较为便宜的方法。有些经验，甚至世代相传，成为官箴的一部分。如宋代陈襄在《州县提纲》提到"详究初词"，强调初审的重要性及隔别审问的方法，"昔刘公安世谓宋若谷治狱有声，惟曰：狱贵初情，分牢处问而已。今之县狱，初词乃讼之权舆，郡狱悉凭之以勘鞫。凡里正及巡尉解全犯人，多住外绝停教唆，变乱情状，若县令不介意而辄付之主吏，则受略偏曲，一律供责，其后欲得真情难矣。如解至犯者十名，即点差他案贴吏十名，各于一处隔问责供，顷刻可毕，内有异同，互加参诘，既得大情，轻者则监，重者则禁，然后始付主吏，虽欲改变情款，诬摊平人，不可得矣。"[2] 元代张养浩在《牧民忠告·听讼·察情》指出问案应从供词矛盾处入手："夫善听讼者，必先察其情；欲察其情，必先审其辞。其情直，其辞直；其情曲，其辞曲。政使强直其辞，而其情则必自相矛盾，从而诘之，诚伪见矣。"[3] 在《风宪忠告·审录》中，张养浩还讲到问案时态度问题："莅官之法无他，口威心善而已矣。口威则欲其事集，心善则不欲轻易害物。况久系之囚，尤当示以慈祥，

〔1〕《晋书》卷三十《刑法志》，中华书局 2000 年版，第 605 页。

〔2〕（宋）陈襄：《州县提纲·详究初词》，载《官箴书集成》编纂委员会编：《官箴书集成》（一），黄山书社 1997 年版，第 60 页。

〔3〕（元）张养浩：《为政忠告》之《牧民忠告·听讼·察情》，载《官箴书集成》编纂委员会编：《官箴书集成》（一），黄山书社 1997 年版，第 209 页。

召之稍前，易其旧所隶卒吏，温以善色，使自陈颠末，情无所疑，然后参之以按。若据按以求情，鲜有不误人者"[1]。明汪天锡所辑《官箴集要·听讼》有《问法》一则，强调各种案件须侧重调查的证据："为政岂能无讼，有讼而听，能使其曲直分明，人心畏服，斯为美矣。如诉产业，则诘其契券先后何如；诉婚姻，则诘其媒妁财礼何如；诉斗殴，则诘其缘由伤损何如；诉盗贼，则诘其出入踪迹何如；诉诈扰，则诘其彼此强弱何如；诉赌博，则诘其摊场钱物何如；诉奸私，则诘其奸所捕获何如；诉私铸，则诘其炉冶器具何如；诉私宰，则诘其刀仗皮肉何如。词讼之多，不可枚举，听讼者苟能以意推详，再三诘问，待其决有可受之理，方可准理，凡告者皆须明注年月，指陈实事，不得称疑，有诬告者抵罪反坐。"[2] 明代余自强在《治谱·听讼》中告诉新官如何分清供词真假："原被赴审，必各有一番话说，成诵在心，听之皆是无可置曲直于其间矣。新官以文士羞涩心肠，当刁民熟便滑口，若唤审时只出耳听，真情未必能得。须吩咐原被不许开口，待将状词情节年月或于当中插问一二句，或于当中头尾反拆一二句，欲问牛，先问马，欲门赵甲，先问钱乙，欲顺问，反倒问，不问不言，有问方答。总之，欲易他准备之语，吐他真实之词，如此错综三伍，或用威吓，或用婉探，推之以情，决之以理，市井小民，伎俩有几，能当播弄哉！知此法，天下无不可决之讼，无不可得之情，所谓真情假不得，

---

〔1〕（元）张养浩：《为政忠告》之《风宪忠告·审录第五》，载《官箴书集成》编纂委员会编：《官箴书集成》（一），黄山书社1997年版，第228页。

〔2〕（明）汪天锡辑：《官箴集要》之《听讼·问法》，载《官箴书集成》编纂委员会编：《官箴书集成》（一），黄山书社1997年版，第285页。

假情真不得也。"[1]

为了查明案情，有时司法官吏甚至到了不择手段的地步，下面是几个例子：

> （1）唐朝佥都御史杨武为淄州令，善用奇。邑有盗市人稷米者，求之不得。公摄其邻居者数十人，跪于庭而漫理他事，不问。已忽厉声曰："吾得盗米者矣。"其一人色动，良久复厉声言之，其人愈益色动。公指之曰："第几行第几人是盗米者。"其人遂服。[2]

> （2）（宋代元绛摄上元令）甲与乙被酒相殴击，甲归卧，夜为盗断足，妻称乙，告里长，执乙诣县，而甲已死。绛赦其妻曰："归治而夫丧，乙已伏矣。"阴使信谨吏迹其后，望一僧而笑，切切私语。绛命取僧絷庑下，诘妻奸状，即吐实。人问其故，绛曰："吾见妻哭不哀，且与伤者共席而襦无血污，是以知之。"[3]

> （3）（宋绍熙年间刘宰任泰兴令）邻邑有租牛县境者，租户于主有连姻，因丧会，窃券而逃。它日主之子征其租，则曰牛鬻久矣。子累年讼于官，无券可质，官又以异县置不问。至是诉于宰，宰曰："牛失十载，安得一旦复之。"乃召二丐者劳而语之故，托以它事系狱，鞫之，丐者自诡盗牛以卖，遣诣其所验视。租户曰："吾牛因某氏所租"。

---

〔1〕 （明）佘自强：《治谱》卷四《听讼一》，载《官箴书集成》编纂委员会编：《官箴书集成》（二），黄山书社1997年版，第112页。

〔2〕 （清）周尔吉：《历朝折狱纂要·察盗卷》，新华书店北京发行所1993年版，第123页。

〔3〕 《宋史》卷三百四十三《元绛传》，中华书局2000年版，第8709页。

丐者辞益力，因出其券示之，相持以来，盗券者怃然，为归牛与租。富室亡金钗，惟二仆妇在，置之有司，咸以为冤。命各持一芦，曰："非盗钗者，诘朝芦当自若；果盗，则长于今二寸。"明旦视之，一自若，一去其芦二寸矣，即讯之，果伏其罪。[1]

(4) 明朝四川成都守。某县有奸狱，一曰和奸，一曰强奸，县令久不能决，臬司檄属成都守鲁公永清讯之，因公平日有折狱才也。公讯此案，遂令隶有力者脱去妇衣，诸衣皆去，独裹衣妇以死自持，隶无如之何。公曰："供作和奸。盖妇苟守贞，衣且不能去，况可犯邪？"遂以和奸定案，责而逐之。[2]

案例一，杨武为抓获疑犯，不惜拘捕邻右数十人；案例二，元绛为求证奸情，竟然偷"取僧縶"作假案；案例三，刘宰为取得证据，居然收买乞丐，设局诱骗；案例四，鲁公审案最为离谱，为了分辨和奸与强奸，竟然命令下属当庭猥亵妇女。诸如此类的断案，司法官吏集侦查、起诉、审判权于一身，为了查明事实可以在诉讼过程的任何一个阶段采取一些非常措施，有时是罔顾所谓形式正义的。即便如包拯之类的清官，有时为求得真相，亦不惜使用非常手段。据《宋史》记载，包拯知天长县时，为查明盗割牛舌之人，居然强令牛的主人把牛杀掉鬻卖，[3] 虽然最终满足了自己的求知欲，但原告却得不偿失。而

---

〔1〕《宋史》卷四百〇一《刘宰传》，中华书局 2000 年版，第 9568 页。

〔2〕（清）周尔吉：《历朝折狱纂要·诘奸卷》，新华书店北京发行所 1993 年版，第 27 页。

〔3〕参见《宋史》卷三百一十六《包拯传》，中华书局 2000 年版，第 8309 页。

在林林总总的包公故事中，刑讯情节令人发指，如《三侠五义》中包公以"杏花雨"将郭槐几乎刑求致死；《清风闸》中以挝指等极残酷手段拷讯妇女强氏；《蝴蝶梦》中包公更是不问皂白，将王氏兄弟一步一棍打上厅来。[1]《宋史》所谓"阎罗老包"并非浪得虚名，不过，这些故事并没有使包公在人们心目中成为一名酷吏，而为千夫所指。这也说明，为查明案情中国古代的审判官不惜采取任何手段，花样翻新的诱供固然智慧可期，霸王硬上弓式的刑讯亦无不可。公堂，与其说是演示正义的地方，不如说是展示审判术的舞台。

四、判断证据依靠情理

瞿同祖先生在著名的《中国法律与中国社会》一文中曾经断言："中国有史以来就以刑讯来获得口供，早就不仰赖神判法了"，他认为"神判法是人们在不能利用自己的智力来搜索犯罪证据或迫使嫌疑犯吐露实情时，不得不仰赖于神的一种方法"[2]，诚然，在中国早期的文献中没有见到以求证罪之有无为目的的神卜记录，但是，"古代西方司法证明方式的基础是当时人们对神的无可争议的信仰和崇拜。当然，这也反映了人们对'告知真理'的青睐。法庭审判无非是为这种'告知'提供一种舞台，因此那时的当事人不是用证据去说服法官或审判员接受他的主张，而是求助于超自然的力量或神明的'示意'来

---

〔1〕 参见徐忠明：《包公故事：一个考察中国法律文化的视角》，中国政法大学出版社2002年版，第426~427页。

〔2〕 瞿同祖：《中国法律与中国社会》，载氏著：《瞿同祖法学论著集》，中国政法大学出版社1998年版，第276页。

证明其主张。古代西方国家的法律没有赋予被告人做出不争辩答辩或减轻处罚答辩的权利，也没有关于自首和回避的规定，因为'万能的上帝'只能回答是或不是"[1]。而从殷墟出土的十几万片甲骨卜辞中可以看到，当时强制措施的实施、刑具的使用、刑罚的执行，几乎所有诉讼活动都和占卜联系起来。如：

"壬辰卜，贞幸于□圉"（壬辰日占卜，贞问在某圉中要将罪人戴上手械吗）。

"贞……取幸"（贞问……要提取被幸执的人吗）。

"癸丑卜，宾，贞惟吴令执仆"（癸丑日占卜，贞人宾问卦，命令吴去执捕仆奴可以吗）。

"刖十仆"（对十个仆奴施行刖刑）。

"戊午卜，永，贞刖，不死"（戊午日占卜，贞人永问卦，施行刖刑，不会有人死亡吗）。

"……亦刖在敢"（在敢地也施用刖刑）。[2]

瞿同祖先生承认："神判法在中国的历史时期虽已绝迹，但是我们只是说在规定的法律程序上不见有神判法而已。实际上神判法还依然有其潜在的功能。官吏常因疑狱不决而求梦于神，这显然是求援于神的另一种方式"[3]。历史学家的研究成果表

---

[1] 何家弘：《司法证明方式和证据规则的历史沿革——对西方证据法的再认识》，载《外国法译评》1999年第4期。

[2] 刘海年、杨升南、吴九龙：《甲骨文法律文献译注》，载刘海年、杨一凡总主编：《中国珍稀法律典籍集成：甲骨文金文简牍法律文献》（甲编第一册），科学出版社1994年版，第52、53、126、128、129页。

[3] 瞿同祖：《中国法律与中国社会》，载氏著：《瞿同祖法学论著集》，中国政法大学出版社1998年版，第277页。

明，中国各地区各民族中的神判形式多样，从不同角度可作多种分类，如有人从施行手段分，则有捞沸判、铁火判、能力判、人体判、人血判、人头判、饮食判、灵物判、煮物判、鸡卜判、起誓判等，[1] 名目之繁多，与西方相比，毫不逊色。商代甲骨卜辞中神灵的启示往往用于预测某种诉讼手段或某种裁决结果的吉凶，这说明当诉讼过程中出现某种不可确定的状况时，神灵的启示乃是最后的决定因素。这种法律制裁与宗教制裁的紧密联系，而不是如瞿同祖先生所说的"分开"[2]，也正体现了神明裁判的实质。

到了周代，中国古代证据制度已经悄然发生了变化。从《散氏盘》等青铜铭文可以看到，周代的司法审判，常常由周王室指派大臣主持。审判官非常重视起诉方的陈述与被诉方的口供，并不时派遣专官进行调查勘验，以检验双方当事的人言辞是否属实，这些证据最终影响着审判的结果。如果说这一时期神明裁判正逐渐消失，那么一种新的证据制度随之建立，这种新的证据制度在《尚书》《周礼》等古代文献中初现端倪。《尚书·吕刑》谓"两造具备，师听五辞"，《周礼·秋官司寇》云："以五刑听万民之狱讼，附于刑，用情讯之。"所谓"师听五辞"或者"以五声听狱讼"，其实质都是"用情讯之"，也就是说依据情理来判断口供的真伪。如张斐所言："夫刑者，司理之官；理者，求情之机，情者，心神之使"，"论罪者务本其心，审其情，精其事，近取诸身，远取诸物，然后

---

〔1〕 参见邓敏文：《神判论》，贵州人民出版社 1991 年版，第 10~15 页。
〔2〕 瞿同祖：《中国法律与中国社会》，载氏著：《瞿同祖法学论著集》，中国政法大学出版社 1998 年版，第 273 页。

乃可以正刑。"

这种依据情理判断证据真伪的办法普遍存于历代司法实践之中。晋惠帝时，尚书裴颁奏陈周龙被诬一案，认为该案"考之情理，准之前训，所处实重"[1]；唐代名臣魏征曾代任侍中，"尚书省滞讼有不决者，诏征评理之。征性非习法，但存大体，以情处断，无不悦服"[2]；宋太宗太平兴国六年（981年）曾下诏曰："诸州大狱，长吏不亲决，胥吏旁缘为奸，逮捕证佐，滋蔓逾年而狱未具。自今长吏每五日一虑囚，情得者即决之"[3]；元朝政府曾禁止滥刑，"诸鞫狱不能正其心，和其气，感之以诚，动之以情，推之以理，辄施以大披挂及王侍郎绳索，并法外惨酷之刑者，悉禁止之。"[4]

据情理判断证据也是历代法典的一项重要内容。唐律规定："诸应讯者，必先以情，审查辞理，反复参验，犹未能决，事须讯问者，立案同判，然后拷讯"，《唐律疏议》对本条的解释是："依《狱官令》：'察狱之官，先备五听，又验诸证信，事状疑似，犹不首实者，然后拷掠'。故拷囚之义，先察看其情，审其辞理。反覆案状，参验是非"，如果仍不能决疑的，才可以按照法定程序实施刑讯。唐律同时还规定："若赃状露验，理不可疑，虽不承引，即据状断之"[5]，也就是说，如果证据明显，从情理上不容置疑，那么即使犯人不认罪，仍可对其定罪量刑。

---

〔1〕《晋书》卷三十《刑法志》，中华书局 2000 年版，第 608 页。

〔2〕《旧唐书》卷七十一《魏征传》，中华书局 2000 年版，第 1720 页。

〔3〕《宋史》卷一百九十九《刑法志》，中华书局 2000 年版，第 3320 页。

〔4〕《元史》卷一百〇三《刑法二》，中华书局 2000 年版，第 1747 页。

〔5〕《唐律疏议》卷二十九《断狱》，"诸应讯囚者"条，法律出版社 1999 年版，第 120 页。

《宋刑统》除沿用上述律疏内容外，还援引《周礼》做进一步的解释："诸察狱之官，先备五听。按《周礼》云：'以五声听狱讼，求民情。一曰辞听，观其出言，不直则烦；二曰色听，观其颜色，不直则赧然；三曰气听，观其气息，不直则喘；四曰耳听，观其听聆，不直则惑；五曰目听，观其瞻视，不直则眊然'"[1]。晚清律学家薛允升对于"诸应讯囚者"条有如下评价："《唐律》之讯囚，必先以情云云，即《周礼》之所谓用情讯之也。《疏议》云：察狱之官，先备五听，即《周礼》之辞听等也。依此听断，盖已十得八九矣。犹不能决，始用刑拷，而拷囚则不过三度，杖数不得过二百，并不得过所犯之数。且有拷满不承，即取保放之，及理不可疑，虽不承引，即据状断之诸法，而又定罪疑者，以赎论。大小之狱，无不周至"，薛允升又说："《明律》不载，未知何故"[2]。的确，《大明律》并无类似规定，但依据情理判断证据仍是明代司法的重要内容。据《明史·刑法志》记载："霜降后审录重囚，实自天顺间始。至成化初，刑部尚书陆瑜等以请，命举行之。狱上，杖其情可矜疑者，免死发戍。列代奉行，人获沾法外恩矣"。所谓"情可矜疑"，自然据情理而论。《盟水斋存牍》是明崇祯末广州府推官颜俊彦于任职期间所撰判语及公牍专集。作者在自序中写道："若夫昔人之言曰：'小大之狱，虽不能察，必以情'。听狱之道，贵情不贵文……"时人卢兆龙为该书所作《叙》云："谳略、翻案，矜审诸案，皆原情中律，以理决疑，不以己意

---

〔1〕《宋刑统》卷二十九《断狱律》，"诸应讯囚者"条，法律出版社1999年版，第539页。

〔2〕（清）薛允升：《唐明律合编》卷三十，法律出版社1999年版，第819页。

执信"[1]。可见，情与理，无论在封建法典之中，还在历代司法审判中，都是确认证据真实性的重要因素。

五、案件审理受上级监督

在中国古代，司法官吏对于案件的审理通常要受到上级衙门的监督。如《周礼》言：乡士掌国中狱讼，"旬而职听于朝"，遂士掌四郊狱讼，"二旬而职听于朝"，县士掌野之狱讼，"三旬而职听于朝"，方士掌都家狱讼，"三月而上狱讼于国"，司寇收到这些案件后，"弊其讼于朝，群士司刑皆在，各丽其法，以议狱讼"。[2] 简言之，地方案件经审理后须上报王室，在司寇主持下众司法官吏共同审理，作出最终裁决。在《周礼》成书的年代，这种关于诉讼制度的描绘，多少带有理想化的成分。但是考虑到《周礼》作为儒家重要经典之一，它所勾画的蓝图对于独尊儒术的封建朝代，还是有着不可估量的影响。

事实上，根据西周青铜铭文的记载，西周时期的诉讼案件，有的由周王亲自审理，有的由大臣单独审理，如《曶鼎》记载了井叔审理曶控告效父的案子；[3] 有的由几位大臣共同审理，如《五祀卫鼎》记载了井伯等五位大臣共同审理裘卫诉邦君厉

---

〔1〕 （明）颜俊彦：《盟水斋存牍》，中国政法大学法律古籍整理研究所整理标点，中国政法大学出版社 2002 年版，第 7、8 页。

〔2〕 《周礼·秋官司寇》。

〔3〕 刘海年、杨升南、吴九龙：《甲骨文法律文献译注》，载刘海年、杨一凡总主编：《中国珍稀法律典籍集成：甲骨文金文简牍法律文献》（甲编第一册），科学出版社 1994 年版，第 320 页。

的案件。[1] 在世卿世禄制下，诸侯、卿、大夫等在自己的封地内审理案件具有相当的自主性，周王通常不加干预。

秦汉以后，从中央到地方建立了等级严格的行政官僚体制。司法官吏对于诉讼案件的审理，越来越多地受到上级机关的监督乃至干预。在汉代，地方官吏尚具有很大的司法管辖权，所谓"刺史守令杀人不待奏"[2]。但是，地方上不能裁决的疑难案件，须逐级上报至朝廷。高祖七年（公元前 200 年），下诏"狱之疑者，吏或不敢决，有罪者久而不论，无罪者久系不决。自今以来，县道官狱疑者，各谳所属二千石官，二千石官以其罪名当报之。所不能决者，皆移廷尉，廷尉亦当报之。廷尉所不能决，谨具为奏，傅所当比律令以闻"[3]。景帝后元年（公元前 143 年），又下诏"狱，重事也。人有愚智，官有上下。狱疑者谳，有令谳者已报谳而后不当，谳者不为失"[4]。

三国两晋南北朝时期，皇帝加强了对于死刑案件判决的控制。魏明帝青龙四年（236 年）诏："令廷尉及天下狱官，诸有死罪具狱以定，非谋反及手杀人，亟语其亲治，有乞恩者，使与奏当文书俱上，朕将思所以全之"[5]。北魏律规定："诸州国之大辟，皆先谳报乃施行"[6]。当时皇帝经常参与一些要案的

---

〔1〕 刘海年、杨升南、吴九龙：《甲骨文法律文献译注》，载刘海年、杨一凡总主编：《中国珍稀法律典籍集成：甲骨文金文简牍法律文献》（甲编第一册），科学出版社 1994 年版，第 316 页。

〔2〕 （清）赵翼：《陔余丛考》卷十六，河北人民出版社 1990 年版，第 289 页。

〔3〕《汉书》卷二十三《刑法志》，中华书局 2000 年版，第 935~936 页。

〔4〕《汉书》卷二十三《刑法志》，中华书局 2000 年版，第 936 页。

〔5〕《三国志》卷三《魏书·明帝纪》，中华书局 2000 年版，第 81 页。

〔6〕《魏书》卷一百一十一《刑罚志》，中华书局 2000 年版，第 1921 页。

审理，如魏明帝太和三年（229年）改"平望观"为"听讼观"，史载"每断大狱，常幸观临听之"[1]。晋武帝泰始四年（268年）十二月："帝临听讼观，录廷尉洛阳狱囚，亲平决焉。"[2]

隋唐以后，对于司法机关受案的监督管理更加明确。《唐律》规定："诸断罪应言上而不言上，应待报而不待报，辄自决断者，各减故失三等。"对于此条的解释是：依《狱官令》，"杖罪以下，县决之。徒以上，县断定，送州覆审讫，徒罪及流应决杖、笞若应赎者，即决配征赎。其大理寺及京兆、河南府断徒及官人罪，并后有雪减，并申省，省司覆审无失，速即下知；如有不当者，随事驳正。若大理寺及诸州断流以上，若除、免、官当者，皆连写案状申省，大理寺及京兆、河南府即封案送。若驾行幸，即准诸州例，案覆理尽申奏。"若不依此令，是"应言上而不言上"；其有事申上，合待报下而不待报，辄自决断者："各减故、失三等"，谓故不申上、故不待报者，于所断之罪减三等；若失不申上、失不待报者，于《职制律》"公事失"上各又减三等。即死罪不待报，辄自决者，依下文流二千里。[3]

根据上述规定，每一级司法机关只能在自己权限内作出判决，对于不属于自己裁决权限内的案件，经过审理作出判决意见后须逐级上报，上级机关也只能在自己管辖权限内判决案件，

〔1〕《三国志》卷三《魏书·明帝纪》，中华书局2000年版，第73页。

〔2〕《晋书》卷三《武帝纪》，中华书局2000年版，第39页。

〔3〕《唐律疏议》卷二十九《断狱》，"诸断罪应言上而不言上"条，法律出版社1999年版，第603页。

同时对下级司法机关判决意见中的错误之处进行批驳。死刑最终上报皇帝，实行所谓三覆奏或五覆奏。如果司法机关未依法向上级机关申报或不待上级批复即行判决，须承担法律责任。在这种制度下，法律纠纷经各级司法机关层层过滤，轻微刑事案件及民事案件在低层级司法机关得到解决，最后送到中央司法机关或皇帝面前的，尽是些重案要案。

到了明代，虽然《大明律·刑律》无复类似规定，但于《吏律》中规定："若军务、钱粮、选法、制度、刑名、死罪、灾异及事应奏而不奏者，杖八十。应申上而不申上者，笞四十。若已奏已申，不待回报而辄施行者，并同不奏不申之罪。"〔1〕可见，上下级司法机关之间在审理案件上的监督指导仍然存在。至于执行死刑，更须奏报，"凡死罪囚不待覆奏回报而辄处决者，杖八十。"〔2〕

清代依然如此，"刑事案件的逐级向上申报，构成了上一级审判的基础，清代的法律术语叫作'审转'，在《会典》与《律例》中都要一再提到。如直隶州案件'向例由道审转'，'军流人犯解司审转'，距省遥远各厅州县案件，'就近审转'，徒刑以上（含徒刑）案件在州县初审后，详报上一级复核，每一级都将不属于自己权限的案件主动上报，层层审核，直至有权作出判决的审级批准后才终审。这样，徒刑至督抚，流刑至刑部，死刑最后真至皇帝，所以可以叫作'逐级审转复核

---

〔1〕《大明律》卷三《吏律·公式》，"事应奏不奏"条，法律出版社 1999 年版，第 38 页。

〔2〕《大明律》卷二十八《刑律·断狱》，"死囚覆奏待报"条，法律出版社 1999 年版，第 223 页。

制'",郑秦教授指出:"这种审判程序也是历代相沿的,下级审理的案件主动向上审转,并非是对当事人负责,而是对上司的负责"[1]。

除了上级司法机关的逐层审核外,监察机关的监督也是古代案件审理的重要环节。汉代刺史乃至唐代监察御史的职责都包括对于地方冤狱的审察。监督机构"对审判机构的监督,诸如审判官是否守法,审理案件是否合法的监督,通常是通过参与或干预审判活动来实现的,这是中国古代监察制度的显著特点,也是监察机构成为古代司法机构重要组成部分的决定性因素"[2]。到了清代,法律授权监察机构如科道、按察使、监察御史等对审判行为予以监督。例如,"若各部院、督抚、监察御史、按察使,及分司巡历去处,应有词讼,未经本管官司陈告,及(虽陈告而)本宗公事未结绝者,并听(部院等官)罪簿立限,发当该官司追问,取具归结缘由勾销。若有迟错,(而部院等官)不即举行改正者,与当该官吏同罪"[3];"各省州、县及有刑名之厅、卫等官,将每月自理事件,作何审断,与准理拘提完结之月日,逐件登记,按月造册,申送该府、道、司、抚、督查考。其有隐漏装饰,按其干犯,别其轻重,轻则记过,重则题参,……若上司徇庇不参,或被人首告,或被科道纠参,

---

〔1〕 郑秦:《清代司法审判制度研究》,湖南教育出版社1988年版,第153页。

〔2〕 陈光中、沈国峰:《中国古代司法制度》,群众出版社1984年版,第41～42页。

〔3〕《大清律例》卷三十《刑律·诉讼》,"告状不受理"条,法律出版社1999年版,第478页。

将该管各上司，一并交与该部，从重议处。"[1]

六、当事人得多重救济

当事人起诉以后，案件经过官府审理，如果当事人认为裁决结果对自己不公正，可以通过上诉、越诉、直诉等手段进一步寻求救济。这些救济机会，对于对方当事人是均等的。

秦汉时期在判决宣布以后，如果当事人不服，可以用"乞鞫"的方式寻求救济，《二年律令·具律》规定：

> 罪人狱已决，自以罪不当欲气（乞）鞫者，许之。气（乞）鞫不审，驾（加）罪一等；其欲复气（乞）鞫，当刑者，刑乃听之。死罪不得自气（乞）鞫，其父、母、兄、姊、弟、夫、妻、子欲为气（乞）鞫，许之。其不审，黥为城旦舂。年未盈十岁为气（乞）鞫，勿听。狱已决盈一岁，不得气（乞）鞫。气（乞）鞫者各辞在所县道，县道官令、长、丞谨听，书其气（乞）鞫，上狱属所二千石官，二千石官令都吏覆之。[2]

根据上述规定，当事人自认为官府定罪不当即可乞鞫，但若内容不实，则加罪一等。如欲第二次乞鞫，则须待所处刑罚执行完毕之后。死刑犯不得自行乞鞫，而是由父、母、兄、姊、弟、夫、妻、子代为乞鞫，若内容不实，则黥为城旦舂。未满

---

[1] 《大清律例》卷三十《刑律·诉讼》，"告状不受理"条，法律出版社1999年版，第479~480页。

[2] 张家山汉墓竹简整理小组编：《张家山汉墓竹简（二四七号墓）》，文物出版社2001年版，第149页。

十岁者乞鞫，不予受理。判决已满一年者，不得乞鞫。乞鞫案件，由县令长、县丞听审，并做记录，把案情上报给郡守，由郡守派都吏复审。

唐宋时期，当事人告诉，须从下而上，逐级上诉。接受上诉的官府应该受理，"谓非越诉，依令听理者，即为受。推抑而不受者，笞五十。"法律上禁止越诉，当时所谓越诉，"谓应经县而越向州、府、省之类"，越诉者本人及受理官司，依律"笞四十"。[1] 关于上诉及越诉，宋代还特别规定："准周广顺二年（952年）十月二十五日救节文：起今后诸色词讼，及诉灾沴，并须先经本县，次诣本州、本府，仍是逐递。不与申理及断遣不平，方得次弟陈状及诣台省，经匦进状。其有蓦越词讼者，所由司不得与理，本犯人准律文科罪。"[2]

虽然明清时期禁止越诉，但越诉的情况还是十分常见。《明史·刑法志》记载："洪武末年，小民多越诉京师，及按其事，往往不实，乃严越诉之禁。命老人理一乡词讼，会里胥决之，事重者始白于官，然卒不能止，越诉者日多，乃用重法，戍之边。宣德时，越诉得实者免罪，不实仍戍边。景泰中，不问虚实，皆发口外充军，后不以为例也。"可见，明代对于越诉虽然采取严厉打击的态度，但越诉现象仍屡禁不止。

清朝对于越诉的态度相对温和，在实践中，既有"未控州

---

〔1〕《唐律疏议》卷二十四《斗讼》，"诸越诉及受者"条，法律出版社1999年版，第482页。

〔2〕《宋刑统》卷二十四《斗讼》，"诸越诉及受者"条，法律出版社1999年版，第32页。

县，即控道府，未控道府，即控院司"[1]的案子，也有"业经在该管衙门控理，复行上控"[2]的情况，而"已经本管官司陈告，不为受理，及本宗公事已绝，理断不当，称诉冤枉"[3]，也是当事人上控的理由之一。

对于上控案件，"如果词讼未经该管衙门控告，辄赴院司道府，如院司道府滥行准理，照例议处"[4]；如果已经该管衙门受理，当事人复行上控的，上级衙门应"先将原告穷诘，果情理近实，始行准理"[5]；如果所控属虚，则"诬告与越诉，二罪并坐"[6]。至于"已经本管官司陈告，不为受理，及本宗公事已绝，理断不当，称诉冤枉"的，"各衙门即便勾问，若推故不受理，及转委有司，或仍发原问官司收问者，依告状不受理律论。"[7]道光十二年（1832年），在总结前代处理上控案件已有条例的基础上定例，若上控案件"讯系原问各官业经定案，或案虽未定而有抑勒画供、滥行羁押、及延不讯结并书役诈赃

---

〔1〕《大清会典事例》卷八百一十六《刑部·刑律诉讼》，"越诉二"条，光绪二十五年（1899年）刻本，新文丰出版公司1976年版，第15331页。

〔2〕《大清会典事例》卷八百一十五《刑部·刑律诉讼》，"越诉一"条，光绪二十五年（1899年）刻本，新文丰出版公司1976年版，第15325页。

〔3〕《大清会典事例》卷八百一十七《刑部·刑律诉讼》，"告状不受理"条，光绪二十五年（1899年）刻本，新文丰出版公司1976年版，第15338页。

〔4〕《大清会典事例》卷八百一十五《刑部·刑律诉讼》，"越诉一"条，光绪二十五年（1899年）刻本，新文丰出版公司1976年版，第15325页。

〔5〕《大清会典事例》卷八百一十五《刑部·刑律诉讼》，"越诉一"条，光绪二十五年（1899年）刻本，新文丰出版公司1976年版，第15325页。

〔6〕《大清会典事例》卷八百一十六《刑部·刑律诉讼》，"越诉二"条，光绪二十五年（1899年）刻本，新文丰出版公司1976年版，第15331页。

〔7〕《大清会典事例》卷八百一十七《刑部·刑律诉讼》，"告状不受理"条，光绪二十五年（1899年）刻本，新文丰出版公司1976年版，第15338页。

舞弊等情事，如在督抚处具控，即发交司道审办，或距省较远、即发交该管守巡道审办；如在司道处具控，即分别发交本属知府，或邻近府州县审办；如在府州处具控，即由该府州亲提审办"，不论如何，上控案件"不准复交原问官并会同原问官办理"，审理之后，"按其罪名系例应招解者，仍照旧招解，系例不招解者，即由委审之员详结，其有委审之后，复经上控者，即令各上司衙门亲提研鞫，不得复行委审。"〔1〕

　　直诉是当事人通过官府寻求救济的最后手段。直诉制度始于魏晋，实际上，早在秦汉时期，某些重要案件的当事人或者他们的家属便可以通过直接上书皇帝的方式寻求救济。在诏狱调查过程中，被告或其家属可以通过上书等方式寻求救济，如《史记·李斯列传》称："斯所以不死者，自负其辩，有功，实无反心，幸得上书自陈，幸二世之寤而赦之。"不幸的是，李斯给二世的上书被赵高"弃去不奏"，且称："囚安得上书!"〔2〕

　　宣帝时，京兆尹赵广汉客私酤酒长安，为丞相吏所逐去，客怀疑苏贤为告密者，广汉遂派长安丞调查苏贤，尉史禹遂弹劾贤为霸上骑士，"不诣屯所，乏军兴。"苏贤父亲"上书讼罪，告广汉，事下有司覆治。禹坐要斩，请逮捕广汉。有诏即讯，辞服，会赦，贬秩一等"〔3〕。

　　虽然在秦汉时期存在着当事人及其亲属通过上书皇帝寻求救济的情况，但并没有形式正式成立的制度。到西晋时，始在

---

〔1〕《大清会典事例》卷八百四十三《刑部·刑律断狱》，"辩明冤枉"条，光绪二十五年（1899年）刻本，新文丰出版公司1976年版，第15589页。

〔2〕《史记》卷八十七《李斯列传》，中华书局2000年版，第1992页。

〔3〕《汉书》卷七十六《赵广汉传》，中华书局2000年版，第2395页。

朝堂之前设有登闻鼓，正式创立了直诉制度。晋武帝泰始年间西平人曲路伐登闻鼓，"言多祅谤，有司奏弃市……舍而不问。"[1] 北魏世祖时，"阙左悬登闻鼓，人有穷冤则挝鼓，公车上奏其表。"[2] 南朝梁亦有"挝登闻鼓，乞代父命"的记载。[3] 到了唐宋时期，这种直诉制度已经通过立法的形式确定下来，如唐律规定："邀车驾及挝登闻鼓，若上表诉，而主司不即受者，加罪一等。"也就是说，当事人通过阻挡皇帝车驾及挝登闻鼓，以及上表的方式寻求救济，相关机构必须受理，否则杖六十。[4] 如果当事人选择上述方式直诉，但所诉内容不实，则要受到杖八十的处罚。[5] 在司法实践中，当事人采用这种救济方式的并不少见。《宋史·张雍传》便记载了雍熙元年（984年）开封府居民王元吉被后母诬告，当事人通过直诉伸冤的情形，此案先由开封府右军巡审理，次移左军巡，再移司录司，最后上奏皇帝，因证据不足，王元吉被处以徒刑。后元吉妻张氏击登闻鼓称冤，太宗召见张氏，问得实情后，派御史鞫问，尽得刘寡妇诬告其子的真相。[6] 在宋代，有时老百姓甚至通过击登闻鼓来解决家庭财产问题。也是在雍熙元年，开封女子李某击登闻鼓诉冤，该女自称无后，且疾病缠身，恐死后家业无所托付。后太宗下诏由开封府处理此案，开封府打听到李某尚

---

〔1〕《晋书》卷三《武帝纪》，中华书局 2000 年版，第 39 页。

〔2〕《魏书》卷一百一十一《刑罚志》，中华书局 2000 年版，第 1921 页。

〔3〕《梁书》卷四十七《吉翂传》，中华书局 2000 年版，第 452 页。

〔4〕《唐律疏议》卷二十四《斗讼》，"诸越诉及受者"条，法律出版社 1999 年版，第 482 页。

〔5〕《唐律疏议》卷二十四《斗讼》，"诸邀车驾"条，法律出版社 1999 年版，第 481 页。

〔6〕参见《宋史》卷三百〇七《张雍传》，中华书局 2000 年版，第 8177 页。

有父亲健在，居然把她的父亲抓了起来。李某只好再击登闻鼓，皇帝听说这种情况非常诧异，不禁感慨："此事岂当禁系，辇毂之下，尚或如此。天下至广，安得无枉滥乎？"〔1〕

明洪武元年（1368 年），便置闻登闻鼓于午门外，每日派御史监督，"非大冤及机密重情不得击，击即引奏。后移置长安右门外，六科、锦衣卫轮收以闻。"明宣德时，直登闻鼓给事林富为重囚击鼓诉冤所恼，受到皇帝训斥："登闻鼓之设，正以达下情，何谓烦恼？自后凡击鼓诉冤，阻遏者罪。"〔2〕

清于顺治初立登闻鼓于都察院，后移入通政司。雍正八年（1730 年）议准："从前设立鼓厅衙门，以达民间冤抑，原派科道轮流巡直，嗣因归与通政司管理，未派专员，致有诬妄越诉之人，逾墙混行击鼓。请饬通政司每月派参议一员，轮班掌管，遇有击鼓之人，讯取确供，奏闻请旨。"〔3〕

不论击登闻鼓或迎车驾，所诉情节必须属实。《大清律例》规定："若迎车驾及击登闻鼓申诉而不实者，杖一百；（所诬不实之）事重（于杖一百）者，从（诬告）重（罪）论；得实者，免罪。"〔4〕顺治十八年（1661 年）还曾规定"凡有冤抑事情，在原问衙门、通政使司及登闻鼓控告不为审理者，方赴长安门外，将不准官姓名一并叩诉"，如所诉冤情属实，而"原衙

---

〔1〕《宋史》卷一百九十九《刑法志一》，中华书局 2000 年版，第 3320～3321 页。

〔2〕《明史》卷九十四《刑法志》，中华书局 2000 年版，第 1547 页。

〔3〕《大清会典事例》卷八百一十六《刑部·刑律诉讼》，"越诉二"条，光绪二十五年（1899 年）刻本，新文丰出版公司 1976 年版，第 15330～15331 页。

〔4〕《大清律例》卷三十《刑律·诉讼》，"越诉"条，法律出版社 1999 年版，第 473 页。

门、通政使司、登闻鼓不与审理或审断不明，经别衙门审出，原问官及不准官俱治罪"[1]。但是，对于擅入天安门、午门等处诉冤的，即便"奉旨勘问得实者问，枷号一月，满日杖一百。若涉虚者，杖一百发边远地方充军"[2]。对于那些借叩阍之机撒泼闹事及希图报复的，也要严惩，嘉庆六年（1801年）修订条例："其有曾经法司督抚衙门问断明白，意图翻异，辄于登闻鼓下及长安左右门等处自刎自缢、撒泼喧呼者，或因小事纠集多人，越墙进院，突入鼓厅妄行击鼓谎告者，拿送法司，追究主使教唆之人，与首犯俱杖一百、徒三年，余人各减一等。如有捏开大款，欲思报复，并将已经法司督抚衙门断明事件意图翻异，聚众击鼓者，将首犯照擅入午门、长安等门叫诉冤枉例发边远地方充军，余人亦各减一等。"[3]

中国古代的审判制度，在长期的发展演变中形成了自己的特色。与近代诉讼制度所追求的审判独立截然不同的是，中国古代的司法审判，特别是一些重要案件的审判，通常靠集体的智慧裁决。在衙门内部，根据一般人的情理对于涉案证据的真实性作出判断，每个参与审判的官吏都要提出自己的意见，并对此负责；在衙门外部，是自上而下的逐级监督。至于重大案件，更是多官会审后由皇帝裁决。这种集体断案的传统，使案件审理不可避免地受到各种力量的干涉，但可以在一定程度上

〔1〕《大清会典事例》卷八百一十六《刑部·刑律诉讼》，"越诉二"条，光绪二十五年（1899年）刻本，新文丰出版公司1976年版，第15329页。

〔2〕《大清会典事例》卷八百一十五《刑部·刑律诉讼》，"越诉一"条，光绪二十五年（1899年）刻本，新文丰出版公司1976年版，第15320页。

〔3〕《大清会典事例》卷八百一十五《刑部·刑律诉讼》，"越诉一"条，光绪二十五年（1899年）刻本，新文丰出版公司1976年版，第15320页。

弥补个人知识的不足，防止个人独断的偏见。在这种审判传统下，审判官吏在追求事实真相的过程中不择手段，刑讯逼供于是愈演愈烈。当然，执着于实体正义的结果，也可能使某些错案最终得以纠正。而在逐级审转制下，固然可能使案件无限期地拖延，从而增加诉讼成本，却为当事人提供更多伸冤的机会。而历代关于上诉、越诉、直诉制度的规定，更为当事人主动寻求救济提供了更多的可能。这些特征，可以说是瑕瑜互现。近代以后，历次法律变革过程中，固有的审判制度在备受批评中趋于消亡，不过当诉讼制度的研究至今仍浸淫在西方话语模式里的时候，反思相沿数千年之久的中国传统审判制度，其中所蕴藏的理性因素还是不可轻忽的。

诉讼制度的早期形态：
商周时期的司法审判

中国古代的诉讼制度，在商周时期只是初具规模。由于年代浸远，现存史料有限，给人们认识这一时期的司法审判制度带来了很大的困难。即便如此，通过考察这些有限史料，仍然可以看到，中国传统诉讼制度的某些特征在商周时期便已经成型。

一、商朝司法制度回顾

首先考察一下殷商时期的司法状况。

(一) 商王的司法权

《尚书·汤誓》云："尔尚辅予一人，致天之罚，予其大赉汝！尔无不信，朕不食言。尔不从誓言，予则孥戮汝，罔有攸赦。"[1]《尚书·盘庚》云："无有远迩，用罪伐厥死，用德彰厥善。邦之臧，惟汝众；邦之不臧，惟予一人有佚罚。"[2] 商汤、盘庚均以予一人自称，对于不从王命征伐及迁都的臣民，吓之以刑罚，表明商王在司法方面具有至高无上、唯我独尊的地位。在商代甲骨卜辞中，屡见商王参与司法活动的记录，如：

---

〔1〕 李民、王健撰：《尚书译注》，上海古籍出版社 2004 年版，第 105 页。
〔2〕 李民、王健撰：《尚书译注》，上海古籍出版社 2004 年版，第 155 页。

余乎（呼）省系。八月。[1]

丙寅卜，王，令火戈辛。[2]

贞翌庚辰王往屠首。[3]

贞惟王自虎陷皿。[4]

从上述史料来看，商王有时派人行刑，有时甚至亲临刑场，他既关注强制措施的执行状况，对于执行刑罚的结果也是小心翼翼，在司法活动的每个环节，都要通过占卜的形式预测吉凶，体现了"殷人尊神，率民以事神"[5]的宗教习俗对于司法实践的影响。

（二）商代贵族的司法权

至于商王以下的司法机构，目前在史料中很难找到清晰的描述。虽然《尚书·酒诰》言及商代官制，云："越在外服，侯甸男卫邦伯；越在内服，百僚庶尹，惟亚惟服宗工。"但考诸甲骨文史料，历史学者认为："除了商末出现的书记类职官'作册'之外，明确的行政类职官并没有在商代政府中有所区别，也没有脱离服务于王室、向特定官员传达王命的王室贞人的宗教性质。"[6] 在

---

[1] 刘海年、杨升南、吴九龙主编：《中国珍稀法律典籍集成：甲骨文金文简牍法律文献》（甲编第一册），科学出版社1994年版，第12页。（本书所引甲骨文及金文解释全部参照此书。）

[2] 刘海年、杨升南、吴九龙主编：《中国珍稀法律典籍集成：甲骨文金文简牍法律文献》（甲编第一册），科学出版社1994年版，第107页。

[3] 刘海年、杨升南、吴九龙主编：《中国珍稀法律典籍集成：甲骨文金文简牍法律文献》（甲编第一册），科学出版社1994年版，第178页。

[4] 刘海年、杨升南、吴九龙主编：《中国珍稀法律典籍集成：甲骨文金文简牍法律文献》（甲编第一册），科学出版社1994年版，第223页。

[5] 《礼记·表记》，崔高维点校本，辽宁教育出版社1997年版，第171页。

[6] 李峰：《西周的政体：中国早期的官僚制度和国家》，生活·读书·新知三联书店2010年版，第32页。

甲骨卜辞中，不乏商代贵族执行刑罚的记录，如：

> 庚午雀幸仆。[1]
>
> 乙酉卜，甫允幸沚。[2]
>
> 癸巳，余卜，印幸。[3]
>
> 癸丑卜，宾，贞惟吴令执仆。[4]
>
> 辛卯王……小臣丑……其亡（无）圉于东对。王占曰：吉。[5]

在上述占卜者中，雀被史学者认为是商王室贵族，甫是武丁时重要官员和氏族长，"余卜"被称为"非王氏卜辞"，即卜辞不属于王室系统而属于贵族家族，历史学者根据此类卜辞认为："在商代贵族家族内也有权拘执人。他们在家族内拥有司法权，以对付家内的奴隶和被奴役的家族成员。"[6] 后面两条卜辞中，吴是武丁时期的重要人物，小臣则是官职名。历史学者曾考证出商代24个"官名"，这个数字后来还被扩大到65个，不过，这些名称中的大部分，包括小臣，被认为"显然是某类

---

〔1〕 刘海年、杨升南、吴九龙主编：《中国珍稀法律典籍集成：甲骨文金文简牍法律文献》（甲编第一册），科学出版社1994年版，第26页。

〔2〕 刘海年、杨升南、吴九龙主编：《中国珍稀法律典籍集成：甲骨文金文简牍法律文献》（甲编第一册），科学出版社1994年版，第38页。

〔3〕 刘海年、杨升南、吴九龙主编：《中国珍稀法律典籍集成：甲骨文金文简牍法律文献》（甲编第一册），科学出版社1994年版，第40页。

〔4〕 刘海年、杨升南、吴九龙主编：《中国珍稀法律典籍集成：甲骨文金文简牍法律文献》（甲编第一册），科学出版社1994年版，第52页。

〔5〕 刘海年、杨升南、吴九龙主编：《中国珍稀法律典籍集成：甲骨文金文简牍法律文献》（甲编第一册），科学出版社1994年版，第94页。

〔6〕 刘海年、杨升南、吴九龙主编：《中国珍稀法律典籍集成：甲骨文金文简牍法律文献》（甲编第一册），科学出版社1994年版，第41页。

人的名称或者代表其地位，而不是应明确规定行政权限的职官名称"[1]。但他们的贵族身份，应该是毋庸置疑的。

（三）强制措施

单纯根据甲骨卜辞，很难勾画出商朝司法审判程序的细节，大致上，在司法过程中会采取一些强制措施。如系缚：

> ……羌。王占［曰］……［旬］又二日癸酉……十羌系，……十丙又……[2]
>
> 贞雀致石系。[3]
>
> 余乎（呼）省系。八月。[4]

再如桎梏，前面史料中提及的"幸"便是桎梏，"甲骨文'幸'字不仅是手枷的象形，而是指束缚手脚的一种刑具，其字之上加表示足部的'止'字，则表示械其足。被施以刑具之人，或囚于狱中，或罚作苦役，亦即后世的'刑徒'之类。"[5]

在《甲骨文法律文献译注》中，作者把甲骨文中所见的系缚和桎梏都认定为拘系之刑，[6] 这是值得商榷的。因为系、幸等措

---

〔1〕 李峰：《西周的政体：中国早期的官僚制度和国家》，生活·读书·新知三联书店 2010 年版，第 32 页。

〔2〕 刘海年、杨升南、吴九龙主编：《中国珍稀法律典籍集成：甲骨文金文简牍法律文献》（甲编第一册），科学出版社 1994 年版，第 6 页。

〔3〕 刘海年、杨升南、吴九龙主编：《中国珍稀法律典籍集成：甲骨文金文简牍法律文献》（甲编第一册），科学出版社 1994 年版，第 10 页。

〔4〕 刘海年、杨升南、吴九龙主编：《中国珍稀法律典籍集成：甲骨文金文简牍法律文献》（甲编第一册），科学出版社 1994 年版，第 12 页。

〔5〕 刘海年、杨升南、吴九龙主编：《中国珍稀法律典籍集成：甲骨文金文简牍法律文献》（甲编第一册），科学出版社 1994 年版，第 14 页。

〔6〕 刘海年、杨升南、吴九龙主编：《中国珍稀法律典籍集成：甲骨文金文简牍法律文献》（甲编第一册），科学出版社 1994 年版，第 5 页。

施是执行逮捕的官员实施的限制罪犯人身自由的办法，和逮捕一样，目的都是为了保证刑罚的实行，本身却不是最终的处罚，而最终的处罚是由商王决定的。下面两条卜辞都是商王对于抓捕结果的占卜，最后的"既幸"或"幸"代表成功实施抓捕：

> 癸巳卜，宾，贞臣幸。王占曰：吉。其惟乙、丁。七日丁亥既幸。[1]

> 癸酉卜，亘，占臣得。王占曰：其得，惟甲、乙。甲戌臣涉舟，延陷，弗告。旬有五日丁亥幸。十二月[2]

下面两条卜辞则是商王对被逮捕犯人的后续处理，有时献祭于神灵，有时罚作苦役：

> ……以执，王其寻于……（某神灵）。[3]

> 丙戌卜，争，贞其告执于河。[4]

> 辛巳，贞其执以至于商。[5]

（四）犯人的审察讯问

在抓获犯人之后、决定处罚之前，商王有时还要派官员审

---

〔1〕 刘海年、杨升南、吴九龙主编：《中国珍稀法律典籍集成：甲骨文金文简牍法律文献》（甲编第一册），科学出版社1994年版，第15页。

〔2〕 刘海年、杨升南、吴九龙主编：《中国珍稀法律典籍集成：甲骨文金文简牍法律文献》（甲编第一册），科学出版社1994年版，第16页。

〔3〕 刘海年、杨升南、吴九龙主编：《中国珍稀法律典籍集成：甲骨文金文简牍法律文献》（甲编第一册），科学出版社1994年版，第66页。

〔4〕 刘海年、杨升南、吴九龙主编：《中国珍稀法律典籍集成：甲骨文金文简牍法律文献》（甲编第一册），科学出版社1994年版，第69页。

〔5〕 刘海年、杨升南、吴九龙主编：《中国珍稀法律典籍集成：甲骨文金文简牍法律文献》（甲编第一册），科学出版社1994年版，第72页。

察、讯问犯人，例如：

> 余乎（呼）省系。八月。[1]
>
> 甲戌卜，内，翌正，有省执陟……[2]
>
> 贞……取幸。[3]
>
> □□卜，贞白（伯）戓典执。四月。[4]
>
> □□，子，卜，轕……令讯幸……[5]

上述史料中的"省""讯"等字很容易让人对商朝的审讯程序产生联想，但仅此而已，毕竟这样的史料寥寥无几，不足以让人形成有关商朝审判程序的完整印象。

（五）刑罚的施行

关于商朝执行刑罚的卜辞异常丰富，例如：

> 庚子卜，扶，令民兴辛。[6]
>
> 丁巳卜，亘，贞劓牛爵。[7]

---

〔1〕 刘海年、杨升南、吴九龙主编：《中国珍稀法律典籍集成：甲骨文金文简牍法律文献》（甲编第一册），科学出版社1994年版，第12页。

〔2〕 刘海年、杨升南、吴九龙主编：《中国珍稀法律典籍集成：甲骨文金文简牍法律文献》（甲编第一册），科学出版社1994年版，第58页。

〔3〕 刘海年、杨升南、吴九龙主编：《中国珍稀法律典籍集成：甲骨文金文简牍法律文献》（甲编第一册），科学出版社1994年版，第52页。

〔4〕 刘海年、杨升南、吴九龙主编：《中国珍稀法律典籍集成：甲骨文金文简牍法律文献》（甲编第一册），科学出版社1994年版，第59页。

〔5〕 刘海年、杨升南、吴九龙主编：《中国珍稀法律典籍集成：甲骨文金文简牍法律文献》（甲编第一册），科学出版社1994年版，第51页。

〔6〕 刘海年、杨升南、吴九龙主编：《中国珍稀法律典籍集成：甲骨文金文简牍法律文献》（甲编第一册），科学出版社1994年版，第106页。

〔7〕 刘海年、杨升南、吴九龙主编：《中国珍稀法律典籍集成：甲骨文金文简牍法律文献》（甲编第一册），科学出版社1994年版，第121页。

□已日卜，其刖四封，舌卢……惟邑子示。[1]

庚辰卜，王，朕剢羌，不死。[2]

于父丁卯三牢羌十。[3]

戊辰卜，焚于宙，雨。[4]

丁丑卜，子启陷，无祸。[5]

上述卜辞中提及的刑罚，既包括以黥、劓、刖、宫等方式残害肢体的肉刑，也包括通过肢解、烧死、陷埋等方式剥夺生命的死刑，这是商朝五刑制度存在的确证。商王在执行刑罚之前，都要占卜吉凶，这是当时无事不卜的习惯使然，又或许是因为人们对判决某种刑罚并未形成内心确信，需要借助神明的力量来提高判决的权威性，这就使得殷商时期的审判制度带有浓重的神明裁判的色彩。而在商代，被判处刑罚的人多是羌、臣等地位卑下的奴隶，他们不大可能得到公平审理的机会，这也是我们从甲骨卜辞中很难看到有关审判程序方面记录的理由。

从目前人们所能掌握的史料来看，商朝的司法制度，不论是司法机构的设置，还是有关审理程序的规定，都处在十分简陋的状态。西周建立以后，这种情况开始有所变化。

---

〔1〕 刘海年、杨升南、吴九龙主编：《中国珍稀法律典籍集成：甲骨文金文简牍法律文献》（甲编第一册），科学出版社1994年版，第130页。

〔2〕 刘海年、杨升南、吴九龙主编：《中国珍稀法律典籍集成：甲骨文金文简牍法律文献》（甲编第一册），科学出版社1994年版，第132页。

〔3〕 刘海年、杨升南、吴九龙主编：《中国珍稀法律典籍集成：甲骨文金文简牍法律文献》（甲编第一册），科学出版社1994年版，第182页。

〔4〕 刘海年、杨升南、吴九龙主编：《中国珍稀法律典籍集成：甲骨文金文简牍法律文献》（甲编第一册），科学出版社1994年版，第218页。

〔5〕 刘海年、杨升南、吴九龙主编：《中国珍稀法律典籍集成：甲骨文金文简牍法律文献》（甲编第一册），科学出版社1994年版，第224页。

二、西周时期的司法机关

西周时期行政机构之建制，已非商朝可比。司法体系由周王室的司法机构与邑、里、邦、国等封地司法机构两部分组成。

（一）周王室的司法机构

《诗经·大雅·大明》云："有命自天，命此文王，于周于京。"[1] 在周代，周王依然是天命神权的象征，具有代天行罚的绝对权威，为了维护这种权威，他们不惜使用各种手段，制裁那些违背王命的人。《诗经·大雅·皇矣》讲述了周文王以所谓"不恭"为借口，对密人怒而兴兵挞伐的情形："密人不恭，敢距大邦，侵阮徂共。王赫斯怒，爰整其旅，以按徂旅。"[2] 在《尚书·吕刑》中，周王把天罚归结为犯人自速其祸，"永畏惟罚，非天不中，惟人在命。天罚不极，庶民罔有令政在于天下。"[3] 对于西周的司法官吏而言，忠于王室，就是一种职业操守。在《塱匜》铭文中，周宣王便告诫新任命的司法官吏要"敬明乃心，用辟我一人"，对于不服从法度的人，一定要予以严惩，"不（廷）唯死。"[4]

在铭文史料中，周王册命官员是一种常见的情形，比如《楚簋》：

佳正月初吉丁亥，王各（格）于康宫。中（仲）俑父

---

[1] 程俊英：《诗经译注》，上海古籍出版社2012年版，第263页。

[2] 程俊英：《诗经译注》，上海古籍出版社2012年版，第272页。

[3] 李民、王健撰：《尚书译注》，上海古籍出版社2004年版，第409～410页。

[4] 刘海年、杨升南、吴九龙主编：《中国珍稀法律典籍集成：甲骨文金文简牍法律文献》（甲编第一册），科学出版社1994年版，第353页。

内（入）又（右）楚，立中廷。内史尹册命楚赤◯巿、緷
旂，取征五孚，司荅胃（鄙）官内师舟。楚敢拜手稽首，虔
扬天子不（丕）显休，用作障簋。其子子孙孙万年永
宝用。[1]

再如《牧簋》：

佳王七年十又三月既生霸甲寅，王在周，在师汙父官，
各（格）大室，即位，公族◯入右牧，立中庭，王呼内史
吴册命牧。王若曰："牧，昔先王既命汝作司士，今余唯或
更改，命汝辟百寮，有叵事苞，乃多乱，不用先王作井
（刑），亦多虐庶民，厥讯庶友邻，不井（刑）不中，卤侯
之◯叭，今鲍司旬厥皋召故。"王曰："牧，汝毋敢［弗帅］
先王作明井（刑）用。霎乃讯庶友邻，毋敢不明不中不井
（刑）。乃毋（贯）政吏（事），毋敢不尹其不中不井
（刑）。今余佳爾喜乃命，易（锡）汝鬯◯一卣金车，奉軚、
画輯、朱虢囤斯、虎冟熏裹、旂。余［马］四匹，取［征］
囗孚。敬夙夕勿废联命。"牧拜稽首，敢对杨天子丕显休，
用作朕皇考益伯宝障簋。牧其万年寿考，子子孙孙永
宝用。[2]

这些仪式看来是十分隆重的，册命地点通常选择在王室宗
庙，参加册命仪式的是周王室重要贵族，研究者认为"右者与

---

[1] 刘海年、杨升南、吴九龙主编：《中国珍稀法律典籍集成：甲骨文金文简
牍法律文献》（甲编第一册），科学出版社1994年版，第298页。

[2] 刘海年、杨升南、吴九龙主编：《中国珍稀法律典籍集成：甲骨文金文简
牍法律文献》（甲编第一册），科学出版社1994年版，第346页。

受命者之间的组合存在一般性模式：即西周官员通常由中央政府中同一行政部门的官员陪同接受册命"，"而且，在大多数情况下，右者的地位等级要高于受命者。"[1] 在接受册命的场合，受封者会从周王那里得到数量不等的赏赐，事后还会把此事铭刻在祭祀先祖使用的青铜器物上，以示荣宠。重要的是，塱、楚、牧等官员根据周王的任命，享有司法权，并有权收取诉讼费用，这显然说明，各级官员的司法权是从周王司法权里衍生出来的。

1. 高级贵族的司法权

周朝的行政机构与商朝相比，有了较大的发展，但高级贵族参与司法，仍然是当时司法机关体系中的一个重要环节。《五祀卫鼎》铭文记录了井伯、伯邑父、定伯、琼伯、伯俗父等贵族共同审理裘卫诉邦君厉案完毕后，令三有司即司徒、司马、司工及内史等负责执行的情形。[2] 另一件涉及裘卫的案件见于《三年卫盉》铭文，裘卫与矩伯进行土地交易，并将此事上报给伯邑父、燓（营）伯、定伯、琼伯、单伯等执政大臣，这些执政大臣仍把最后的土地踏勘与转让工作交给三有司来完成[3]。在《永盂》铭文中，益公与井伯、燓（营）伯、尹氏、师俗父、遣仲五人共同传达了周王赏赐土地给永的命令，之后益公命令

---

〔1〕 李峰：《西周的政体：中国早期的官僚制度和国家》，生活·读书·新知三联书店 2010 年版，第 134~135 页。

〔2〕 刘海年、杨升南、吴九龙主编：《中国珍稀法律典籍集成：甲骨文金文简牍法律文献》（甲编第一册），科学出版社 1994 年版，第 316 页。

〔3〕 刘海年、杨升南、吴九龙主编：《中国珍稀法律典籍集成：甲骨文金文简牍法律文献》（甲编第一册），科学出版社 1994 年版，第 266 页。

司徒、司工等六人监理交付土地的事宜。[1]

这些事例表明，在西周的行政及司法实践中，存在着一个由高级贵族组成的共同办事机构，它们的地位超越了有司机关。历史学者称其为"委员会"："凌驾于这个官僚机体之上的是一群有影响力的王室重臣，形成一个'委员会'（committee）向执行职能的官员即三有司传达周王命令；与此同时，这些重臣也担任了重要的民事诉讼中的法官。有三篇铭文提到这个'委员会'，尽管其构成人员略有不同，但是他们出现的顺序总是一致的：益公、井伯、伯邑父、荣伯、定伯和伯俗父。很清楚，益公是这个'委员会'的最高领袖。"[2]

当然，并非所有案件都是由这个所谓的"委员会"来共同审理，铭文史料中也不乏高级贵族独任审判的情况。比如《曶鼎》铭文中，曶被周王任命为司卜，拥有自己的封邑。当曶与效父因交换奴隶问题发生纠纷时，由周王室的井叔进行审理。同一铭文中因匡的奴隶盗抢曶的粮食而引发的刑事纠纷，则由东宫负责审理。[3] 而高级贵族管辖案件的范围又不仅限于民事案件。在《师旂鼎》铭文中，伯懋父审理的案件起因是"师旂众仆，不从王征于方"；[4]《僷匜》铭文中伯杨父审判牧牛，其

---

　　〔1〕 刘海年、杨升南、吴九龙主编：《中国珍稀法律典籍集成：甲骨文金文简牍法律文献》（甲编第一册），科学出版社 1994 年版，第 277 页。

　　〔2〕 李峰：《西周的政体：中国早期的官僚制度和国家》，生活·读书·新知三联书店 2010 年版，第 89 页。

　　〔3〕 刘海年、杨升南、吴九龙主编：《中国珍稀法律典籍集成：甲骨文金文简牍法律文献》（甲编第一册），科学出版社 1994 年版，第 320~321 页。

　　〔4〕 刘海年、杨升南、吴九龙主编：《中国珍稀法律典籍集成：甲骨文金文简牍法律文献》（甲编第一册），科学出版社 1994 年版，第 313 页。

事由是"敢以乃师讼"。[1] 因此，关于周朝高级贵族的司法管辖权，不论是共同审理，还是单独审理的情况，依靠目前的史料很难给出一个明确的界定，但重要事件交由高级贵族共同办理却显非偶然事件，《尚书·洪范》称："汝则有大疑，谋及乃心，谋及卿士，谋及庶人，谋及卜筮。"[2] 其中关于"谋及卿士、谋及庶人、谋及卜筮"的描述，也许正是周王与高级贵族共同处理疑难案件的实际情况的反映。

2. 有司的司法权

在《尚书》《周礼》等文献中，司寇都被描述为西周时期的司法官员。如《尚书·周官》云："司寇掌邦禁，诘奸慝，刑暴乱。"[3]《周礼·秋官司寇》云："乃立秋官司寇，使帅其属而掌邦禁，以佐王刑邦国。"[4] 但在青铜铭文中，司寇似乎并非专门的官职，如在《南季鼎》铭文中，南季受命"用左右俗父司寇"，[5] 伯俗父位在三有司之上，司寇显非其职务；在《杨簋》铭文中，杨被任命为司工，职责包括："官司量田甸、眔司应、眔司刍、眔司寇、眔司工司"，[6] 司寇也只是其中的一个方面。联系到《曶鼎》铭文中匡"寇曶禾十秭"，"寇"有为抢夺之意，司寇似可理解为处理盗抢案件的职责。春秋以后，司寇

〔1〕 刘海年、杨升南、吴九龙主编：《中国珍稀法律典籍集成：甲骨文金文简牍法律文献》（甲编第一册），科学出版社1994年版，第327页。

〔2〕 李民、王健撰：《尚书译注》，上海古籍出版社2004年版，第225页。

〔3〕 李民、王健撰：《尚书译注》，上海古籍出版社2004年版，第358页。

〔4〕《周礼·仪礼》，崔高维点校本，辽宁教育出版社1997年版，第62页。

〔5〕 刘海年、杨升南、吴九龙主编：《中国珍稀法律典籍集成：甲骨文金文简牍法律文献》（甲编第一册），科学出版社1994年版，第299页。

〔6〕 刘海年、杨升南、吴九龙主编：《中国珍稀法律典籍集成：甲骨文金文简牍法律文献》（甲编第一册），科学出版社1994年版，第301页。

为刑官当无疑义，像《鲁少司寇封孙宅盘》铭文中提到的封孙宅，即为鲁国少司寇，[1]《廿七年大梁鼎》铭文提到的赵亡智则是魏国大司寇，[2] 但这已是东周时期的事情了。

在西周时期，不仅司寇并非专门职务，审理诉讼亦非专职。《五祀卫鼎》铭文记录了裘卫诉邦君厉案审理完毕后，司徒、司马、司工等三有司与内史负责踏勘系争土地的情况，表明在西周时期三有司具有司法权。而他们的司法权又不仅限于负责执行判决，在前述《杨簋》铭文中，杨被任命司工，有司寇之责，同时有权审理诉讼案件，可"取征五孚"。在《敔鼎》铭文中，敔被任命为司土（徒），虽"官司籍田"，但也有权审理诉讼案件，"取征五孚"[3]。《趩鼎》铭文中，趩被任命为鄩冡司马，有权"讯小大友邻，取征五孚"[4]。

所谓"取征五孚"，是周朝办理诉讼案件收取费用的确证，《周礼·秋官司寇》云："以两剂禁民狱，入钧金，三日，乃致于朝，然后听之"[5]，钧金之说与"取征五孚"最为接近，是周朝的诉讼管辖权在经典文献中留下的印记。在铭文史料中，受命审理诉讼案件的又不仅限于三有司。如《大盂鼎》铭文，

---

〔1〕 刘海年、杨升南、吴九龙主编：《中国珍稀法律典籍集成：甲骨文金文简牍法律文献》（甲编第一册），科学出版社1994年版，第311页。

〔2〕 刘海年、杨升南、吴九龙主编：《中国珍稀法律典籍集成：甲骨文金文简牍法律文献》（甲编第一册），科学出版社1994年版，第245页。

〔3〕 刘海年、杨升南、吴九龙主编：《中国珍稀法律典籍集成：甲骨文金文简牍法律文献》（甲编第一册），科学出版社1994年版，第307页。

〔4〕 刘海年、杨升南、吴九龙主编：《中国珍稀法律典籍集成：甲骨文金文简牍法律文献》（甲编第一册），科学出版社1994年版，第295页。

〔5〕 《周礼·仪礼》，崔高维点校本，辽宁教育出版社1997年版，第64页。

周康王命盂为司戎，"敏谏罚讼，夙夕𤔲（诏）我一人。"〔1〕在《牧簋》铭文中，周共王将牧由司士改任为"辟百寮"，告诫其"讯庶友邻，毋敢不明不中不井（刑）"。周厉王时期的《番生簋盖》铭文是一篇自述，记录番生受命"司公侯、卿事、太史寮。取征廿孚"〔2〕。另外，在周王册命大臣的场合经常出现的内史也有司法权，《五祀卫鼎》铭文中内史便和三有司一起参与踏勘，而在《㝬从匜》铭文中，内史无期与太史旗一起宣读了章、曼与㝬从之间的土地纠纷判决，〔3〕印证了《周礼·春官宗伯》所谓"大史掌建邦之六典，以逆邦国之治"，以及"内史掌王之八枋之法"，"凡四方之事书，内史读之"的说法。〔4〕上述史料表明，周朝的司法权并未集中于某一机关，换句话说，当时并不存在《尚书》《周礼》所描述的那种专门司法机关，根据周王的授权，审理诉讼可以成为任一行政机关的职责之一。

（二）邑、里、邦、国的司法机构

在西周分封制下，周王把一定数量的土地赏赐给贵族，形成封地，其大者为国、邦，小者为里、邑。在封地范围内，受封的贵族在封地内设官分职，对于诉讼案件具有司法管辖权。

有学者认为，"邑是乡村社会以及西周社会的基本组织单位。邑为组织管理耕地和农业人口提供了基本的结构，并以此

---

〔1〕 刘海年、杨升南、吴九龙主编：《中国珍稀法律典籍集成：甲骨文金文简牍法律文献》（甲编第一册），科学出版社1994年版，第293页。

〔2〕 刘海年、杨升南、吴九龙主编：《中国珍稀法律典籍集成：甲骨文金文简牍法律文献》（甲编第一册），科学出版社1994年版，第304页。

〔3〕 刘海年、杨升南、吴九龙主编：《中国珍稀法律典籍集成：甲骨文金文简牍法律文献》（甲编第一册），科学出版社1994年版，第331页。

〔4〕 《周礼·仪礼》，崔高维点校本，辽宁教育出版社1997年版，第45、46页。

支撑了整个西周国家及社会贵族"[1]，而"里与邦是由很多的邑所组成"[2]，这种说法有值得推敲的地方。以《散氏盘》铭文为例，[3] 因矢国人侵犯了散国人的利益，需要赔偿散国的土地，铭文记录了划分田界的过程，如"履瀗自涉以南，至于大沽一封。以陟二封，至于边柳……，以西，至于雉邑莫（墓）"。瀗水以南的土地可能跨越矢国所属数邑之间，因为参与划界的矢国十五人中，有豆邑五人、原邑一人、淮邑司工二人，雉邑有司二人。划界时又提及井邑："履井邑田，自椲木道左至于井邑以东一封，还，以西一封，陟刚三封。降，以南封于同道。陟州刚，登岸降棫二封。"井邑显然亦属矢国，此处新勘土地将划给散国，但奇怪的是，井邑人却并没有出现在矢国划界人员的名单之内。而散国参与划界的有十人，包括散国的司徒、司马，觥邑的司工和邑宰，还有襄邑的有司三人。

从这篇铭文中我们可以解读的信息是，与秦汉时期作为乡村基本组织单位的乡不同，邑只是周王分封的小块土地，有的情况下，邑可以作为土地转让的单位，如《冄从盨》铭文记载的土地侵权案件，冄从被侵占了五邑的土地，最后获得返还与赔偿的土地总数达十三邑。而在《曶鼎》及《五祀卫鼎》铭文中，土地的计量单位却是田，这起码说明邑是乡村社会基本组织单位的推断并不准确。据《左传》记载，"惠之二十四年（公

〔1〕 李峰：《西周的政体：中国早期的官僚制度和国家》，生活·读书·新知三联书店 2010 年版，第 179 页。

〔2〕 李峰：《西周的政体：中国早期的官僚制度和国家》，生活·读书·新知三联书店 2010 年版，第 184 页。

〔3〕 刘海年、杨升南、吴九龙主编：《中国珍稀法律典籍集成：甲骨文金文简牍法律文献》（甲编第一册），科学出版社 1994 年版，第 286~287 页。

元前 745 年），晋始乱，故封桓叔于曲沃"，师服批评"晋，甸侯也，而建国"实为本末倒置，他说"故天子建国，诸侯立家，卿置侧室，大夫有贰宗，士有隶子弟"，"各有分亲，皆有等衰"[1]，封地大小自然也会各有等差。邑也许是土地分封的最小单元，它有可能像《散氏盘》铭文中矢国和散国的属邑那样从属于更大的封地，但作为分封的单元，它也有自己独立的属性，《论语·公冶长》中曾提及邑宰一职："子曰：'求也千室之邑，百乘之家，可使之为宰也。'"[2]一邑百姓，竟可达千室之多，其规模自然不可小觑，朱熹对宰的解释是："宰，邑长家臣之通号。"《论语·雍也》载："季氏使用闵子骞为费宰"，朱熹注："费，季氏邑"。又载："子游为武城宰"，朱熹注："武城，鲁下邑。"[3]据此可知，邑设邑长，邑宰为其家臣。又据铭文可知，邑设司工等有司，如《散氏盘》中提到矢国参与划界的有淮邑司工、㠛邑有司，散国参与划界的则有㲋邑的司工、邑宰以及襄邑有司。他们参与了这起土地侵权案件的划界与转让过程，证明它们虽为属邑，但在行政乃至司法问题上都有一定的独立性。属邑之于封国，如封国之于周王室。

里同样是土地分封的单位，孔子称："里仁为美"[4]，这时的里应该还是西周分封制下的里，而非秦汉郡县制下"一里百

<hr />

〔1〕《春秋左传（一）》，顾馨、徐明点校本，辽宁教育出版社 1997 年版，第 16 页。

〔2〕（宋）朱熹：《四书章句集注（一）》，陈立点校本，辽宁教育出版社 1998 年版，第 80 页。

〔3〕（宋）朱熹：《四书章句集注（一）》，陈立点校本，辽宁教育出版社 1998 年版，第 90~91 页。

〔4〕（宋）朱熹：《四书章句集注（一）》，陈立点校本，辽宁教育出版社 1998 年版，第 72 页。

家"的编户单位[1]。前者是周王给贵族的封地，《大簋》铭文记载了周王将原属于趞嬰的里赏赐给大的情形，嬰对传达王命的膳夫豕称："余弗敢散"[2]，意即不敢不从，表明周王在分封土地方面具有绝对权威。但也存在贵族之间转让里的情形，如据《九年卫鼎》铭文记载，裘卫以一辆车来换取矩的林晉里，由于林晉里上的林木属于颜氏，裘卫又赠送礼物给颜氏的家人及有司。颜氏的有司寿商和具后来也参与了林晉里的划界和交接过程。[3] 从这则铭文来看，一里之内，还存在着更小的分封单元，林晉里内的林地属于颜氏，而林地所有权并不随着里的易主而变迁，裘卫要取得这块林地还需要向林地主人另行支付相当数量的财物，这种封地内再设封地的状况，符合历史学者所描述的"层累组织"的特征："诸侯于其国内，亦以采地分封宗室及其卿大夫。此即所谓'天子建国，诸侯立家'。各卿大夫的'家'之于公室的关系，犹如诸侯之于王室也。"[4] 前述矢国、散国属邑与国君的关系，大抵如此。

里的主人具有司法权，这一点已被铭文史料所证实。如《鬲簋》铭文记载，鬲被周王任命为"司成周里人"，以及主管军事的大亚之职，周王命他"讯讼罚，取征五孚"[5]。受封贵

---

[1] 参见（南朝宋）范晔：《后汉书》卷二十八《百官志》，"引汉官仪曰"，中华书局 2000 年版，第 2475 页。

[2] 刘海年、杨升南、吴九龙主编：《中国珍稀法律典籍集成：甲骨文金文简牍法律文献》（甲编第一册），科学出版社 1994 年版，第 283 页。

[3] 刘海年、杨升南、吴九龙主编：《中国珍稀法律典籍集成：甲骨文金文简牍法律文献》（甲编第一册），科学出版社 1994 年版，第 270 页。

[4] 王玉哲：《中华远古史》，上海人民出版社 2003 年版，第 561 页。

[5] 刘海年、杨升南、吴九龙主编：《中国珍稀法律典籍集成：甲骨文金文简牍法律文献》（甲编第一册），科学出版社 1994 年版，第 302~303 页。

族在封地范围内的司法管辖权，应该是普遍存在的，可以见之于较小的封地里和邑，也可以见之于较大的封地邦和国。至于国与邦的区别，有人称："前者用指东部的地方诸侯国，后者指的是陕西王畿的贵族宗族"[1]，这种区别并非本文关注的重点，我们只需注意到，在《散氏盘》铭文所述矢国与散国的土地纠纷中，代表散国参与划界的十人中，除觺邑和襄邑的有司外，还有散国的司徒、司马，而在《五祀卫鼎》铭文记载的裘卫诉邦君厉案件中，代表邦君厉进行土地转让的有厉叔子夙及有司䵼季、庆癸等三人，这说明封国在机构设置上，与中央政府存在着某种程度的对应关系，而从其司法职能上说，国君与诸有司对于发生在封国境内的各种案件，具有司法管辖权，是理所当然的事情。在著名的曹刿论战一节中，庄公称："小大之狱，虽不能察，必以情。"[2] 这是诸侯国行使司法权的一个例子。

总的来说，西周的司法机关体系，大体上由周王室司法机构与封地司法机构二部分组成。周王把土地分封给大大小小的贵族，这些贵族在自己的封地范围内，拥有独立的司法裁判权，从这个意义上说，西周的司法体系实际上是一种二元司法格局。发生在这些封地之间的纠纷，则是由周王室的重要贵族共同或单独审理，或者由以三有司为代表的王室机关来审理。在周王室直辖范围内，周王虽分设有司，赋予其司法裁判权，但中央司法权即便在名义上也未像后来的某些朝代那样集中于某一行

---

[1] 李峰：《西周的政体：中国早期的官僚制度和国家》，生活·读书·新知三联书店 2010 年版，第 184 页。

[2] 《春秋左传（一）》，顾馨、徐明点校本，辽宁教育出版社 1997 年版，第 32 页。

政机关。

三、审判程序

根据目前所掌握的史料，人们很难通过比较商周时代的审判程序发现其中的传承关系。商代甲骨文史料记录了商王或贵族对奴隶采取强制措施或执行某种刑罚的卜辞，而西周铭文记载的案件多是对贵族之间民事纠纷的审理情况，审理对象在身份上有天地之别，审理程序自然会有很大的不同。

（一）司法观念

有些铭文史料，记录了周王在册命司法官员时发布的训诫，这些训诫内容体现了当时的司法观念。

1."天威"与"天罚"

在《大盂鼎》铭文开篇的一段话中，周王告诫盂要"畏天威"，这在当时是一种很普遍的心态。《诗经·小雅·巧言》云："昊天已威，予慎无罪。昊天泰幠，予慎无辜。"[1]《诗经·大雅·召旻》云："旻天疾威，天笃降丧。瘨我饥馑，民卒流亡。"[2] 天威降临，有时会罪及无辜个人，有时会带来大众饥荒逃亡，这些描述，让民众感觉到天威难测，人们只能敬畏天威，从天之罚，即便高高在上的统治者，也应该对此有所警觉，在《塱匜》铭文中，周王就告诫塱，司法横暴会导致天降丧乱："厥非正命，乃敢疾讯人，则唯辅天降丧。"

---

〔1〕 程俊英：《诗经译注》，上海古籍出版社 2012 年版，第 216 页。
〔2〕 程俊英：《诗经译注》，上海古籍出版社 2012 年版，第 319 页。

由于周王朝是天命所归，所谓"有周不显，帝命不时"[1]，那么对于天畏的渲染也就为周王朝代天行罚提供了顺理成章的理由。武王灭商是因为商王受"自绝于天，结怨于民"，周武王号召民众"尔其孜孜奉予一人，恭行天罚"[2]。周王降罪于百姓，也是百姓咎由自取，"非天不中，惟人在命。天罚不极，庶民罔有令政在于天下。"当然，如果周王自己倒行逆施，也会招来天罚，周幽王时期，"昏椓靡共，溃溃回遹，实靖夷我邦"，人们认为这就是"天降罪罟"[3]的结果。

2."毋敢不明不中不井（刑）"

在《牧簋》铭文中，周王命牧"辟百寮"，鉴于当时百僚"多乱，不用先王作井（刑），亦多虐庶民，厥讯庶友邻，不井（刑）不中"的状况，周王要求："牧，汝毋敢［弗帅］先王作明井（刑）用。雩乃讯庶友邻，毋敢不明不中不井（刑）。"所谓"毋敢不明不中不井（刑）"，反过来看，周王对牧的要求有三，一曰明，二曰中，三曰井（刑）。

明有明察之意。《尚书·康诰》曰："敬明乃罚"，强调司法官吏在定罪量刑的时候要考察犯罪者的主观动机。[4]《尚书·吕刑》曰："明清于单辞"，就是要司法官吏明察当事人的一面之词。[5]《墍盨》铭文中周宣王告诫墍在处理案件要"敬明乃

---

[1]《诗经·大雅·文王》，载程俊英：《诗经译注》，上海古籍出版社2012年版，第261页。

[2]李民、王健撰：《尚书译注》，上海古籍出版社2004年版，第201页。

[3]《诗经·大雅·召旻》，载程俊英：《诗经译注》，上海古籍出版社2012年版，第319页。

[4]李民、王健撰：《尚书译注》，上海古籍出版社2004年版，第261页。

[5]李民、王健撰：《尚书译注》，上海古籍出版社2004年版，第409页。

心"，也是要求他能够明察"邦人、正人、师氏人有辜有辜"的各种情况。

中有公正之意。《尚书·吕刑》云："明启刑书胥占，咸庶中正"，又云："中听狱之两辞，无或私家于狱之两辞"，[1] 要求司法官吏无论是适用法律、还是调查事实，都要做到公正无私。在春秋中期所制的《叔夷镈》铭文中，齐灵公任命叔夷为三军之长，有审理狱讼之权，"谏罚朕臣民"，要"昚（慎）中厥罚"，"中专明刑"，[2] 也是要他公正执法的意思。

井（刑）有合法之意。《牧簋》铭文中提到"先王作井（刑）""先王作明井（刑）"，可见井（刑）是指先王制定的法度。历史学者认为："我们结合金文中的案件材料，可确证西周有成文法毫无问题，不过主要是对贵族公开，而对平民在春秋以前则尚未公布。"[3] 在《师旂鼎》铭文中，伯懋父宣称：师旂众仆"义敓（播）"，在《𫠊匜》铭文中，伯杨父对牧牛宣判"我义鞭汝千，殴（黜）殴（黜）汝"，可见定罪量刑的标准是确实存在的。《诗经·周颂·我将》曰："仪式刑文王之典，日靖四方。"[4]《尚书·康诰》云："乃其速由文王作罚，刑兹无赦"，意思也是要遵循文王所定的刑罚，对犯罪者严惩不贷。《吕刑》云："上下比罪，无僭乱辞。勿用不行，惟察惟法，其审克之！上刑适轻，下服；下刑适重，上服。轻重诸罚有

---

〔1〕 李民、王健撰：《尚书译注》，上海古籍出版社 2004 年版，第 405、409 页。

〔2〕 刘海年、杨升南、吴九龙主编：《中国珍稀法律典籍集成：甲骨文金文简牍法律文献》（甲编第一册），科学出版社 1994 年版，第 357 页。

〔3〕 王玉哲：《中华远古史》，上海人民出版社 2003 年版，第 640 页。

〔4〕 程俊英：《诗经译注》，上海古籍出版社 2012 年版，第 326 页。

权。"[1] 司法官吏在定罪量刑时，固然可以权衡轻重，但必须有所依循，此即"惟察惟法，其审克之"！

3. "敏谏罚讼"

在《大盂鼎》铭文中，盂被任命为司戎，周康王告诫他要"敏谏罚讼，夙夕诏我一人"，除要求盂朝夕辅佐周王外，还要求盂在处理诉讼案件时要快速及时，不能拖延。中国人很早就重视诉讼效率，片言折狱就体现了一种高效。《论语·颜渊》载，子曰："片言可以折狱，其由也与！"朱熹注："子路忠信明决，故言出而人信服之，不待其辞之毕也。"[2] 在《叔夷镈》铭文中，齐灵公任用叔夷，对他也提出了"肇敏于戎攻"要求，而在叔夷所承担的职责中，就包括了"中专明法"的内容。[3]

总之，铭文史料中周王对司法官吏提出的种种要求，基本上能够与《尚书》等经典文献中的内容相互印证，体现了当时的司法观念虽然简单、质朴，却也十分明晰，易于指导当时的审判实践。

（二）告

西周时期的审理程序，通常因"告"而发。《师旂鼎》铭文记录的案件起因是"师旂众仆，不从王征于方"，于是"雷使厥友弘以告于伯懋父"；《五祀卫鼎》铭文中案件的起因是邦君厉未能如约交付土地给裘卫，于是"卫以邦君厉告于井伯、伯邑父、定伯……"《曶鼎》铭文则记录了一件往事，"昔馑岁，匡

---

〔1〕 李民、王健撰：《尚书译注》，上海古籍出版社 2004 年版，第 405。

〔2〕 （宋）朱熹：《四书章句集注（一）》，陈立点校本，辽宁教育出版社 1998 年版，第 146 页。

〔3〕 刘海年、杨升南、吴九龙主编：《中国珍稀法律典籍集成：甲骨文金文简牍法律文献》（甲编第一册），科学出版社 1994 年版，第 356 页。

众厥臣廿夫，寇曶禾十秭"，结果自然是曶"以匡季告东宫"。《㒼攸从鼎》铭文载"㒼从以攸卫牧告于王"，原因是被告"觅我田牧，弗能许㒼从"[1]。

从上述案由来看，西周时期诉讼案件类型是多样的，若以现代的标准来衡量，既有因违约问题引发的民事案件，也有因盗抢问题引发的刑事案件。这些案件发生在贵族之间，当事人提告以后，通常由地位更高级的贵族审理，且审理程序并无差别，所谓西周时期便已存在民刑诉讼区分之说是有待商榷的。

（三）强制措施

在受埋当事人的告诉以后，司法机关为保证审理的顺利进行，会采取一定的强制措施。《曶鼎》铭文中，曶因匡指使其臣和奴隶抢走十秭禾，而告于东宫。东宫命令匡："求乃人，乃弗得，汝匡罚大。"就是要求匡把自己的手下抓起来，如果不能抓获，匡也要承担责罚。由于匡的身份是贵族，诸如逮捕等强制措施，理论上是不能加诸其身的。贾谊《新书·阶级》云："是以系、缚、榜、笞、髡、刖、黥、劓之罪，不及士大夫。"[2]但包括系缚、桎梏在内的强制措施，在西周时期还是传承了下来。《论语·公冶长》载："子谓公冶长：'可妻也。虽在缧绁之中，非其罪也。'"朱熹注："古者狱中以黑索拘挛罪人。"[3]《孟子·尽心上》曰："桎梏死者，非正命也"，朱熹注："桎梏，

---

〔1〕 刘海年、杨升南、吴九龙主编：《中国珍稀法律典籍集成：甲骨文金文简牍法律文献》（甲编第一册），科学出版社 1994 年版，第 334~335 页。

〔2〕 《新书》，方向东译注，中华书局 2012 年版，第 69 页。

〔3〕 （宋）朱熹：《四书章句集注（一）》，陈立点校本，辽宁教育出版社1998 年版，第 78 页。

所以拘罪人也。"[1] 结合甲骨卜辞有关系缚的记载，这种强制措施通常施于刚刚抓获的犯人，朱熹对缧绁的解释未必十分准确，但《论语》及《孟子》关于"缧绁"与"桎梏"的记载证明这些强制措施直至春秋时期依然存在。

（四）诉讼代理

在审理过程中，当事人可能并不亲身参与调查。《周礼》云："凡命夫命妇不躬坐狱讼"，[2] 根据铭文记载，确有贵族不亲临审，而由其部属代理的情况。典型的如《散氏盘》铭文，在散国与矢国的土地纠纷中，参与诉讼的是双方的臣僚，包括其属邑的有司，国君本人并未出现，甚至连最后的盟誓环节，矢国君依然指使其有司鲜、且等三人去完成。在《曶鼎》铭文中，曶与效父因五夫交易问题发生纠纷，曶指派其家臣毃向井叔提出控告，代替效父应诉的则是他的家臣限和𤔲。当然，这种"不躬坐狱讼"的情况也未必尽然。同样在《曶鼎》铭文中，曶因匡众厥臣"寇曶禾十秭"，亲自向东宫提告，从东宫要求匡"求乃人"的情节来看，匡作为被告也是亲自应诉的。在《五祀卫鼎》铭文中，原告裘卫与被告邦君厉也都亲自参与了诉讼过程。

（五）证据调查

在审理过程开始以后，调查证据是一个重要环节。在《𣄰攸从鼎》铭文中，𣄰从对攸卫牧提告以后，"王令眚。史南以即虢旅。"就是说，周王下令调查，史南经过调查后，将调查结果

〔1〕（宋）朱熹：《四书章句集注（二）》，陈立点校本，辽宁教育出版社1998年版，第378页。

〔2〕《周礼·仪礼》，崔高维点校本，辽宁教育出版社1997年版，第64页。

交给虢旅，后者对案件作出了裁决。这里的"眚"即调查，与前文甲骨卜辞中"余乎（呼）省系"等句中的"省"是一个意思。

1. 当事人陈述

不论原被告是否"躬坐狱讼"，其本人或代理人的陈述均可成为判决的依据。《尚书·吕刑》云："两造具备，师听五辞"，又云："明清于单辞，民之乱，罔不中听狱之两辞，无或私家于狱之两辞!"[1] 就是强调司法官吏在审理案件时要兼听当事人双方的供述。在裘卫诉邦君厉案件中，裘卫陈述了因自己在邦君厉治河过程提供援助，邦君厉承诺以五百亩田作为补偿的事实。当审理案件的井伯、伯邑父等五大臣讯问厉是否卖田给裘卫时，厉确认："余审买田五田。"于是井伯等五大臣"乃顡，使厉誓"，就是开始商议判决。在曶与效父的案件审理过程中，双方代理人邎和限陈述了案件经过：曶和效父约定以匹马束丝交换五夫，但效父并未如约把五夫交付。后曶让限归还了马匹，效父也归还了束丝。双方再次约定，在王宫参门外某处交易，曶以金属货身一百寻交换效父的五夫。但曶再次失信爽约，受理案件的井叔根据上述事实作出了判决。

2. "友邻"的证言

除了当事人的陈述以外，"友邻"的证言也可以作为定案的依据。在《趞鼎》铭文中，周王命趞为冢司马，"讯小大友邻，取征五寻。"

---

[1] 李民、王健撰：《尚书译注》，上海古籍出版社 2004 年版，第 405、409 页。

根据《周礼》解释：友，"以任得民"；[1] 邻，"邻长，五家则一人"，"邻长掌相纠相受。凡邑中之政，相赞。"[2] 据此，史学者认为"友、邻是指基层居民组织"[3]。诚然，乡邻等基层组织的证言在中国古代刑案审理过程中通常被当作重要证据，如清代《招解说》所述："串供之法，先须乡地，次而邻佑见证，再次而轻罪人犯，临末则最重之犯，此常格也。"[4] 但在西周时期，友邻可否被释为基层组织，是一个值得商榷的问题。在《牧簋》铭文中，周王批评百僚"多乱，不用先王作井（刑），亦多虐庶民，厥讯庶友邻，不井（刑）不中"，要求牧"雩乃讯庶友邻，毋敢不明不中不井（刑）"。此处"友邻"，郭沫若释为"官属"（《大系考释》第七六页)[5]。《师旂鼎》铭文中"雷使厥友弘以告于伯懋父"，弘之于雷，自是官属无疑，在诉讼过程中，弘就是雷的代理人。不过，把友邻的概念解读为官属，可能湮没了"邻"的意义。《散氏盘》铭文关于土地划界的记载，也许会让我们对友邻的概念形成更为准确的理解：在矢国交付土地给散国过程中，双方都有属邑参与其事，这些属邑以封为界，相互为邻，因为土地转让又会形成新的相邻关系。这些属邑于国君为友，但在诉讼过程中并非全然是国君的

---

〔1〕《周礼·仪礼》，崔高维点校本，辽宁教育出版社 1997 年版，第 4 页。

〔2〕《周礼·仪礼》，崔高维点校本，辽宁教育出版社 1997 年版，第 16、28 页。

〔3〕 参见刘海年、杨升南、吴九龙主编：《中国珍稀法律典籍集成：甲骨文金文简牍法律文献》（甲编第一册），科学出版社 1994 年版，第 297 页。

〔4〕《招解说》，载郭成伟、田涛点校：《明清公牍秘本五种》，中国政法大学出版社 1999 年版，第 561 页。

〔5〕 参见刘海年、杨升南、吴九龙主编：《中国珍稀法律典籍集成：甲骨文金文简牍法律文献》（甲编第一册），科学出版社 1994 年版，第 348 页。

代理人，在处理土地划界问题时他们还是必要的证明人，"讯庶友邻"，在诸如此类的纠纷中自然是必不可少的环节。

3. 遗嘱证据

另外，亲属的遗嘱也可成为判决的依据。如在《琱生簋（二）》铭文中，召伯虎向周宣王报告了因其父遗产问题引发的案件的处理结果，其中提及"亦我考幽伯幽姜令"，就是说判决结果与其先父幽伯、先母幽姜的主张是一致的，这句话体现了西周时期遗嘱的法律效力。[1] 至于该遗嘱的内容，根据《琱生簋（一）》铭文的记载，是在前一年正月琱生举行的祭祀祖先的典礼上，由妇氏向召伯虎、琱生兄弟二人传达的，该遗嘱清楚地表达了幽姜在生前处分幽伯财产的意愿，以及兄弟二人应继的财产份额："弋（必）伯氏从许，公宕其参，女（汝）则宕其贰，公宕其贰，女（汝）则宕其一。"[2] 这份遗嘱在诉讼中所起的作用，与后世的书面证据无异。

4. 刑讯

司法官吏在审理案件过程中，要注意考察上述供证的矛盾不实之处，即所谓"察辞于差，非从惟从"[3]。《周礼·秋官司寇》云："以五声听狱讼，求民情：一曰辞听，二曰色听；三曰气听；四曰耳听，五曰目听。"[4] 这些都是审理证据真伪的办

---

〔1〕 刘海年、杨升南、吴九龙主编：《中国珍稀法律典籍集成：甲骨文金文简牍法律文献》（甲编第一册），科学出版社1994年版，第337页。

〔2〕 刘海年、杨升南、吴九龙主编：《中国珍稀法律典籍集成：甲骨文金文简牍法律文献》（甲编第一册），科学出版社1994年版，第341页。

〔3〕 刘海年、杨升南、吴九龙主编：《中国珍稀法律典籍集成：甲骨文金文简牍法律文献》（甲编第一册），科学出版社1994年版，第341页。

〔4〕 《周礼·仪礼》，崔高维点校本，辽宁教育出版社1997年版，第64页。

法。当时在审理案件过程中，还存在着刑讯逼供的现象。在
《蔡簋》铭文中，周夷王册命蔡继任宰职，告诫他管理好王后姜
氏身边的人，"勿事（使）敢有庆（疾），止从（纵）狱。"〔1〕
意即要防止他们恣意纵狱，任意拷打被监禁的人犯。在《塱匜》
铭文中，周宣王告诫塱："厥非正命，乃敢疾讯人，则唯辅天降
丧。"就是说，如果没有正当的理由，而敢于使用凶狠的手段私
自刑讯民众，就是在帮助上天降灾祸于周王朝。这句话蕴含的
意思是，在具备正当理由的前提下，司法官吏是可以使用合法
的手段进行刑讯的，这也正是中国传统司法审判中最常见的情
况之一。

（六）协商程序

在司法官吏作出判决前后，当事人双方都可以就问题的解
决进行协商，这体现了当时法律纠纷解决方式灵活性的一面。
《曶鼎》铭文记载了两起案件，虽然性质不同，但在判决之前双
方都进行了协商。第一起案件起因是曶和效父之间以匹马束丝
交换五夫，而后者并未如约履行。在曶指派鼯向井叔提出控告
后，晵让限归还了马匹，效父也归还了束丝。双方另行约定了交
易地点和交易方式。在效父再次违约后，井叔才宣布了判决。
第二起案件是因匡众厥臣"寇曶禾十秭"，曶亲自向东宫提告。
在审理过程中，匡试图与曶达成协商。

> 匡乃稽首于曶，用五田，用众一夫曰嗌，用臣阈毚，曰
> 肍，曰奠，曰："用兹四夫，稽首。"曰："余无遣（攸）具

---

〔1〕 刘海年、杨升南、吴九龙主编：《中国珍稀法律典籍集成：甲骨文金文简
牍法律文献》（甲编第一册），科学出版社 1994 年版，第 349~350 页。

寇，正囗（其）不囗鞭余。"智或以匡季告东宫，智曰："必唯朕禾是赏（偿）。"

在协商时，匡愿赔偿五田（五百亩）及众一人、臣三人，并向智叩头请罪，希望免于鞭刑，但智坚持要匡赔偿粮食，双方协商未果，最后东宫作出判决："赏（偿）智禾十秭，遣十秭，为廿秭。乃求岁弗赏（偿），则付卅秭。"值得注意的是，在东宫作出判决后，匡再次派人到智那里去调解：

> 乃或即智，用田二又臣一夫。凡用即智田七田，人五夫。智觅匡卅秭。

匡提出的条件是再给智二百亩地和一个奴隶，即总共赔偿智七百亩田地，五名奴隶。不过，这次协商仍未成功，由于匡未能按期赔偿禾，最终智从匡那里索赔禾四十秭。不管这个案例协商结果如何，西周时期在诉讼过程中存在协商程序，这是毋庸置疑的事情。在《僮匜》铭文中，伯扬父指责牧牛"敢以乃师讼"，要求他"专趙嗇䜌僮，"即去嗇地与僮讲和，这也是要求二人协商的意思。且《智鼎》铭文中不同性质的案件（民事与刑事）、在案件审理的不同阶段（判决前后）都进行了协商，足以证明协商程序的出现在当时绝非偶然的事情。

（七）判决

在西周时期，判决被称为劾。《师旅鼎》铭文最后载："旅对厥赟于尊彝。"其中赟字被释为劾字，即罪行的判词。《周礼·秋官·乡士》云："辨其狱讼，异其死刑之罪而要之。"[1] 郑玄

---

[1]《周礼·仪礼》，崔高维点校本，辽宁教育出版社1997年版，第65页。

注云："要之，为其罪法之要辞，如今劾矣。"[1] 就是说，汉代"劾"字释为"罪法之要辞"。据《汉书·师丹传》载："事下有司，时丹以左将军与大司马王莽共劾奏宏（董宏）'知皇太后至尊之号，天下一统，而称引亡秦以为比喻，诖误圣朝，非所宜言，大不道'。"[2] 此处"劾"即可作有罪判词解。不过劾字亦有检举揭发罪状之意，如《汉书·淮南衡山济北王传》载："吏劾孝首匿喜。孝以为陈喜雅数与王计反，恐其发之，闻律先自告除其罪，又疑太子使白嬴上书发其事，即先自告所与谋反者枚赫、陈喜等。"[3] 但在西周铭文中，劾字只能作判词解。另一处出现"劾"的地方是《𫘤匜》铭文：

> 佳三月既死霸甲申，王在𦦙上宫，伯扬父乃成劾曰："牧牛，𢼸，乃可湛。汝敢以乃师讼。汝上𨙻先誓，今汝亦既又卸（御）誓，专趣啬𫓹𫘤，宵亦兹五夫。亦既卸（御）乃誓。汝亦既从辞从誓。弋可，我义鞭汝千，𢽳（黥）𢽳（劓）汝。今我赦汝，义（宜）鞭汝千，黜𫓹汝。今大赦汝，鞭汝五百，罚汝三百寽。"

在这份判词中，伯杨父宣布牧牛的罪名是："乃可湛。汝敢以乃师讼"，应处刑罚是"义鞭汝千，𢽳（黥）𢽳（劓）汝"，经过大赦后，依然宣布"鞭汝五百，罚汝三百寽"。牧牛显系官僚身份，伯杨父竟判决鞭笞一千，刺面填墨，并以黑布蒙头，

---

[1] 参见刘海年、杨升南、吴九龙主编：《中国珍稀法律典籍集成：甲骨文金文简牍法律文献》（甲编第一册），科学出版社1994年版，第315页。

[2] 《汉书》卷八十六《师丹传》，中华书局2000年版，第2601页。

[3] 《汉书》卷四十四《淮南衡山济北王传》，中华书局2000年版，第1659页。

第一次赦免后仍需鞭笞一千，刺面填墨，罢其官职，经大赦后仍需鞭笞五百，罚孚三百，由此可见，贾谊所谓"系缚榜笞，髡刖黥劓之罪，不及士大夫"云云，也未必十分可靠。在《曶鼎》铭文中，匡在与曶协商时称："余无逌（攸）具寇，正□（其）不□鞭余。"匡有众有臣，也是贵族身份，他的辩解、哀求无非是想逃避鞭笞之苦，这是刑罚加诸士大夫的又一明证。

从铭文史料中也可以看到，西周时期司法官吏对于刑事案件的判决，依然拥有很大的自由裁量权。像《俟匦》铭文中伯杨父对牧牛一赦再赦，刑罚由鞭一千减为五百，戳劓亦减至罚孚三百，裁量空间之大，是后世司法官吏不可想象的。这种自由裁量权的行使并不限于针对诸如牧牛这样具有官僚身份的人，对奴隶的判决也不例外。在《师旂鼎》铭文中，师旂众仆因为"不从王征于方"而成为被告，伯懋父对师旂的判决是罚三百孚，但免其缴纳，对众仆的判决是"义杀（播）"，即应处流放刑，但"今毋播，其又内（纳）于师旂"，不仅未处流放，反将其重新纳入师旂麾下，师旂对此当然十分满意，该判决遂得以铸成铭文，流传至今。

对于违约纠纷，司法官吏通常判决违约人按约履行，像曶与效父之间发生的纠纷，井叔就在判决中告诫效父，作为王室之人要守信用，"在王人乃卖用□，不逆付"，当事人最终如约进行了交易。不过，有时司法官吏对此类案件的判决却未必受原来约定的限制。《五祀卫鼎》铭文中，在井伯、伯邑父等五大臣确认邦君厉承诺以五百亩田补偿裘卫的事实后，商议判决的结果却是命令邦君厉给付裘卫四百亩田，这显非当事人之间原先约定的数额。

对于侵权纠纷，司法官吏除判决侵权人返还因侵权所得的财物外，还要侵权人加倍赔偿作为惩罚。如匡"寇曶禾十秭"，而东宫判决匡赔偿曶十秭，罚十秭，且规定逾年不赔，加罚一倍，即赔四十秭。在《扬从盨》铭文中，内史无期与太史㬎一对扬从与章、㫑之间的土地侵权纠纷的判决是：因章的下属署夫侵犯了扬从三邑中的土地，现将旟、厽、鞫三邑土地还给扬从，再将㫑、慭言两邑送给扬从作为赔偿。因㫑的下属小宫侵犯了扬从彶、句商儿、雠戋三个邑的土地，这三个邑的土地要限期返还给扬从，并将兢、楸、才三邑和洲、泸二邑送给予扬从作为赔偿。根据上述判决，扬从被侵犯的六个邑土地不仅失而复得，还得到了七个邑土地的赔偿。

（八）盟誓与执行

判决之后，还有一个重要环节是盟誓。盟誓是败诉方保证执行判决的声明。《周礼·秋官司寇》云："有狱讼者，则使之盟诅。"[1] 在西周时期的司法审判中，盟誓确实是一种必经程序。《五祀卫鼎》铭文中，井伯、伯邑父等五大臣在调查证据后，"乃颥，使厉誓。"《俵匜》铭文中，伯扬父命令牧牛誓："自今余敢嫂（扰）乃大小事"，"牧牛则誓"。誓言的内容通常由司法官员决定，败诉方只需照本宣科。《扬攸从鼎》铭文中，审理案件的虢旅命令卫牧发誓："我弗具付扬从其且（租），射分田邑，则放"，"攸卫牧则誓"[2]。当然，也有当事人自行决定誓词的情况，如《散氏盘》铭文，矢国君让其臣僚鲜、且、

---

〔1〕《周礼·仪礼》，崔高维点校本，辽宁教育出版社1997年版，第68页。

〔2〕刘海年、杨升南、吴九龙主编：《中国珍稀法律典籍集成：甲骨文金文简牍法律文献》（甲编第一册），科学出版社1994年版，第334~335页。

鞞旅向散人立下誓言："我既付散氏田器，有爽实，余有散氏心贼，则孚千罚千，传弃之。"又让西宫襄、武父发誓："我既付散氏湿田、墙田，余有爽实，孚千罚千。"通过盟誓，败诉方承诺如不履行判决的内容，则甘受罚孚、鞭打乃至流放的惩罚。在《𫢸匜》铭文中，牧牛就是违背誓言的例子，伯扬父命令他"专𫮃𤕙𫢸，宥亦兹五夫"，这是要他履行先前的誓言，对他背弃誓言，控告上司的惩罚则非常严厉，"我义鞭汝千，厰（黥）厰（黥）汝。"即便一赦再赦，依然"鞭汝五百，罚汝三百鍰"。

有的案件判决要交给专门机关来执行。像伯扬父宣布了对牧牛的判决后，"厥以告吏𢓜吏旻于会。牧牛辞誓成。罚金"，根据伯扬父的命令，共同负责执行判决的是吏𢓜和吏旻。在《五祀卫鼎》铭文中，井伯、伯邑父等五大臣对裘卫诉邦君厉案作出判决后，"乃令参有司：司徒邑人趞、司马頯人邦、司工（空）陶矩，内史友寺翏，帅属履裘卫、厉田四田"，就是说，五大臣把当事人之间土地的勘界和交付事宜交给三有司和内史来完成。在有的场合，案件的判决也可以由当事人双方协商履行。如《曶鼎》铭文，在井叔宣布判决后：

> 曶则再拜稽首，受兹五夫曰陪、曰恒、曰耦、曰𡄦、曰眚，使孚以告旻，乃俾缴以曶酒及羊，丝、三孚，用致兹人。曶乃诲于旻曰："汝其舍𫎇矢五束。"曰："必尚俾处厥邑，田厥田。"旻则复命曰："诺。"

从这段描述来看，当事人双方在执行判决过程中还是十分配合的。曶派人把五夫的价款交给旻（效父的代理人），旻用酒、羊款待来人，并以丝和三孚相赠。曶要求䚸送五束箭给戳，同时要求买来的五夫必须在自己的采邑中耕作，䚸同意了上述要求。同一铭文中，东宫对盗抢案件作出判决后，被告同样派人到曶那里进行了协商，这里不复赘述。在《散氏盘》铭文中，最后参与土地划界的也只是当事双方即矢国和散国的有司和部属，矢国部属盟誓后，散国君"厥受图矢王于豆新宫东廷"。

总的来说，西周时期司法审判制度的发展，可能远远超过了人们想象的水平。首先，西周时期司法机关体系初具规模。周王把天下的土地分封给各级贵族，形成邑、里、邦、国等大大小小的封地，受封的贵族在自己的封地内享有最高司法权，发生在这些封地之间的法律纠纷，则由周王室的重要贵族共同或单独审理，或者由以三有司为代表的王室行政机关来审理。

其次，西周时期的司法观念已经比较清晰。在司法程序中，司法官吏已勿需像商朝人那样每事占卜，但"恭行天罚"的思想还是把人间的审判与上天的意志结合起来，这是司法制度合法性的基础。周王要求司法官吏在明辨是非的基础上，作出公正、合法的判决，同时注意诉讼效率。

最后，西周时期的审判程序较殷商时期更为完备。审理程序从当事人提出控告开始，受理机关可酌情采取某些强制措施。在审理过程中，当事人本人或其部属作为代理人均可参与诉讼，司法官吏在听取双方陈述、"友邻"证言及调查其他证据的基础上作出判决。尤其值得注意的是，当事人在审理过程中，甚至在判决宣布后，均可通过协商的方式解决纠纷及执行判决，显示出当时法律纠纷解决方式灵活性的一面。盟誓在执行程序中不可或缺，败诉者用个人信誉，为判决的执行提供保证。

　　总之，在审理过程的各个环节，司法官吏不需要再像前朝那样占卜吉凶，体现了西周时期的司法审判制度较之殷商时期更进一步摆脱了神明裁判的色彩。

特殊审判程序：以秦汉时期诏狱为例

诏狱，在中国古代是指皇帝下诏审理的案件。《宋史·刑法志》称："诏狱，本以纠大奸慝，故其事不常见。"由于案件来源、审理对象上的特殊性，决定了诏狱在审理程序上与平常案件有所不同。本章将结合相关史料，对秦汉时期诏狱的审理程序进行梳理，使人们对中国古代这种特殊审判程序有所了解。

《史记·酷吏列传》记载："至周为廷尉，诏狱亦益多矣。二千石系者新故相因，不减百馀人。郡吏大府举之廷尉，一岁至千馀章。章大者连逮证案数百，小者数十人；远者数千，近者数百里。会狱，吏因责如章告劾，不服，以笞掠定之。于是闻有逮皆亡匿。狱久者至更数赦十有馀岁而相告言，大抵尽诋以不道以上。廷尉及中都官诏狱逮至六七万人，吏所增加十万馀人。"〔1〕

所谓"廷尉及中都官诏狱"，是指关押皇帝下诏审理的重要案犯的监狱，两汉时期此类监狱除上述二者以外，还有"魏郡诏狱"〔2〕"洛阳诏狱"〔3〕"巨鹿诏狱"〔4〕"都船诏狱"〔5〕"北

---

〔1〕《史记》卷一百二十二《酷吏列传》，中华书局 2000 年版，第 2393~2394 页。

〔2〕《汉书》卷四十五《江充传》，中华书局 2000 年版，第 1674 页。

〔3〕《汉书》卷六十《息夫躬传》，中华书局 2000 年版，第 1681 页。

〔4〕《汉书》卷五十三《景十三王传》，中华书局 2000 年版，第 1854 页。

〔5〕《汉书》卷八十六《王嘉传》，中华书局 2000 年版，第 2599 页。

寺诏狱"[1]，等等。由于本文旨在探讨诏狱的审理程序，这些作为实体监狱的"诏狱"并非本文关注的重点。引文中所云"周"即杜周，南阳杜衍人，汉武帝时期历任廷尉史、御史中丞，用法"内深次骨"，在他担任廷尉时，诏狱勃兴，系狱者多为二千石官，罪名为不道以上，人数动辄数万。

这些描述体现了汉武帝时期诏狱频发的情景。而早在文帝四年（公元前 176 年），已有"绛侯周勃有罪，逮诣廷尉诏狱"[2]的记载，这是"诏狱"之名始见于《汉书》。而在汉高祖十二年（公元前 195 年）刘邦因怀疑相国萧何"多受贾人财物"，"乃下相国廷尉，械系之。"[3] 更早在秦始皇三十五年（公元前 212 年），因侯生、卢生诽谤，秦始皇"使御史悉案问诸生"。[4] 诸如"下相国廷尉""使御史悉案问诸生"云云，自是皇帝下诏审理案件无疑。由此可见，在周勃案之前，历史上虽未有"诏狱"之名，但实质意义上的诏狱不啻早已存在。在秦汉相沿的数百年中，诏狱事例史不绝书。

一、诏狱之审理机关

理论上说，廷尉是秦汉时期专门审理诏狱的机关。《汉书·百官公卿表》云："廷尉，秦官，掌刑辟，有正、左右监"，"宣帝地节三年初置左右平。"[5] 东汉光武帝时撤除右监、右平，《后汉书·百官志》在"正""左监""左平"后加"本注曰：

---

〔1〕《后汉书》卷五十《孝明八王列传》，中华书局 2000 年版，第 1126 页。
〔2〕《汉书》卷四《文帝纪》，中华书局 2000 年版，第 88 页。
〔3〕《史记》卷五十三《萧相国世家》，中华书局 2000 年版，第 1614 页。
〔4〕《史记》卷六《秦始皇本纪》，中华书局 2000 年版，第 183 页。
〔5〕《汉书》卷十九（上）《百官公卿表》，中华书局 2000 年版，第 615 页。

掌平决诏狱。"[1]

（一）廷尉

《史记·酷吏列传》关于杜周的记载为廷尉审理诏狱之权提供了最好的注脚。在实践中，廷尉审理诏狱的情形也很常见。汉文帝时，有人上书告周勃谋反，其事"下廷尉，逮捕勃治之"[2]。宣帝时，宠臣长乐上书告中郎将杨恽"无人臣礼"，"事下廷尉。廷尉定国考问，左验明白。"[3] 东汉和帝时，豫州刺史梁相举奏梁节王刘畅不道，"有司请征畅诣廷尉诏狱，和帝不许。"[4] 桓帝时，太尉杨秉劾奏益州刺史侯参"累有臧罪，暴虐一州"，"槛车征诣廷尉"[5]。

（二）其他指定机关

廷尉有审理诏狱之权，并不意味着秦汉时期廷尉是审理诏狱的唯一机构。事实上，皇帝把重要案件交给廷尉以外机关审理的情形，在秦汉时期亦属寻常。比如，秦二世时，赵高诬丞相李斯谋反，二世曰："其以李斯属郎中令！"[6] 汉武帝时，宪王子刘悦告太子刘勃私奸、饮酒、博戏等情，"天子遣大行骞验问。"[7] 汉昭帝时，焦、贾两富商告大司农田延年诈取雇车钱三千万，其事"下丞相府"[8]。汉宣帝时，京兆尹赵广汉上书

〔1〕《后汉书》卷二十五《百官志》，中华书局 2000 年版，第 2443 页。

〔2〕《汉书》卷四十《周勃传》，中华书局 2000 年版，第 1590 页。

〔3〕《汉书》卷六十六《杨恽传》，中华书局 2000 年版，第 2182 页。

〔4〕《后汉书》卷五十《孝明八王列传》，中华书局 2000 年版，第 1131 页。

〔5〕《后汉书》卷五十四《杨震传》，中华书局 2000 年版，第 1197 页。

〔6〕《史记》卷八十七《李斯传》，中华书局 2000 年版，第 1991 页。

〔7〕《汉书》卷五十三《景十三王传》，中华书局 2000 年版，第 1855 页。

〔8〕《汉书》卷九十《酷吏传》，中华书局 2000 年版，第 2715 页。

告丞相罪，制曰：“下京兆尹治。”[1] 东汉明帝永平十三年（70年），楚王英谋逆，“事下郡覆考。”[2] 由于诏狱是皇帝指定审理的案件，审理机关由皇帝酌宜指定，也是正常的事情。而据《后汉书·百官志》廷尉条下引蔡质《汉仪》记载：因光禄勋刘嘉、廷尉赵世称病不参加朝贺，高赐奏其“不谨不敬”，“请廷尉治嘉罪，河南尹治世罪”，“议以世掌廷尉，故转属他官。”[3] 这个例子说明，皇帝对于诏狱审理机关的指定，也并非全然率性而为。

（三）杂治

除上述单独审理诏狱的机构外，秦汉时期还有一种会同审理诏狱的机制，即所谓“杂治”，颜师古注曰：“交杂同共治之也”[4]。如汉武帝时，江充告燕太子丹与其姐及王后宫奸乱，及勾结豪强等情，“天子怒，遣使者诏郡发吏卒围赵王宫，收捕太子丹，移系魏郡诏狱，与廷尉杂治，法至死。”[5] 汉昭帝时，桑弘羊参与燕王谋反，其子桑迁逃亡，“廷尉王平与少府徐仁杂治反事，皆以为桑迁坐父谋反而侯史吴臧之，非匿反者，乃匿为随者也。即以赦令除吴罪。”[6] 汉宣帝本始三年（公元前71年），内史等具奏广川王刘去残杀无辜等罪，“天子遣大鸿胪、

〔1〕《汉书》卷七十六《赵广汉传》，中华书局 2000 年版，第 2395 页。

〔2〕《后汉书》卷四十五《袁安传》，中华书局 2000 年版，第 1023~1024 页。

〔3〕《后汉书》卷二十五《百官志》，中华书局 2000 年版，第 2443 页。

〔4〕《汉书》卷六十《杜周传》，中华书局 2000 年版，第 2020 页注 3，师古曰。

〔5〕《汉书》卷四十五《江充传》，中华书局 2000 年版，第 1674 页。

〔6〕《汉书》卷六十《杜周传》，中华书局 2000 年版，第 2019 页。

丞相长史、御史丞、廷尉正杂治巨鹿诏狱。"[1] 汉哀帝时，"廷尉梁相与丞相长史、御史中丞及五二千石杂治东平王云狱，时冬月未尽二旬，而相心疑云冤，狱有饰辞，奏欲传之长安，更下公卿复治。"[2] 从这些事例来看，皇帝下令"杂治"的罪行多为反逆重罪，罪犯多为王侯，而参与"杂治"的机关由皇帝指定，尽管有的机构如少府看起来并无司法职权。

二、诏狱程序之启动

秦汉时期，皇帝的命令称为制诏，"命为'制'，令为'诏'"，"制诏三代无文，秦始有之。"[3] 则诏狱之启动，需待皇帝的诏令无疑。而皇帝下令有司审理诏狱，则是依据他所收到的上告或劾奏。

（一）上告

在秦汉时期的普通刑事案件中，告的主体不仅包括刑事犯罪的被害人或其亲属，也包括具有监督职责的什伍组织，以及具有捕盗职责的基层官吏。如《睡虎地秦墓竹简·封诊式》中的"告子爰书"，记载甲以不孝罪告其子。"奸爰书"记载某里士伍甲发现乙、丙白昼行奸，遂送官投告。而"群盗爰书"则记载了亭校长甲率领乙等在巡山途中，发现犯有抢劫罪行的丁等，在抓捕过程中斩首一人，俘获一人告官究治。[4]

---

　〔1〕《汉书》卷五十三《景十三王传》，中华书局 2000 年版，第 1854 页。

　〔2〕《汉书》卷八十六《王嘉传》，中华书局 2000 年版，第 2597 页。

　〔3〕《史记》卷六《秦始皇本纪》，中华书局 2000 年版，第 168、169 页（该页注 11）。

　〔4〕参见刘海年、杨升南、吴九龙主编：《中国珍稀法律典籍集成：甲骨文金文简牍法律文献》（甲编第一册），科学出版社 1994 年版，第 660、675、651 页。

在秦汉时期，普通百姓的上告也可以引发诏狱程序。上告者可能是某种罪行的受害人或其亲属。如汉武帝时邯郸人江充曾为敬肃王上客，因赵太子丹"收系其父兄，按验，皆弃市"，遂"诣阙告太子丹与同产姊及王后宫奸乱"等情况，天子大怒，派人"收捕太子丹，移系魏郡诏狱"[1]。有时，上告者可能并非犯罪行为的直接受害者或其亲属，但在知悉官吏严重罪行后，基于某种理由上书告发。如汉高祖十二年（公元前 195 年），"民道遮行上书，言相国贱强买民田宅数千万"，高祖大怒，"下相国廷尉。"[2] 再如汉昭帝时，焦、贾两富商获知田延年任大司农时曾诈取雇车钱三千万，于是"两家告其事，下丞相府"[3]。

贵族官员上书告发，也是引发诏狱的重要原因。如前述汉宣帝宠臣长乐因怀疑中郎将杨恽指使他人上书告其"非所宜言"，"亦上书告恽罪。"再如宣帝时京兆尹赵广汉因怀疑丞相夫人杀婢而"上书告丞相罪"。从上述事例可知，在奖励告奸的秦汉时期，告是引发刑事诉讼的常见理由，连诏狱也不例外，告的主体不限于犯罪行为的当事人，也不限于普通百姓。

（二）劾奏

劾是另一种启动诏狱程序的重要理由，史书中或称"告劾"，或称"章劾"，或称"劾奏"，劾的主体是政府官吏，而非普通百姓。汉武帝元鼎年间，博士徐偃矫制，令胶东、鲁国

---

〔1〕《汉书》卷四十五《江充传》，中华书局 2000 年版，第 1674 页。
〔2〕《史记》卷五十三《萧相国世家》，中华书局 2000 年版，第 1614 页。
〔3〕《汉书》卷九十《酷吏传》，中华书局 2000 年版，第 2715 页。

鼓铸盐铁，"御史大夫张汤劾偃矫制大害，法至死。"[1]《史记·酷吏列传》言及杜周治诏狱，称"郡吏大府举之廷尉，一岁至千馀章"，又称"会狱，吏因责如章告劾"，就是指郡守等官"以章劾付廷尉治之"。[2] 汉哀帝时，丞相王嘉上疏言及宣帝慎重诏狱故事："孝宣皇帝爱其良民吏，有章劾，事留中，会赦壹解。故事，尚书希下章，为烦扰百姓，证验系治，或死狱中，章文必有'敢告之'字乃下。"[3] 汉桓帝延熹年间，侍中寇荣遭人诬陷被免归故郡，遂赴阙自讼，"刺史张敬追劾荣以擅去边，有诏捕之。"[4] 这一时期中常侍侯览弟侯参任益州刺史，"累有臧罪，暴虐一州。"延熹八年（165年），太尉杨秉劾奏侯参，"槛车征诣廷尉。"在杨秉上书后，尚书质疑其作为"公府外职"而"奏劾近官"的权力，双方发生了如下争议：

> 书奏，尚书召对秉掾属曰："公府外职，而奏劾近官，经典汉制有故事乎？"秉使对曰："《春秋》赵鞅以晋阳之甲，逐君侧之恶。传曰：'除君之恶，唯力是视。'邓通慢慢，申屠嘉召通诘责，文帝从而请之。汉世故事，三公之职无所不统。"尚书不能诘。[5]

从这段对话可知，奏劾是依据职权而发生的行为，前述御史大夫、太尉劾奏大臣，是基于所谓"三公之职无所不统"；刺

---

〔1〕《汉书》卷六十四（下）《终军传》，中华书局2000年版，第2127页。

〔2〕《史记》卷一百二十二《酷吏传》，中华书局2000年版，第2394页。引《集解》如淳曰："郡吏，郡太守也。"孟康曰："举之廷尉，以章劾付廷尉治之。"

〔3〕《汉书》卷八十六《王嘉传》，中华书局2000年版，第2591页。

〔4〕《后汉书》卷十六《寇荣传》，中华书局2000年版，第416页。

〔5〕《后汉书》卷五十四《杨震传》，中华书局2000年版，第1197页。

史张敬追劾寇荣，是基于"六条问事"的监察之权；[1] 《汉书·淮南王传》记载：武帝下诏即讯淮南王太子，但寿春丞"留太子逮不遣"，淮南相劾其不敬，[2] 而依汉法，"诸侯有罪，傅相不举奏，为阿党。"[3] 又据《汉书·赵广汉传》记载，宣帝时，司直萧望之劾奏赵广汉："摧辱大臣，欲以劫持奉公，逆节伤化，不道。"[4] 司直为汉武帝元狩五年（公元前118年）置，"掌佐丞相举不法。"[5] 上述官员均依职权提出奏劾，从而导致诏狱的发生。相比之下，官吏上告虽然也可以引发诏狱程序，但上告的官员未必有劾奏不法的职权。

除了上告与劾奏外，有时皇帝会把自己认定的罪行交给指定机关审理，这种情况并不常见，却也是启动诏狱的一种理由。如汉武帝即位之初，"赵绾、王臧等以文学为公卿，欲议古立明堂城南，以朝诸侯"，当时执政的窦太后素好黄老，不喜儒术，"使人微得赵绾等奸利事，召案绾、臧，绾、臧自杀。"[6] 汉哀帝时，廷尉梁相在与丞相长史、御史中丞及五二千石杂治东平王诏狱时，因疑有冤情，奏请覆治，被皇帝认为"无讨贼疾恶主仇之意"，下诏免其为庶人。数月后逢大赦，丞相王嘉乘机"荐相等明习治狱"，要"为朝廷惜此三人"，此举触怒哀帝，加之王嘉封还增益董贤封户之事，哀帝遂将王嘉召至尚书，责其"迷国罔上"，"事下将军中朝者"，光禄大夫孔光等人均

---

〔1〕《汉书》卷十九（上）《百官公卿表》，中华书局2000年版，第623页。

〔2〕《汉书》卷四十四《淮南王传》，中华书局2000年版，第1653页。

〔3〕《汉书》卷三十八《高五王传》，中华书局2000年版，第1551页。

〔4〕《汉书》卷七十六《赵广汉传》，中华书局2000年版，第2395页。

〔5〕《汉书》卷十九（上）《百官公卿表》，中华书局2000年版，第612页。

〔6〕《史记》卷十二《孝武本纪》，中华书局2000年版，第318页。

"劾嘉迷国罔上不道，请与廷尉杂治"[1]。

三、诏狱之调查

通常，皇帝在收到上告或劾奏以后，认为事态严重，就会指派相关机构进行调查，《汉书·王嘉传》称宣帝时对于章劾，"必有'敢告之'字乃下。"其中的"下"字就是指定大臣调查事实，前文提到"下丞相府""下京兆尹治"，尽管受命调查的机关并不相同，但"下"字都是同样的意思。

（一）调查机关

秦汉时期廷尉有"平决诏狱"的权力，有的案件自然要交给廷尉来调查，如汉文帝时，周勃被告谋反，事"下廷尉"；宣帝时杨恽被告"无人臣礼"，"事下廷尉。"[2]东汉桓帝时，益州刺史侯参"累有臧罪，暴虐一州"，"槛车征诣廷尉。"有的案件则是交给廷尉以外的机关去调查，如秦二世时赵高案"属郎中令"，武帝时刘勃案"天子遣大行骞验问"，昭帝时田延年"下丞相府"，宣帝时丞相魏相"下京兆尹治"。有的案件则是由廷尉和其他机关共同调查，如武帝元朔五年（公元前124年），雷初亡命长安，上书告淮南王太子，"事下廷尉、河南。"[3]哀帝建平中，梁王刘立杀人，"天子遣廷尉赏、大鸿胪由持节即讯。"[4]

在有些情况下，史料并未载明诏狱的调查机关。如秦始皇

〔1〕《汉书》卷八十六《王嘉传》，中华书局2000年版，第2597~2598页。
〔2〕《汉书》卷六十六《杨恽传》，中华书局2000年版，第2181~2182页。
〔3〕《汉书》卷四十四《淮南王传》，中华书局2000年版，第1653页。
〔4〕《汉书》卷四十七《文三王传》，中华书局2000年版，第1704页。

九年（公元前 251 年），有人告发嫪毐与太后私通生子，"于是秦王下吏治，具得情实。"[1] 汉景帝时，周亚夫因其子被告盗买县官器受到牵连，"书既闻，上下吏。"[2] 汉宣帝时，何长年上书告节王刘延寿与广陵王勾结谋反，"事下有司，考验辞服，延寿自杀。"[3] 哀帝时，右曹侍郎薛况指使杨明重伤博士申咸，"事下有司。"[4] 不论"下吏"，还是"下有司"，均是责成特定机关进行调查，这些机关，当具有司法调查之权。除前述廷尉、司直外，"受公卿奏事、举劾按章"[5]的御史中丞及其所领刺史、侍御史，"掌治京师"[6]的内史（后更名"京兆尹"），"掌宫殿掖门户"[7]的郎中令（后更名"光禄勋"），以及"掌徼循京师"[8]的中尉（后更名"执金吾"）等，均在此列。

（二）调查程序

诏狱的调查主要是以审讯的方式进行。在审讯之前，对于没有到案的疑犯，要实行逮捕及其他强制措施。

1. 逮捕及其他强制措施

远古时期，司法机关在抓捕犯人时就已经使用拘执、束缚等强制措施，如甲骨卜辞载："庚午日雀幸执仆。"[9] 又载：

---

〔1〕《史记》卷八十五《吕不韦传》，中华书局 2000 年版，第 1955 页。

〔2〕《汉书》卷四十《周亚夫传》，中华书局 2000 年版，第 1594 页。

〔3〕《汉书》卷三十六《楚元王传》，中华书局 2000 年版，第 1498 页。

〔4〕《汉书》卷八十三《薛宣传》，中华书局 2000 年版，第 2526 页。

〔5〕《汉书》卷十九（上）《百官公卿表》，中华书局 2000 年版，第 612 页。

〔6〕《汉书》卷十九（上）《百官公卿表》，中华书局 2000 年版，第 620 页。

〔7〕《汉书》卷十九（上）《百官公卿表》，中华书局 2000 年版，第 613 页。

〔8〕《汉书》卷十九（上）《百官公卿表》，中华书局 2000 年版，第 617 页。

〔9〕刘海年、杨升南、吴九龙主编：《中国珍稀法律典籍集成：甲骨文金文简牍法律文献》（甲编第一册），科学出版社 1994 年版，第 26 页。

"贞雀致石系。"[1] 其中"幸"和"系"便是束缚手脚的刑具。《论语·公冶长》载："子谓公冶长：'可妻也。虽在缧绁之中，非其罪也。'"朱熹注云："古者狱中以黑索拘挛罪人。"[2]

秦汉时期，这些拘挛束缚的办法仍在沿用。《史记·李斯列传》记载，"李斯拘执束缚，居囹圄中。"[3] 汉高祖九年（公元前198年），赵王属臣贯高等谋反事发，"于是上逮捕赵王诸反者"，（贯高）"乃槛车与王诣长安。"[4] 文帝十三年（公元前167年）齐太仓令淳于公有罪当刑，"诏狱逮系长安。"[5] 汉武帝时，诏狱大兴，被逮捕者人数众多，"廷尉及中都官诏狱逮至六七万人。"

除逮捕外，"召"也是强制疑犯到案的一种办法。汉文帝六年（公元前173年），淮南王刘长谋反，"事觉，治之，乃使使召淮南王。"[6] 汉宣帝时，京兆尹赵广汉怀疑丞相夫人妒杀奴婢，上书告丞相，在得到"下京兆尹治"的指令后，"亲率吏卒突入丞相府，召其夫人跪庭下受辞。"[7] 哀帝时，光禄大夫孔光等人奏劾丞相王嘉迷国罔上不道，"有诏假谒者节，召丞相诣廷尉诏狱。"[8]

---

〔1〕 刘海年、杨升南、吴九龙主编：《中国珍稀法律典籍集成：甲骨文金文简牍法律文献》（甲编第一册），科学出版社1994年版，第10页。

〔2〕 （宋）朱熹：《四书章句集注（一）》，陈立点校本，辽宁教育出版社1998年版，第78页。

〔3〕 《史记》卷八十七《李斯传》，中华书局2000年版，第1991页。

〔4〕 《汉书》卷三十二《陈余传》，中华书局2000年版，第1441页。

〔5〕 《汉书》卷二十三《刑法志》，中华书局2000年版，第930页。

〔6〕 《汉书》卷四十四《淮南王传》，中华书局2000年版，第1649页。

〔7〕 《汉书》卷七十六《赵广汉传》，中华书局2000年版，第2395页。

〔8〕 《汉书》卷八十六《王嘉传》，中华书局2000年版，第2599页。

有时，一些较为亲信的大臣及王侯犯罪，皇帝会采用"即讯"的办法处理，即派遣使者到疑犯所在地讯问。如武帝时淮南王刘安太子被告，"事下廷尉、河南"，河南令逮捕淮南太子未果，"会有诏即讯太子。"[1] 宣帝时，京兆尹赵广汉属下尉史禹借故遂弹劾苏贤"乏军兴"之罪，苏贤父上书告广汉，"事下有司覆治。禹坐要斩，请逮捕广汉。有诏即讯。"[2] 哀帝时，梁王刘立屡次作奸犯科，却屡次得到皇帝宽宥。后又犯杀人罪，天子也只是派遣廷尉、大鸿胪等官员"持节即讯"。

2. 案验

在对被告实行控制后，司法机关需要通过审讯验证被告是否实施了上告或章劾所指控的犯罪，即所谓"会狱，吏因责如章告劾"，这个过程在秦汉时期通常称为"案验"。

审讯的对象主要是被告，也包括同案犯和证人。在秦二世时期的李斯诏狱中，赵高告称李斯子三川守李由与陈胜私通，双方有文书往来，二世"欲案丞相，恐其不审，乃使人案验三川守与盗通状"，后指派赵高拘捕李斯，"赵高治斯，榜掠千馀，不胜痛，自诬服。"[3]

在审理诏狱过程中，使用刑讯是十分常见的事情。在高祖九年（公元前 198 年）的贯高案中，赵相贯高因不满高祖无礼于赵王，与人谋划"请为王杀之"，而赵王并不知情。后贯高为仇家所告，事情败露，贯高与赵王一起被押送至长安。在受审时，贯高坚称："独吾属为之，王不知也。"于是，"吏榜笞数

---

〔1〕《汉书》卷四十四《淮南王传》，中华书局 2000 年版，第 1653 页。
〔2〕《汉书》卷七十六《赵广汉传》，中华书局 2000 年版，第 2394 页。
〔3〕《史记》卷八十七《李斯传》，中华书局 2000 年版，第 1990、1992 页。

千，刺蘮，身无完者。"高祖闻报称其为"壮士"，派其故友泄公"持节问之箯舆前"，贯高"具道本根所以、王不知状"，终于为赵王开脱了罪责。[1]

汉文帝时，绛侯周勃因常披甲持兵见河东守尉，被人告其欲反。在廷尉审理过程中，"不知置辞。吏稍侵辱之。"后周勃以千金赠狱吏，狱吏教其"以公主为证"。公主"为言薄太后，太后亦以为无反事"。在太后出面说情以后，文帝乃谢曰："吏方验而出之。"[2] 在这次诏狱审理中，如果没有公主、太后作证，厚重少文、"不知置辞"的周勃恐难全身而退。

汉武帝时，淮南王刘安与其太子谋反，"作皇帝玺，丞相、御史大夫、将军、吏中二千石、都官令、丞印，及旁近郡太守、都尉印，汉使节法冠。"在谋划过程中，因太子与郎中雷被有怨，淮南王指使郎中令斥免雷被奋击匈奴之请，为雷被所告。"事下廷尉、河南"，武帝先下诏"即讯太子"，后"遣汉中尉宏即讯验王"。对于中尉讯问斥免雷被一事，淮南王"自度无何"。公卿奏淮南王"格明诏，当弃市"，武帝不许，仅削其二县。后淮南王孙刘建指使寿春严正上书告太子谋杀汉中尉，"上以其事下廷尉、河南治。"廷尉将刘建供词上奏，武帝"遣廷尉监与淮南中尉逮捕太子"。淮南王遂"与太子谋召相、二千石，欲杀而发兵"。犹豫未决之际，参与谋反策划的"伍被自诣吏，具告与淮南王谋反"。太子、王后及淮南王宾客尽被逮捕。此案在淮南王谋反事发之前，已有"格明诏"之行，武帝在派员查明事实后，仍对其法外开恩。直至太子因谋杀中尉事而"自刑"，伍被具告

---

〔1〕《汉书》卷三十二《陈余传》，中华书局2000年版，第1440~1441页。

〔2〕《汉书》卷四十《周勃传》，中华书局2000年版，第1590页。

淮南王谋反，司法官吏"索得反具以闻"，人证、物证俱在的情况下，淮南王谋反事才浮出水面。[1]

汉宣帝本始三年（公元前73年），广川王刘去杀人事发，"天子遣大鸿胪、丞相长史、御史丞、廷尉正杂治巨鹿诏狱。"广川王宠爱王后昭信，"诸幸于去者，昭信潜杀之"，且使用"燔烧亨煮，生割剥人"等手段，先后残杀十四人。后因与倡俳裸戏，为相所劾，"事下考案"。在调查过程中，倡人交代其阑入殿门是为了教脩靡夫人望卿弟都歌舞。其时望卿与其女弟均已被昭信所害，望卿尸体已被烹煮灭迹。在"使者召望卿、都"时，广川王谎称二人淫乱自杀，并取他人尸体与都尸一并交付望卿之母。为其母识破，昭信索性"令奴杀之"。该奴后被官府捕获，交代了罪行。"本始三年，相内史奏状"，天子派大鸿胪等人杂治，王后昭信、诸姬奴婢等人证皆令下狱。"辞服。有司复请诛王。"[2]

从上述情节看，广川王诏狱与淮南王诏狱都是案中有案，一个偶发案件的审理揭开了另一个重大案件的一角，在抽丝剥茧的调查过程中，证人证言常常对查清案件事实起着关键性作用。

3. 调查终结

司法机关对于诏狱的调查，最终无非验证两种结果：要么被告有罪，要么被告无罪。在"吏因责如章告劾，不服，以笞掠定之"的情况下，认定被告无罪倒成了少有的事情。文帝时

---

〔1〕《汉书》卷四十四《淮南王传》，中华书局2000年版，第1653~1656页。

〔2〕《汉书》卷五十三《景十三王传》，中华书局2000年版，第1853~1854页。

的周勃案，最终"吏方验而出之"，是无罪释放的一个例子。

汉宣帝时，京兆尹赵广汉冤杀无辜，为人所告，"事下丞相御史，案验甚急。"为摆脱困境，赵广汉借丞相府一名奴婢自杀之机，上书告丞相罪，在皇帝下令调查后，广汉亲率吏卒突入丞相府，召丞相夫人对质。丞相上书自陈无辜，并请求"下明使者治广汉所验臣相家事"。其结果是："事下廷尉治，实丞相自以过谴笞傅婢，出至外弟乃死，不如广汉言。"赵广汉反因"摧辱大臣，欲以劫持奏公，逆节伤化，不道"等罪被处腰斩。[1]

东汉明帝永平十三年（70年），楚王英谋逆案发，"事下郡覆考。"案件波及数千人，司法官吏刑讯逼供，死者甚众。次年，楚郡太守袁安到任后，对于该案"理其无明验者，条上出之"。四百余家得以幸免。不过，对于此举，其下属掾吏曾"皆叩头争，以为阿附反虏，法与同罪，不可"。诏狱出罪之难，可见一斑。[2]

另一种情况是证明被告有罪，调查程序以被告"辞服"终结。秦相赵高因不堪刑讯，"自诬服"。后赵高指使手下十余人冒充御史、谒者、侍中，到狱中复核。李斯告以实情，不免再遭刑讯。久而久之，即便后来二世真的派人前去调查，李斯"终不敢更言，辞服"[3]。汉武帝元狩元年（公元前122年）冬，衡山王子刘孝自告所参与衡山王与淮南王勾结谋反事，"廷

〔1〕《汉书》卷七十六《赵广汉传》，中华书局2000年版，第2395页。
〔2〕《后汉书》卷四十五《袁安传》，中华书局2000年版，第1023页。
〔3〕《史记》卷八十七《李斯传》，中华书局2000年版，第1992页。

尉治，事验。"武帝派中尉安、大行息"即问王，王具以情实对"[1]。汉宣帝时，刘延寿与广陵王勾结谋反，为何长年所告，"事下有司，考验辞服。"哀帝时梁王刘立杀人，天子遣廷尉赏、大鸿胪由持节即讯，梁王免冠谢罪："今立自知贼杀中郎曹将，冬月迫促，贪生畏死，即诈僵仆阳病，侥幸得逾于须臾。谨以实对，伏须重诛。"[2]

有的情况下，被告虽声言不服，却也无碍有司对事实的认定。如汉景帝时，周亚夫子为父购买工官尚书甲楯五百被作为葬器，被人所告，牵连周亚夫。廷尉责其欲反，亚夫辩称所买实为葬器，被指"纵不欲反地上，即欲反地下耳"。在"吏侵之益急"的情况下，周亚夫"不食五日，呕血而死"[3]。汉武帝时，朱买臣等三长史等谋害御史大夫张汤，称汤与田信等为"左道之交"，"居物致富"，天子"使使八辈簿责汤"，张汤不服。直至武帝派赵禹称，"天子重致君狱，欲令君自为计，何多以对簿为？"张汤只好自杀。[4]汉宣帝时，长乐告中郎将杨恽"妄引亡国以诽谤当世，无人臣礼"。事下廷尉考问，"左验明白"，但"恽不服罪"，廷尉请以大逆不道治之，宣帝不忍加诛，下诏免其为庶人。[5]东汉和帝时，梁王刘畅听信从官卞忌、乳母王礼托鬼神称其当为天子等言，"与相应答。"永元五年（93年），豫州刺史梁相举奏梁不道，"考讯，辞不服。"有司请"征畅诣廷尉诏狱"，和帝不许，仅削成武、单父二县，惭惧之

〔1〕《汉书》卷四十四《衡山王传》，中华书局2000年版，第1659页。
〔2〕《汉书》卷四十七《文三王传》，中华书局2000年版，第1705页。
〔3〕《汉书》卷四十《周亚夫传》，中华书局2000年版，第1594页。
〔4〕《史记》卷一百二十二《酷吏传》，中华书局2000年版，第2387页。
〔5〕《汉书》卷六十六《杨恽传》，中华书局2000年版，第2180~2182页。

下，刘畅上疏辞谢，方称"自悔无所复及。自谓当即时伏显诛，魂魄去身，分归黄泉"[1]。

四、当事人之救济

在诏狱调查过程中，被告或其家属可以通过上书等方式寻求救济。在李斯被刑讯"自诬服"以后，《史记·李斯列传》称："斯所以不死者，自负其辩，有功，实无反心，幸得上书自陈，幸二世之寤而赦之。"不幸的是，李斯给二世的上书被赵高"弃去不奏"，且称："囚安得上书!"[2]

（一）上书

李斯的悲剧是个例外。在大多数场合，被告或其家属通过上书可以达到自救的目的，史书称之为"上书讼罪"或"上书自讼"。在诏狱案件中，有为他人所告之后上书反告他人的例子，如宣帝时，"人有上书告长乐非所宜言，事下廷尉。长乐疑恽教人告之，亦上书告恽罪……"[3] 后者上书的目的显非自辩，而是要揭发他人的罪状。"上书讼罪""上书自讼"则是一种单纯的辩护，是一种当事人自救的措施。

在秦汉时期，寻常刑事案件判决以后，当事人或其亲属如对判决不服，可以向其所在地县道官提出申诉，当时称为"乞鞫"，如《二年律令·具律》规定："罪人狱已决，自以罪不当欲气（乞）鞫者，许之。气（乞）鞫不审，驾（加）罪一等；其欲复气（乞）鞫，当刑者，刑乃听之。死罪不得自气（乞）

---

〔1〕《后汉书》卷五十《孝明八王列传》，中华书局 2000 年版，第 1131 页。

〔2〕《史记》卷八十七《李斯传》，中华书局 2000 年版，第 1992 页。

〔3〕《汉书》卷六十六《杨恽传》，中华书局 2000 年版，第 2180 页。

鞫，其父、母、兄、姊、弟、夫、妻、子欲为气（乞）鞫，许之。其不审，黥为城旦舂。年未盈十岁为气（乞）鞫，勿听。狱已决盈一岁，不得气（乞）鞫。气（乞）鞫者各辞在所县道，县道官令、长、丞谨听，书其气（乞）鞫，上狱属所二千石官，二千石官令都吏覆之。"〔1〕对于诏狱案件的当事人而言，最终的判决总是由皇帝决定，"自以罪不当欲气（乞）鞫"的理由在理论上根本不存在，他们只能在皇帝作出决定之前上书自救。

1．"上书讼罪"

"上书讼罪"通常由诏狱被告之亲属为之。汉武帝时，江充告燕太子丹与其姐及王后宫奸乱及勾结豪强，武帝命人将太子"移系魏郡诏狱，与廷尉杂治，法至死"。赵王彭祖"上书讼太子罪"，称江充"欲取必于万乘以复私怨"，表示愿"从军击匈奴，极尽死力，以赎丹罪"，不过，武帝不为所动，"竟败赵太子。"〔2〕汉昭帝时，阳城侯刘德之子刘向"坐铸伪黄金，当伏法，德上书讼罪"。这种行为在刘德死后虽被讥为"失大臣体"，〔3〕但"上书讼罪"的意义是不可轻忽的。宣帝时，京兆尹赵广汉客私酤酒长安，为丞相吏所逐去，客怀疑苏贤为告密者，广汉遂派长安丞调查苏贤，尉史禹遂弹劾贤为霸上骑士，"不诣屯所，乏军兴。"苏贤父亲"上书讼罪，告广汉，事下有司覆治。禹坐要斩，请逮捕广汉。有诏即讯，辞服，会赦，贬

---

〔1〕 张家山汉墓竹简整理小组：《张家山汉墓竹简（二四七号墓）》，文物出版社 2001 年版，第 149 页。

〔2〕 《汉书》卷四十五《江充传》，中华书局 2000 年版，第 1674 页。

〔3〕 《汉书》卷三十六《楚元王传》，中华书局 2000 年版，第 1499~1450 页。

秩一等"[1]。在这个案件中，苏贤父为子讼罪，同时告发广汉，才引起了皇帝的注意，调查审理的结果，尉史禹被斩，广汉贬秩一等。

有时，出于对诏狱被告的同情，其他官员也可能"上书讼罪"，这种讼罪，有时甚至发生在诏狱判决已经执行以后。汉宣帝时，御史大夫萧望之劾奏左冯翊韩延寿上僭不道，"事下公卿"，[2]中郎将杨恽"上书讼延寿"。杨恽明知其事不易，且与人言时称"鼠不容穴衔窭数者也"，此语后来也成为别人告其怨望朝廷的证据之一。[3]东汉安帝建光元年（121年），因宫人诬告叶侯邓悝兄弟图谋废帝，安帝"令有司奏悝等大逆无道"，邓氏宗族皆被免官遣归故郡，因郡县官员逼迫而自杀者达七人，其中包括被认定为"不与谋"的上蔡侯邓骘。大司农朱宠痛于邓骘等无罪遇祸，"乃肉袒舆榇，上疏追讼"，称骘等"横为宫人单辞所陷。利口倾险，反乱国家，罪无申证，狱不讯鞫，遂令骘等罹此酷滥"。后来安帝有所醒悟，对邓氏死者"诏遣使者祠以中牢，诸从昆弟皆归京师"[4]。

2. "上书自讼"

"上书自讼"是由被告为之。汉宣帝时，京兆尹赵广汉因论杀荣畜，为人所告，"事下丞相御史，案验甚急。"广汉为求自保，借杀婢案上书告丞相罪，事"下京兆尹治"。丞相魏相上书自陈："妻实不杀婢。广汉数犯罪法不伏辜，以诈巧迫胁臣相，

〔1〕《汉书》卷七十六《赵广汉传》，中华书局 2000 年版，第 2395 页。

〔2〕《汉书》卷七十六《韩延寿传》，中华书局 2000 年版，第 2402 页。

〔3〕《汉书》卷六十六《杨恽传》，中华书局 2000 年版，第 2180~2181 页。

〔4〕《后汉书》卷十六《邓骘传》，中华书局 2000 年版，第 408~409 页。

幸臣相宽不奏。愿下明使者治广汉所验臣相家事。"上书自陈的结果，是"事下廷尉治"，广汉最终被处以腰斩。[1]

东汉安帝元初三年（116年），彭城靖王刘恭为国相赵牧所奏，诬其"祠祀恶言，大逆不道"。有司奏请诛之，刘恭上书自讼。朝廷经"考实，无征，牧坐下狱，会赦免死"[2]。元初三年，尚书郎张俊因与司空袁敞子书信往来中"漏泄省中语"，为郎朱济、丁盛所得，"遂封上之，皆下狱，当死。"张俊在狱中口授狱吏，"上书自讼"，虽然"书奏而俊狱已报"，但在临行刑前邓太后"诏驰骑以减死论"[3]。

（二）覆讯

除了上书以外，皇帝下令对诏狱案件进行所谓"覆讯"或"覆治"，也可能为被告提供救济的机会。在李斯案件中，赵高为防止李斯在覆讯时翻供，"使其客十馀辈诈为御史、谒者、侍中，更往覆讯斯。斯更以其实对，辄使人复榜之。"其结果是在二世派人覆讯的时候，"斯以为如前，终不敢更言，辞服。"

李斯曾寄望于二件事，即"幸得上书自陈，幸二世之寤而赦之"。他的上书为赵高所阻，未能送达二世，但二世最终还是派人来"验斯"，说明上书并非"覆治"或"覆讯"的必要条件。当然，在有的情况下，"覆治"确实是在"上书"之后发生的。如前述苏贤被劾"不诣屯所，乏军兴"，其父"上书讼罪，告广汉，事下有司覆治"。

在秦汉时期，皇帝下令对重要案件进行的复核，又被称作

---

〔1〕《汉书》卷七十六《赵广汉传》，中华书局2000年版，第2395页。

〔2〕《后汉书》卷五十《孝明八王列传》，中华书局2000年版，第1127页。

〔3〕《后汉书》卷四十五《袁敞传》，中华书局2000年版，第1027~1028页。

"复治""复考"。汉昭帝时，廷尉王平与少府徐仁杂治桑弘羊反事，因桑弘羊子桑迁在逃亡途中为其父故吏侯史吴所藏，二人"以为桑迁坐父谋反而侯史吴臧之，非匿反者，乃匿为随者也。即以赦令除吴罪"。后侍御史复核此案，以桑迁知其父谋反而不谏争，与反者无异，而侯史吴身为三百石吏，首匿桑迁，不能与庶人首匿从犯同等治罪，吴不得赦免。遂"奏请复治，劾廷尉、少府纵反者"〔1〕。此案侍御史在复核后认为原判有纵囚之嫌，于是奏请复治，其结果自然是对被告不利的。在有些情况下，如果皇帝确信诏狱的被告有罪，大臣申请复治反而会引火烧身。汉哀帝时，廷尉梁相与丞相长史、御史中丞及五二千石受命杂治东平王诏狱，梁相怀疑东平王有冤，"奏欲传之长安，更下公卿复治。"此举引起哀帝不满，认为梁相"无讨贼疾恶主仇之意"，下诏免其为庶人。〔2〕

五、诏狱之判决与执行

在案件事实调查清楚后，即进入判决及执行程序。秦始皇九年（公元前 251 年）的嫪毐案件，在"下吏治，具得情实"之后，九月，"夷嫪毐三族，杀太后所生两子，而遂迁太后於雍。"〔3〕二世时期的李斯案，李斯被拷辞服后，"二年七月，具斯五刑，论腰斩咸阳市。"〔4〕汉宣帝时，河南丞义上书告太守延年罪名十事，"事下御史丞按验，有此数事，以结延年，坐怨

〔1〕《汉书》卷六十《杜周传》，中华书局 2000 年版，第 2019 页。
〔2〕《汉书》卷八十六《王嘉传》，中华书局 2000 年版，第 2597 页。
〔3〕《史记》卷八十五《吕不韦传》，中华书局 2000 年版，第 1955 页。
〔4〕《史记》卷八十七《李斯传》，中华书局 2000 年版，第 1992 页。

望非谤政治不道弃市。"[1]

秦汉时期因诏狱自杀的大臣亦不少见。汉文帝时绛侯周勃被告谋反，被逮治长安狱，后因公主、太后关说而脱罪，贾谊对此不以为然，讥之曰："故贵大臣定有其罪矣，犹未斥然正以呼之也，尚迁就而为之讳也。故其在大遣大何之域者，闻遣何则白冠氂缨，盘水加剑，造请室而请罪耳，上不执缚系引而行也。其有中罪者，闻命而自弛，上不使人颈盩而加也。其有大罪者，闻命则北面再拜，跪而自裁，上不使捽抑而刑之也，曰，'子大夫自有过耳！吾遇子有礼矣。'"据史书称，此后大臣有罪，"皆自杀，不受刑。"[2]景帝时周勃子周亚夫被告入廷尉狱，即不食五日，呕血而死，只是在其死前，"吏侵之益急"，周亚夫并未受到景帝的礼遇。[3]到武帝时，内史宁成治狱，大臣入狱受刑的情况变得多了起来。但自杀，仍是诏狱被告的一种选择。武帝时，衡山王谋反事发，"公卿请遣宗正、大行与沛郡杂治王。王闻，即自杀。"[4]汉宣帝时，节王刘延寿与广陵王勾结谋反事发，"事下有司，考验辞服，延寿自杀。"

（一）论

在有些诏狱案件中，即便司法官吏对事实认定清楚，但处刑却并非易事。通常是先由司法机关向皇帝提出拟罪建议，由皇帝裁夺。汉文帝六年（公元前173年），淮南王刘长谋反，

---

〔1〕《汉书》卷九十《酷吏传》，中华书局2000年版，第2718页。

〔2〕《汉书》卷四十八《贾谊传》，中华书局2000年版，第1732、1734页。

〔3〕《汉书》卷四十《周亚夫传》，中华书局2000年版，第1594页。

〔4〕《汉书》卷四十四《衡山王传》，中华书局2000年版，第1659页。

"事觉，治之"以后，丞相张苍、典客行御史大夫事冯敬，与宗正、廷尉共同上奏：

> 长废先帝法，不听天子诏，居处无度，为黄屋盖拟天子，擅为法令，不用汉法。及所置吏，以其郎中春为丞相，收聚汉诸侯人及有罪亡者，匿与居，为治家室，赐与财物爵禄田宅，爵或至关内侯，奉以二千石所当得。大夫但、士伍开章等七十人与棘蒲侯太子奇谋反，欲以危宗庙社稷，谋使闽越及匈奴发其兵。事觉，长安尉奇等往捕开章，长匿不予，与故中尉蒥忌谋，杀以闭口，为棺椁衣衾，葬之肥陵，谩吏曰"不知安在"。又阳聚土，树表其上曰"开章死，葬此下"。及长身自贼杀无罪者一人；令吏论杀无罪者六人；为亡命弃市诈捕命者以除罪；擅罪人，无告劾系治城旦以上十四人；赦免罪人死罪十八人，城旦春以下五十八人；赐人爵关内侯以下九十四人。前日长病，陛下心忧之，使使者赐枣脯，长不肯见拜使者。南海民处庐江界中者反，淮南吏卒击之。陛下遣使者赍帛五十匹，以赐吏卒劳苦者。长不欲受赐，谩曰"无劳苦者"。南海王织上书献璧帛皇帝，忌擅燔其书，不以闻。吏请召治忌，长不遣，谩曰"忌病"。长所犯不轨，当弃市，臣请论如法。[1]

汉代判决由鞫和论两部分构成，《周礼·秋官·小司寇》有"读书则用法"之说，郑玄注中引汉代郑司农的解释云："读书则用法，如今时读鞫已乃论之。"唐代贾公彦对此所作的解释

---

[1]《汉书》卷四十四《淮南王传》，中华书局2000年版，第1649页。

为："汉时'读鞫已乃论之'者，鞫谓劾囚之要辞，行刑之时，读已，乃论其罪也"。[1] 由此观之，张苍、冯敬等人在上奏中所云刘长"不听天子诏，居处无度，为黄屋盖拟天子""与棘蒲侯太子奇谋反""长身自贼杀无罪者一人""擅罪人，无告劾系治城旦以上十四人"等，即所谓"劾囚之要辞"，而"长所犯不轨，当弃市"，则是"读鞫已乃论之者"，是决定刑罚的"论"的内容。

汉武帝元鼎年间，博士徐偃矫制，命胶东、鲁国鼓铸盐铁。御史大夫张汤弹劾徐偃矫制大害，依法当死。徐偃辩以"《春秋》之义，大夫出疆，有可以安社稷，存万民，颛之可也"，张汤无言以对。武帝派谒者给事中终军问案，终军诘以"偃巡封域之中，称以出疆何也"？"偃已前三奏，无诏，不惟所为不许，而直矫作威福，以从民望，干名采誉，此明圣所必加诛也"。最终徐偃理屈词穷，"服罪当死。"军奏"偃矫制颛行，非奉使体，请下御史征偃即罪"[2]。

在汉代地方刑事案件的审理中，有所谓疑狱奏谳制度。汉高祖七年（公元前200年），下诏"狱之疑者，吏或不敢决，有罪者久而不论，无罪者久系不决。自今以来，县道官狱疑者，各谳所属二千石官，二千石官以其罪名当报之。所不能决者，皆移廷尉，廷尉亦当报之。廷尉所不能决，谨具为奏，傅所当比律令以闻"[3]。也就是说，县道官对于难以决断的疑难案件，

---

[1] 李学勤主编：《十三经注疏·周礼注疏》（下），北京大学出版社1999年版，第913页。

[2] 《汉书》卷六十四（下）《终军传》，中华书局2000年版，第2127页。

[3] 《汉书》卷二十三《刑法志》，中华书局2000年版，第935~936页。

应上报所属二千石官，由后者做出指示。二千石官难以决断的，则上报至廷尉，廷尉亦难决断的，则将案情和拟引律令上奏给皇帝。这是地方疑难案件的处理程序，在这种程序下，并不是所有疑难案件都要奏请皇帝裁决，"刺史守令杀人不待奏"[1]在秦汉时期是正常的现象。而诏狱虽未必全是疑难案件，但在审理后，奏请皇帝裁决却是必经程序，前文所述"臣请论如法""请下御史征偈即罪"云云，反映的正是这种情况。

（二）议

对于终军的判决，汉武帝"奏可"，且"上善其诘，有诏示御史大夫"。而在前述淮南王刘长谋反案中，在张苍、冯敬等人提出判决意见，"臣请论如法"之后，汉文帝表示："朕不忍置法于王，其与列侯、吏二千石议。"于是，列侯、吏二千石等四十三人共议，均称："宜论如法。"最后文帝决定："其赦长死罪，废勿王。"[2]可见，在皇帝作出决定之前，有一个大臣议罪的程序。

在汉代很多诏狱审理程序中，都存在这个程序。如汉武帝时期的淮南王刘安狱，"上下公卿治"，该案牵连列侯、二千石、豪桀数千人，"皆以罪轻重受诛。"对于刘安，汉武帝下令有司"与诸侯王列侯议"。赵王彭祖、列侯让等四十三人认为："淮南王安大逆无道，谋反明白，当伏诛。"胶西王端认为刘安"谋反形已定。臣端所见，其书印图及它逆亡道事验明白，当伏法"。丞相公孙弘、廷尉张汤等据此上奏，淮南王闻讯自杀。[3]汉宣

---

〔1〕（清）赵翼：《陔余丛考》卷十六，河北人民出版社1990年版，第289页。

〔2〕《汉书》卷四十四《淮南王传》，中华书局2000年版，第1650页。

〔3〕《汉书》卷四十四《淮南王传》，中华书局2000年版，第1656~1657页。

帝时期的广川王刘去案，天子派大鸿胪、丞相长史、御史丞、廷尉杂治，王后昭信"辞服"后，有司奏请诛杀广川王，宣帝下令："与列侯、中二千石、二千石、博士议。"众人均认为，"去悖虐，听后昭信谗言，燔烧亨煮，生割剥人，距师之谏，杀其父子。凡杀无辜十六人，至一家母子三人，逆节绝理。其十五人在赦前，大恶仍重，当伏显戮以示众。"宣帝虽"不忍致王于法"，但仍同意废广川王位，命其与妻子徙上庸。最终，广川王在途中自尽。[1]

上述诏狱牵涉诸王，在有司论决以后复加众议，显有昭示慎重之意。而在有些诏狱案件中，审理对象虽非诸王，但在论罪时出现不同意见，皇帝下令众议则是为了解决分歧。汉昭帝时，廷尉王平与少府徐仁杂治燕王诏狱，参与谋反的桑弘羊故吏侯史吴因窝藏桑弘羊子迁而被治罪，二人认为"桑迁坐父谋反而侯史吴臧之，非匿反者，乃匿为随者也。即以赦令除吴罪"。后来侍御史复核此案，认为"桑迁通经术，知父谋反而不谏争，与反者身无异；侯史吴故三百石吏，首匿迁，不与庶人匿随从者等，吴不得赦"。遂奏请复治，并"劾廷尉、少府纵反者"。因少府徐仁与丞相车千秋为翁婿关系，车千秋屡为侯史吴进言，并"召中二千石、博士会公车门，议问吴法"。参与众议者秉大将军霍光旨意，"皆执吴为不道"。霍光于是"以千秋擅召中二千石以下，外内异言，遂下廷尉平、少府仁狱"，二人均处弃市，丞相车千秋未受到牵连，是因为建平侯杜延年力争，"以为丞相久故，及先帝用事，非有大故，不可弃也"，但杜延

---

〔1〕《汉书》卷五十三《景十三王传》，中华书局 2000 年版，第 1853~1854 页。

年也认为丞相"擅召中二千石，甚无状"。[1] 可见，在汉代，召大臣议罪是皇帝的特权，位高如丞相者亦不能专擅。

汉哀帝时右曹侍郎薛况指使杨明，重伤给事中申咸于宫门外。"事下有司"，在论罪时，御史中丞众等认为薛况指使他人"遮创戮近臣于大道人众中"，"不与凡民忿怒争斗者同"，"况首为恶，明手伤，功意俱恶，皆大不敬。明当以重论，及况皆弃市。"廷尉则以为此事"本争私变，虽于掖门外伤咸道中，与凡民争斗无异"，且"况以父见谤发忿怒，无它大恶"，所以，"明当以贼伤人不直，况与谋者皆爵减完为城旦。"皇帝下令公卿共议。丞相孔光、大司空师丹认同中丞的意见，但自将军以下至博士、议郎均认同廷尉的主张，最终结果是薛况竟"减罪一等，徙敦煌"。[2]

总之，不论有司如何论罪、众臣如何议罪，最终的决定权还是属于皇帝。在大多数场合，在诏狱论定刑罚后，皇帝还能俯从大臣所请，依律处断。但也存在特殊的情况，即皇帝对于自己亲信的大臣未免法外开恩，如汉成帝之于梁王刘立，虽有司因其"禽兽行"请诛于前，复因"凡杀三人，伤五人，手驱郎吏二十余人"请诛于后，汉成帝也不过削其五县而已。[3] 而皇帝对于自己厌恶的大臣，则是欲加之罪、何患无辞，如汉景帝之于周亚夫，后者虽功高一代，但汉景帝一句"吾不用也"，有司便以"君纵不欲反地上，即欲反地下耳"的荒唐理由罗织入罪。诏狱，作为皇帝指定审理的案件，固然在长期的实践中

---

〔1〕《汉书》卷六十《杜周传》，中华书局 2000 年版，第 2019 页。

〔2〕《汉书》卷八十三《薛宣传》，中华书局 2000 年版，第 2526 页。

〔3〕《汉书》卷四十七《文三王传》，中华书局 2000 年版，第 1703~1704 页。

形成了一套特殊的审理程序，在诸如调查机关的指定、强制措施的实行、当事人的上书自救、论定罪名之际的大臣共议等环节，与寻常刑事案件相比有着显著的不同。但由于诏狱本身是皇帝意志的产物，皇权专制所带来的司法任意性在审理过程中不可避免，这是诏狱程序所无法解决的问题。

（本文原载于《河北法学》2018 年第 5 期，有修改）

一般诉讼流程：以宋代州级审判为例

在中国古代诉讼制度的历史上，以宋代的诉讼制度设计最具特色，典型的如鞫谳分司和移司别勘之制。本章将考察宋代州级政府的审理流程，使人们对古代一般诉讼程序有所了解。

一、州级政府的历史沿革

"州"最开始只是一个地理概念，如《尚书》中关于"九州"的记载："禹别九州，随山浚川，任土作贡。"[1]

秦朝实行郡县制，没有州的设置。汉武帝为了加强中央集权，方便对地方的治理，元封五年（公元前 106 年）"初置刺史部十三州……其令州、郡察吏、民有茂材异等可为将相及使绝国者"[2]。但刺史只是负责监督郡国的官吏与豪强，以"六条问事"，权重秩轻。这一时期的州只是监察区，还不是真正的行政区域。汉成帝时，大司空何武进奏，"今部刺史居牧伯之位，秉一州之统，选第大使，所荐位高至九卿，所恶立退，任重职

---

〔1〕（清）孙星衍撰：《尚书今古文注疏》卷三〇《书序》，陈抗、盛冬铃点校，中华书局 2004 年版，第 560 页。

〔2〕（汉）班固撰：《汉书》卷六《武帝纪》，（唐）颜师古注，中华书局 2000 年版，第 140 页。

大。《春秋》之义，用贵治贱，不以卑临尊。刺史位下大夫，而临二千石，轻重不相准，失位次之序。臣请罢刺史，更置州牧，以应古制。"[1] 皇帝采纳了他的建议。之后多有反复，"哀帝建平二年（公元前5年）复为刺史，元寿二年复为牧"。[2] 王莽时期也实行州牧制，东汉光武帝初沿用王莽之制，后于建武十八年（42年），"罢州牧，置刺史"[3]。

东汉末年，为镇压黄巾起义，中平五年（188年）改刺史为州牧，掌一州的军政大权。"时灵帝政化衰缺，四方兵寇，焉以为刺史威轻，既不能禁，且用非其人，辄增暴乱，乃建议改置牧伯，镇安方夏，清选重臣，以居其任。焉乃阴求为交阯，以避时难。议未即行，会益州刺史郄俭在政烦扰，谣言远闻，而并州刺史张懿、凉州刺史耿鄙并为寇贼所害，故焉议得用。出焉为监军使者，领益州牧，太仆黄琬为豫州牧，宗正刘虞为幽州牧，皆以本秩居职。州任之重，自此而始。"[4] 此后，州由监察区成了行政区。秦以来的郡县制也变成了州、郡、县三级体制。

隋文帝时期针对南北朝以来滥置州郡的局面，于开皇三年

〔1〕（汉）班固撰：《汉书》卷八三《朱博传》，（唐）颜师古注，中华书局2000年版，第2533页。

〔2〕（汉）班固撰：《汉书》卷一九上《百官公卿表》，（唐）颜师古注，中华书局2000年版，第623页。

〔3〕（南宋）范晔撰：《后汉书》卷一下《光武帝纪》，李贤等注，中华书局2000年版，第48页。

〔4〕（南宋）范晔撰：《后汉书》卷七五《刘焉传》，李贤等注，中华书局2000年版，第1643页。

（583 年）"罢天下诸郡"〔1〕，实行州、县两级行政体制。隋炀帝时，又将州改为郡，实行郡县两级制。"罢州置郡，郡置太守。……罢长史、司马，置赞务一人以贰之。次置东西曹掾，主簿，司功、仓、户、兵、法、士曹等书佐，各因郡之大小而为增减。"〔2〕

唐高祖武德元年（618 年），改郡为州，将州分为上州、中州、下州。设刺史一人，下设别驾、长史、司马。其下还有录事参军事、参军事、经学博士、医学博士等。其中录事参军事下面还设有司功参军事、司仓参军事、司户参军事、司兵参军事、司法参军事、司事参军事和录事。〔3〕《唐六典》中详细记载了各属官的职掌：

> 司录、录事参军掌付事勾稽，省署抄目。纠正非违，监守符印。若列曹事有异同，得以闻奏。
>
> 功曹、司功参军掌官吏考课、假使、选举、祭祀、祯祥、道佛、学校、表疏、书启、医药、陈设之事……
>
> 仓曹、司仓参军掌公廨、度量、庖厨、仓库、租赋、征收、田园、市肆之事……
>
> 户曹、司户参军掌户籍、计帐，道路、逆旅，田畴、六畜、过所、蠲符之事，而剖断人之诉竞。凡男女婚姻之合，必辨其族姓，以举其违。凡井田利害之宜，必止其争

---

〔1〕 （唐）魏征、令狐德棻撰：《隋书》卷一《高祖纪上》，中华书局 2000 年版，第 14 页。

〔2〕 （唐）魏征、令狐德棻撰：《隋书》卷二八《百官志下》，中华书局 2000 年版，第 544 页。

〔3〕 程幸超：《中国地方行政制度史》，四川人民出版社 1992 年版，第 135 页。

讼，以从其顺……

兵曹、司兵参军掌武官选举，兵甲器仗，门户管钥，烽候传递之事……

法曹、司法参军掌律、令、格、式，鞫狱定刑，督捕盗贼，纠逖奸非之事，以究其情伪，而制其文法。赦从重而罚从轻，使人知所避而迁善远罪。

士曹、司士参军掌津梁、舟车、舍宅、百工众艺之事……

参军事掌出使检校及导引之事。[1]

唐玄宗开元元年（713 年），改"雍州为京兆府，洛州为河南府。长史为尹，司马为少尹，录事参军为司录参军，余司改司为曹"。[2] 后念及李唐龙兴于太原，"置北都，以并州为太原府，刺史为尹"。[3] 此后府的设置逐渐增多，大概包括三类：一是在京都和皇帝驻跸之地设府，二是在内地重要地区置都督府，三是边地置都护府。府与州为同一级行政机构。

五代州府的属官设置延续唐朝，只是人员有所变动。如后梁开平二年（908 年），"省诸道州府六曹掾属。存户曹参军一员，通判六曹"。[4] 后周显德五年（958 年）十二月诏："两京

---

〔1〕（唐）李林甫等撰：《唐六典》卷三〇《三府督护州县官吏》，陈仲夫点校，中华书局 1992 年版，第 748~749 页。

〔2〕（后晋）刘昫等撰：《旧唐书》卷四二《职官志一》，中华书局 2000 年版，第 1221 页。

〔3〕（宋）司马光编：《资治通鉴》卷二一二，"玄宗开元十一年正月庚寅"条，胡三省注，中华书局 1956 年版，第 6755 页。

〔4〕（宋）王溥撰：《五代会要》卷二〇《中外加减官》，中华书局 1998 年版，第 252 页。

五府少尹、司录参军，先各置两员，起今后只置一员，六曹判司内只置户曹、法曹各一员，其余及诸州支使、两蕃判官并省。"[1]

二、宋代州级政府的机构设置

宋代州分雄、望、紧、上、中、中下、下七等。按格，有都督州、节度州、观察州、防御州、团练州、军事州之别。宋初，节度使、防御使、团练使、刺史赴州任职为实官，后太祖、太宗收藩镇兵权，代以文官知州事，节度使、防御使、团练使、刺史成为武臣迁转之阶，或亲王宗室所带阶，所系州名，持名遥领而已，州一级长官实为知州。[2] 州级政府内部，延续了唐末五代以来出现的双属官系统，一个是中央政府任命的州级属官，一个是藩镇自己的军使属官。[3] 前者属于州县官，后者则被称为幕职官。宋代虽沿用这种双系统官称，又把幕职官的任免权统一收到了中央，形成了独特的州一级政府体制。

宋州级政府的长官一般称知州（府、军、监），通判为之副。此外设有判官、推官等幕职官，以及录事参军、司理参军、司户参军、司法参军等曹官辅佐长官处理州务。

（一）长官

州的长官为知州，全称为"知州军事"，"二品以上及带中

---

[1]（宋）薛居正等撰：《旧五代史》卷一四九《职官志》，中华书局1976年版，第1384页。

[2] 参见龚延明编：《宋代官制辞典》第十编《地方官类之二——府州县官》，"州"，中华书局1997年版，第530页。

[3] 参见苗书梅：《宋代州级属官体制初探》，载《中国史研究》2002年第3期，第112页。

书、枢密院、宣徽使职事，称判某府、州、军、监。"[1] 知州总一州的行政、经济、军事、司法等事务，"掌总理郡政，宣布条教，导民以善而纠其奸慝；岁时劝课农桑，旌别孝悌；其赋役、钱谷、狱讼之事，兵民之政皆总焉"。[2]

就司法职能而言，知州总一州狱讼之事。宋朝实行长官躬亲狱讼制，"属县事令丞所不能决者，总而治之；又不能决，则禀于所隶监司及申省部。凡法令条制，先详意义，注于籍而行下所属"。[3]

（二）通判官

通判官为州的副长官，全称是"通判某州军州事"，始置于太祖乾德元年（963年）。一般州府只置通判一员，北宋河南、应天、大名等州府置两员，也有许多州不置通判。宋咸平之后，军亦置通判。通判"掌倅贰郡政，凡兵民、钱谷、户口、赋役、狱讼听断之事，可否裁决，与守臣通签书施行"，[4] 分化了知州的事权，以革除唐末五代以来藩镇割据、中央权力衰微之弊。

通判的司法职能主要是与长官共同签押，太宗至道元年（995年）诏，"诸处长吏无得擅断，徒、杖刑以下，听与通判

---

〔1〕（元）脱脱等撰：《宋史》卷一六七《职官志七》，中华书局2000年版，第2662页。

〔2〕（元）脱脱等撰：《宋史》卷一六七《职官志七》，中华书局2000年版，第2662页。

〔3〕（清）徐松辑：《宋会要辑稿·职官四七》，"判知州府军监"，刘琳、刁忠民、舒大刚、尹波等校点，上海古籍出版社2014年版，第4271页。

〔4〕（元）脱脱等撰：《宋史》卷一六七《职官志七》，中华书局2000年版，第2663页。

官等量罪区分"。[1] 此外，通判还可以录问邻州案件。宋真宗大中祥符三年（1010 年）诏，"诸州大辟罪及五人以上狱具，请邻州通判、幕职官一人再录问讫决之。"[2]

（三）幕职官

宋代州级幕职官源于唐藩镇节度使府、观察使府自辟僚佐，总称"幕府"或"职掌"等。宋代正员有职事幕职包括签判官、留守推判官，节、察推判官，节度掌书记，观察支使及防御、团练、军事（刺史）、军、监判官，防御、团练、军事推官等。其中节度使、观察使各置判官、推官一人，及节度掌书记，观察支使各一人，其余非节度州置推、判官各一人。总之，幕职官"员数多寡，视郡小大及职务之烦简"[3]。《宋会要辑稿》记载，"国初两使各置推、判官，……余州置判、推官各一人。"[4] 州幕职官联合办公的场所为"签厅"，也作"金厅"，又称"使院"。宋代幕职官每日赴"长官厅或都厅签书当日文书"[5]，其职能便是"总理诸案文移，斟酌可受理、可施行或

〔1〕（宋）李焘撰：《续资治通鉴长编》卷三七，"太宗至道元年正月戊申"条，上海师范学院古籍整理研究所、上海师范大学古籍整理研究所点校，中华书局2004 年版，第809 页。

〔2〕（宋）李焘撰：《续资治通鉴长编》卷七三，"大中祥符三年六月庚午"条，上海师范学院古籍整理研究所、上海师范大学古籍整理研究所点校，中华书局2004 年版，第1675 页。

〔3〕（元）脱脱等撰：《宋史》卷一六七《职官志七》，中华书局2000 年版，第2664 页。

〔4〕（清）徐松辑：《宋会要辑稿·职官四八》，"幕职官"，刘琳、刁忠民、舒大刚、尹波等校点，上海古籍出版社2014 年版，第4310 页。

〔5〕（宋）李焘撰：《续资治通鉴长编》卷四九九，"元符元年六月己丑"条，上海师范学院古籍整理研究所、上海师范大学古籍整理研究所点校，中华书局2004年版，第11880 页。

可转发、可奏上与否，以告禀本郡（州、府、军、监）长官最后裁定"。[1]

（四）诸曹官

州的曹官主要有诸州录事参军、司理参军、司法参军、司户参军等，还有一些散官如别驾、长史、司马、司士、文学等。"诸州凡二万户者，依旧设曹官三员；户不满二万，止置录事参军、司法参军各一员，司法兼司户；不满万，止置司法、司户各一员，司户兼录事参军；不满五千，止置司户一员，兼司法及录事参军事。"[2]

录事参军，府称司录参军，"掌州院庶务，纠诸曹稽违"，为诸曹官之首。录事参军执掌州院，府称府院，军称军院，负责鞫狱。此外州院还掌州印，"诸官司所受之事，皆用日印，当日受，次日付，事速及见送囚徒，皆即时发付"，[3] 下设推级、仗直、狱子等吏人若干名。

司理参军"掌讼狱勘鞫之事"，不可兼任他职，其前身是五代时期的马步都虞侯。太祖认为武官掌司法多恣意杀人，于是将马步都虞侯改为司寇参军，后又改为司理参军，用文官。司理参军执掌司理院，大府、大州可设左、右两所司理院。有的小州不设州院，只设司理院。下设推院、杖直、狱子等人吏若干名。除此之外，司理参军还负责检验。宋代法律规定，"诸验

---

〔1〕 龚延明编：《宋代官制辞典》，中华书局 1997 年版，第 541 页。

〔2〕（宋）李焘撰：《续资治通鉴长编》卷一一，"太祖开宝三年七月壬子"条，上海师范学院古籍整理研究所、上海师范大学古籍整理研究所点校，中华书局 2004 年版，第 247 页。

〔3〕（宋）谢深甫编：《庆元条法事类》卷一六《文书门一》，"程限"，戴建国点校，黑龙江人民出版社 2002 年版，第 351 页。

尸，州差司理参军（本院囚，别差官，或止有司理一院，准此）"。[1]

司户参军"掌户籍赋税、仓库收纳"，主要负责民政事务，但也有一定的司法职能。司户参军可以参与田产、户籍、婚姻等案件的审理，如《名公书判清明集》卷五《经二十年而诉典买不平不得受理》中"吴生所诉范僧妄认墓山事，索到两家契照，昨送司户看详"[2]。卷七《阿沈高五二争租米》，"己差司户检校，及送法官指定，立高六四为后"[3]，即是司户参军参与审理户婚案件。另外，司户参军也可以拟判，《名公书判清明集》卷七《不可以一人而为两家之后别行选立》，"今司户所拟，参以人情，尤为详允"[4]；卷九《揩改契书占据不肯还赎》中"吴师渊用心不臧，知县所断，司户所拟，已极允当"[5]。

司法参军"掌议法断刑"[6]，根据卷宗记载的案情，检索相应的法律条文。司法参军检法不当，需要承担很大的责任。宋代法律规定："诸司法参军于本司检法有不当者，与主典同为

---

〔1〕（宋）谢深甫编：《庆元条法事类》卷七五《刑狱门》，"验尸"，戴建国点校，黑龙江人民出版社 2002 年版，第 799 页。

〔2〕《名公书判清明集》卷五《户婚门》，中国社会科学院历史研究所宋辽金元史研究所点校，中华书局 1987 年版，第 162 页。

〔3〕《名公书判清明集》卷七《户婚门》，中国社会科学院历史研究所宋辽金元史研究所点校，中华书局 1987 年版，第 238 页。

〔4〕《名公书判清明集》卷七《户婚门》，中国社会科学院历史研究所宋辽金元史研究所点校，中华书局 1987 年版，第 208 页。

〔5〕《名公书判清明集》卷九《户婚门》，中国社会科学院历史研究所宋辽金元史研究所点校，中华书局 1987 年版，第 314 页。

〔6〕（元）脱脱等撰：《宋史》卷一六七《职官志七》，中华书局 2000 年版，第 2664 页。

一等。"[1]

此外，州曹官还有长史、别驾、司士、司马、文学等，皆为散官，除有规定外，不得参与行政事务。"州别驾、长史、司马、司士、文学、助教为散官"[2]，真宗咸平三年（1000年）下诏，"诸州行军司马、节度、防、团副使，上佐、司士、文学、参军，非特许签书者，不得掌事。"[3]

三、州级政府管辖范围及案件受理

就州级政府的司法管辖权而言，它既可以作为初审机关审理自己管辖范围内的案件，同时，作为宋代司法体系中的一个环节，还有权受理下级政府因无判决权而上报的案件、属县百姓不服县衙判决而上诉的案件、越诉案件及其上级政府要求其审理的或转来的别州案件。

（一）州级政府管辖范围

州级政府自行受理的案件是指是州级政府管理范围内发生的案件。宋代法律规定，案件一般由案发地的政府审理。"诸犯罪，皆于事发处州县推断"。[4]

县级政府没有徒以上案件的审结权，须搜集证据、查清案

---

〔1〕（宋）谢深甫编：《庆元条法事类》卷七三《刑狱门三》，"推驳"，戴建国点校，黑龙江人民出版社2002年版，第742页。

〔2〕（宋）谢深甫编：《庆元条法事类》卷四《职制门》，"官品杂压"，戴建国点校，黑龙江人民出版社2002年版，第21页。

〔3〕（清）徐松辑：《宋会要辑稿·职官四八》，"幕职官"，刘琳、刁忠民、舒大刚、尹波等校点，上海古籍出版社2014年版，第4311页。

〔4〕《天一阁藏明钞本天圣令校证·附唐令复原研究》，天一阁博物馆、中国社会科学院历史研究所天圣令整理课题组校证，中华书局2006年版，第415页。

情后，将案件上报州级政府审理。"应论诉公事，不得蓦越，须先经本县勘问，该徒罪以上送本州，杖罪以下在县断遣。"[1]

当事人申诉案件包括当事人不服县的判决请求州重新审理的案件和越诉案件。宋初规定不得越诉，有冤枉者可诉州审理。太宗至道元年（995 年）五月诏："诸路禁民不得越诉，杖罪以下县长吏决遣，有冤枉者即许诉于州。"[2] 后来逐渐放宽了对越诉的限制。依南宋《庆元令》，若案件起诉到县衙，已过审限而仍未结案，当事人可到上级行政机关提起诉讼。"诸受理词诉限当日结绝，若事须追证者，不得过五日，州郡十日，监司限半月。有故者除之，无故而违限者听越诉。"[3]

州级政府有时也要受理上级指定的案件或者别州转来的案件。如齐廓任湖南路提点刑狱使时，"潭州鞫系囚七人为强盗，当论死。廓讯得其状非强，付州使劾正，乃悉免死"。[4] 转运司也可将案件下派交州审理，如"转运司送下黄景信论曾知府诬执其父黄国材停盗事，委本县下州院监勘"[5]。

（二）起诉与受理

宋代对于当事人起诉的规定，主要体现在两个方面：一是

---

〔1〕（清）徐松辑：《宋会要辑稿·刑法三》，"诉讼"，刘琳、刁忠民、舒大刚、尹波等校点，上海古籍出版社 2014 年版，第 8398 页。

〔2〕（清）徐松辑：《宋会要辑稿·刑法三》，"诉讼"，刘琳、刁忠民、舒大刚、尹波等校点，上海古籍出版社 2014 年版，第 8398 页。

〔3〕（清）徐松辑：《宋会要辑稿·刑法三》，"诉讼"，刘琳、刁忠民、舒大刚、尹波等校点，上海古籍出版社 2014 年版，第 8414 页。

〔4〕（元）脱脱等撰：《宋史》卷三〇一《齐廓传》，中华书局 2000 年版，第 8099 页。

〔5〕《名公书判清明集》附录二《勉斋先生黄文肃公文集》，中国社会科学院历史研究所宋辽金元史研究所点校，中华书局 1987 年版，第 572 页。

对于起诉主体的限制，二是对诉状的要求，包括诉状由谁来书写和书写的格式。

1. 起诉

起诉人必须是与案件有关的人，无关人员不得起诉。《宋刑统》规定："应所论讼人，并须事实干己，证据分明，如或不干己事，及所论矫妄，并加深罪。"[1] 真宗景德二年（1005 年）六月十三日诏，"诸色人自今讼不干己事，即决杖枷项，令众十日。情理蠹害，屡诉人者，具名以闻，当从决配。"[2]

《宋刑统》规定八十岁以上、十岁以下以及笃疾者，除特殊罪名外，不得起诉。"即年八十以上、十岁以下及笃疾者，听告谋反、逆、叛，子孙不孝，及同居之内为人侵犯者，余并不得告。官司受而为理者，各减所理罪三等。"[3] 因宋律规定不能杖责七十以上者，民众争讼时多让七十以上家长陈状，"意谓避在禁系，无妨农务，又恃老年不任杖责，以此紊烦公法"[4]。太祖乾德三年（965 年），宋州观察判官何保枢上言："欲望自今应年七十以上不得诉讼，须令以次家人陈状。如实无他丁而孤老茕独者不在此限。"[5] 太祖从之。真宗大中祥符四年（1011

---

〔1〕（宋）窦仪等详定：《宋刑统》卷二四《斗讼律》，薛梅卿点校，法律出版社 1999 年版，第 432 页。

〔2〕（清）徐松辑：《宋会要辑稿·刑法三》，"诉讼"，刘琳、刁忠民、舒大刚、尹波等校点，上海古籍出版社 2014 年版，第 8398 页。

〔3〕（宋）窦仪等详定：《宋刑统》卷二四《斗讼律》，薛梅卿点校，法律出版社 1999 年版，第 423 页。

〔4〕（清）徐松辑：《宋会要辑稿·刑法三》，"诉讼"，刘琳、刁忠民、舒大刚、尹波等校点，上海古籍出版社 2014 年版，第 8397 页。

〔5〕（清）徐松辑：《宋会要辑稿·刑法三》，"诉讼"，刘琳、刁忠民、舒大刚、尹波等校点，上海古籍出版社 2014 年版，第 8397 页。

年）九月诏："自今诉讼，民年七十已上及废疾者，不得投牒，并令以次家长代之，若已自犯罪及孤独者，论如律。"[1]

民众到官府告状需准备诉状。宋初对诉状内容及格式没有要求，"其所陈文状，或自己书，只于状后具言自书；或雇倩人书，亦于状后具写状人姓名、居住去处。如不识文字，及无人雇倩，亦许通过白纸。"[2]

南宋时，由于诉讼日趋频繁，民众乱告、错告时有发生，政府于是规定诉状由书铺统一书写。除"官人、进士、僧道、公人……听亲书状，自余民户并各就书铺写状投陈"[3]。书铺必须经官府登记入册，称"系籍"，否则不许代写状钞。书铺代写状钞，要用官府颁发的印子。"书铺如敢违犯本州约束，或与人户写状，不用印子，便令经陈，紊烦官司，除科罪外，并追毁所给印子。"[4] 书铺须审查状首人是否符合法律规定的主体要求及诉讼内容是否符合要求，才可代人书写并给印子。如书铺代写的诉状不合规定，书铺要与民户一起承担责任，"如告论不干己事，写状书铺与民户一等科罪"[5]。这样就相当于在政府受理案件前，先经过了一道审核程序，避免一部分人"紊烦

---

〔1〕（宋）李焘撰：《续资治通鉴长编》卷七六，"真宗大中祥符四年九月庚辰"条，上海师范学院古籍整理研究所、上海师范大学古籍整理研究所点校，中华书局 2004 年版，第 1734 页。

〔2〕（宋）窦仪等详定：《宋刑统》卷二四《斗讼律》，薛梅卿点校，法律出版社 1999 年版，第 432 页。

〔3〕（宋）朱熹：《朱熹集》卷一〇〇《约束榜》，郭齐、尹波点校，四川教育出版社 1996 年版，第 5111 页。

〔4〕（宋）朱熹：《朱熹集》卷一〇〇《约束榜》，郭齐、尹波点校，四川教育出版社 1996 年版，第 5111 页。

〔5〕（宋）朱熹：《朱熹集》卷一〇〇《约束榜》，郭齐、尹波点校，四川教育出版社 1996 年版，第 5112 页。

官司"，减轻政府审理案件的压力。

诉状除要告指实事外，还要符合一定的格式要求，如不得超过两百字等。《宋刑统》规定："诸告人罪，皆须明注年月，指陈实事，不得称疑。违者，笞五十"。[1]《词诉约束》中记载了黄震知抚州时对诉状格式的要求，"不经书铺不受，状无保识不受，状过二百字不受，一状诉两事不受，事不干己不受，告讦不受，经县未及月不受，年月姓名不实的不受，披纸枷布枷、自毁咆哮、故为张皇不受，非单独无子孙孤孀、辄以妇女出名不受"[2]。朱熹对宋朝状式记载如下：

> 某县某乡某里姓名；年几岁，有无疾荫，合为状首，堪任杖责，系第几状；所诉某事，合经潭州；即不是代名虚妄，无理越诉，或隐匿前状。如违，甘伏断罪号令。右某（入事明注年月，指涉某事尽实，限两百字）。须至具状披陈，伏侯判府安抚修撰特赐台旨。[3]

另外，诉状还须由人保识，方能投呈，以备追呼。朱熹曾记载，"人户陈状，本州给印子，面付茶食人开雕，并经茶食人保识方听下状，以备追呼"；如起诉人诉讼内容不实，"其犯人并书铺、茶食人一例科罪"。[4]

---

〔1〕（宋）窦仪等详定：《宋刑统》卷二四《斗讼律》，薛梅卿点校，法律出版社1999年版，第426页。
〔2〕（宋）黄震著，张伟、何忠礼主编：《黄震全集》（第七册），浙江大学出版社2013年版，第2214页。
〔3〕（宋）朱熹：《朱熹集》卷一〇〇《约束榜》，郭齐、尹波点校，四川教育出版社1996年版，第5118页。
〔4〕（宋）朱熹：《朱熹集》卷一〇〇《约束榜》，郭齐、尹波点校，四川教育出版社1996年版，第5119页。

《名公书判清明集》就记载了一例因民户诉讼不合规定，保识人被追责的案件。原因是当事人提交的诉状"一状两名"，唤状时又逃避不出，因此"就保识人名下押上取问"〔1〕。

2. 受理

宋代州级政府设有专门机构"开拆司"接收当事人的诉状，如诉状符合要求，则受理后择日听状。不予受理的情况很多，大概包括：囚禁人告论他事；老疾及妇女告论词诉；诉事而自毁伤者；诉事不干己、证佐不明者；入务时，婚田词诉事干农务者；诉赦前事；越诉；当事人诉状不合要求，等等。〔2〕南宋时还规定当事人向州提起上诉时，应附断由，否则不予受理。断由是对争讼案件案情的概括以及官府的判决依据。南宋绍兴二十二年（1152 年）规定，"今后民户所讼如有婚田，差役之类曾经结绝，官司须具情与法叙述定夺因依，谓之断由，人给一本。如有翻异，仰缴所给断由于状首，不然不受理。使官司得以参照批判，或依违移索，不失轻重。"〔3〕即要求人户诉讼结绝后，州县应当厅给出断由，"付两争人收执以为将来凭据"〔4〕。

在司法实践中，有的州级政府根据当地情况，择日、分区域受理词状。如据黄震《黄氏日钞》卷七八记载："自六月为

---

〔1〕 《名公书判清明集》卷一四《惩恶门》，中国社会科学院历史研究所宋辽金元史研究所点校，中华书局 1987 年版，第 524~525 页。

〔2〕 参见王云海主编：《宋代司法制度》，河南大学出版社 1992 年版，第 169~173 页。

〔3〕 （清）徐松辑：《宋会要辑稿·刑法三》，刘琳、刁忠民、舒大刚、尹波等校点，上海古籍出版社 2014 年版，第 8407 页。

〔4〕 （清）徐松辑：《宋会要辑稿·刑法三》，刘琳、刁忠民、舒大刚、尹波等校点，上海古籍出版社 2014 年版，第 8412 页。

始，每月初三日受在城坊厢状……初八日，受临川县管下乡、都状。十三日，受崇仁县郭及乡、都状。十八日，受金溪县状……"〔1〕这样，五日一个地区，周而复始。

开拆司是宋代州政府受理诉状的机构，也称"牒司"。其职责是审查诉状格式及内容是否符合法律规定，如不符合要求，则不予接受。"应受者，隔夜抛箱，当日五更听状"，〔2〕这是黄震知抚州时所做的规定。具体时间各州可能有所不同，但基本流程相似，开拆司收状后，送佥厅择状。

佥厅择状，也叫"引状"，即听取民状并根据轻重缓急将诉状分类整理，以便长官做出处理决定。

择状时，根据身份确定听状的先后顺序。《黄氏日钞》有详细记载：

> 国家四民，士农工商，应有词诉，今分四项。先点唤士人听状，吏人不得单呼士人姓名，须称某人省元。其为士而已贵，与荫及子孙有官，用幹仆听状者，随附士人之后，幹仆却呼姓名。然须有本宅保明方受。士人状了，方点唤农人。须是村乡种田务本百姓，方是农人。农者，国家之本，居士人之次者也，余人不许冒此吉善之称。农人状了，方点唤工匠。应干手作匠人，能为器具，有资民生日用者皆是。工匠状了，方点唤商贾。行者为商，坐者为贾，凡开店铺及贩卖者皆是。四民听状之后，除军人日夕

---

〔1〕（宋）黄震著，张伟、何忠礼主编：《黄震全集》（第七册），浙江大学出版社 2013 年版，第 2215 页。

〔2〕（宋）黄震著，张伟、何忠礼主编：《黄震全集》（第七册），浙江大学出版社，第 2114 页。

在州，有事随说，不须听状外，次第方及杂人，如伎术师巫、游手末作、牙侩、舡稍、妓乐、岐路、斡人、撞仆等，皆是杂人。此外又僧道，亦吾民为之，然据称超出世俗，不拜君王，恐于官司无关，官司不欲预设此门。[1]

待金厅听状后，交长官签押，或当厅裁决，或引押至有关机构进行追捕或审讯。未经长官签押的诉状是为"白状"。宋制，"非长官而受白状，非所司而取草款，俱为违法"。[2]

朱熹知潭州时曾根据案件的紧要程度，将案件分不同的机构来引押：

> 官吏受财枉法，将吏侵克役使杀人。行劫杀略。奸盗聚众斗打或抵拒官司，豪家大姓侵扰占夺细民田业，奸污妇女，斗打见血，官员、士人、公人、军人、僧道执状，已上当使厅引押。诉婚田地、诉分析、诉债负、斗打不见血、差役陂塘，已上都厅引押。[3]

如果是经县上州的案件，案吏须根据诉状总结出简要案情，称为"择出案祖"，并朱批要紧情由，提示长官应如何处置，由长官作出决定。"引押词状，除初经州状外，其有事祖状并各令案吏贴择出案祖，用朱批出紧要情由，元词月日，作如何施行，

---

〔1〕（宋）黄震著，张伟、何忠礼主编：《黄震全集》（第七册），浙江大学出版社，第2114页。

〔2〕《名公书判清明集》卷一二《惩恶门》，中国社会科学院历史研究所宋辽金元史研究室点校，中华书局1987年版，448页。

〔3〕（宋）朱熹：《朱熹集》卷一〇〇《约束榜》，郭齐、尹波点校，四川教育出版社1996年版，第5114页。

某处已未结绝事因，请判。"[1] 因为"朱批紧要情由"很大程度上会影响长官对案情的判断，因而此过程幕职官会进行监督。"引押状词日分，预批历请台判。轮委职官一员或两员，就大厅侧畔用朱画号数，监用朱批事因。"[2]

四、勘鞫、录问

除了当庭裁决的案件之外，案件受理后，交有关机构调查事实，宋代称之为"勘鞫"。所谓司理参军掌"掌讼狱勘鞫之事"，即指案件事实的调查。对于一些简单案件，长官可召当事人当庭询问，如果事实清楚则可当厅判决，无需鞫狱。如不能理清案情，需要调查取证或者审讯的，则根据不同情况将案件下放给下州院或司理院。

（一）勘鞫

刑事案件受理后，长官一般是将案件下州院或司理院进行鞫狱。州一般是并置两狱，一个是录事参军掌管的州院之狱，一个是司理参军掌管的司理院之狱。大州设置左、右司理两个参军，相应的也置左、右两个司理院，与州院共成三狱。军与州同，也是并置两狱，一个是录事参军主持的军院，一个是司理参军主持的司理院。开封府及其他京府则有所不同，京府不设司理院，而是由左、右军巡院代之，与由司录参军掌管的府院形成三足鼎立之势。《宋史·刑法志》载："官司之狱：在开

---

[1] （宋）朱熹：《朱熹集》卷一〇〇《约束榜》，郭齐、尹波点校，四川教育出版社1996年版，第5113页。
[2] （宋）朱熹：《朱熹集》卷一〇〇《约束榜》，郭齐、尹波点校，四川教育出版社1996年版，第5113页。

封有府司、左右军巡院……外则三京府司、左右军巡院，诸州军院、司理院，下至诸县皆有狱。"[1]

至于民事案件，通常由判官、录事参军及司户参军负责审理。民事案件送到州衙之后，一般是先将证物送至金厅做初步的审验。由判官负责检验案牍与契约文件的真实性，即"公据、断由送金厅照对"[2]，然后交州院司户参军审理。

《名公书判清明集》卷四《漕司送下互争田产》记载了一个民事案件的审理过程。"宝庆元年（1225 年），余焱有状经县，讼黄子真盗买叔余德庆户土名东陂、小陂田产，合用亲邻收赎。……由县及州，下金厅，入州院，送法官，并作违法交易，不经批退，监勒受钱退业，其说一同。"[3]《名公书判清明集》中也有司户参军审理民事案件的事例。如《经二十年而诉典买不平不得受理》，"吴生所诉范僧妄认墓山事，索到两家契照，昨送司户看详。"[4]《阿沈高五二争租米》，"己差司户检校，及送法官指定，立高六四为后。"[5]

1. 审理分工

宋朝审理案件实行长官亲临制。因中唐以来，长官很少亲

---

〔1〕（元）脱脱等撰：《宋史》卷二〇一《刑法志三》，中华书局 2000 年版，第 3357 页。

〔2〕《名公书判清明集》卷一一《人品门》，中国社会科学院历史研究所宋辽金元史研究所点校，中华书局 1987 年版，第 407 页。

〔3〕《名公书判清明集》卷四《户婚门》，中国社会科学院历史研究所宋辽金元史研究所点校，中华书局 1987 年版，120~121 页。

〔4〕《名公书判清明集》卷五《户婚门》，中国社会科学院历史研究所宋辽金元史研究所点校，中华书局 1987 年版，第 162 页。

〔5〕《名公书判清明集》卷七《户婚门》，中国社会科学院历史研究所宋辽金元史研究所点校，中华书局 1987 年版，第 238 页。

临决狱，案件的审理权被把握在了佐官和胥吏的手里，为奸吏擅刑提供了便利。宋代为了防此弊患，遂逐步确立了长官亲临制度。太宗至道元年（995年）诏，"诸州长吏，凡决徒罪并须亲临"[1]。真宗乾兴元年（1022年），"诏纠察在京刑狱并诸路转运使副、提点刑狱及州县长吏，凡勘断公事，并须躬亲阅实，无令枉滥淹延"。[2] 徽宗时规定，"州县官不亲听囚而使吏鞠讯者，徒二年"。[3] 至此，形成了州县长官亲自坐堂听审的制度。

有学者已经指出，长官躬亲鞠狱制并不是要求案件自始至终都由长官一人审理，而是要求长官要亲自听案，参与到案件的审判中来。实际上在州以上的司法机构里，鞠狱由专门的鞠司负责，州的鞠司则为州院和司理院。案件受理后，知州一般委任这两个机构的长官，即录事参军和司理参军主持鞠狱。狱官鞠狱必须经过长官的同意，"郡之狱事，则有两院治狱之官，若某当追、若某当讯、若某当被五木，率具检以禀郡守，曰可则行"。[4]

大辟案件则需先由长官亲自审问，问得实情后，送狱鞠治。仁宗天圣八年（1030年）诏，"大辟公事自今令长吏躬亲问逐，

---

〔1〕（宋）王栐撰：《燕翼诒谋录》卷三，诚刚点校，中华书局1981年版，第24页。

〔2〕（宋）李焘撰：《续资治通鉴长编》卷九九，"乾兴元年十一月戊寅"条，上海师范学院古籍整理研究所、上海师范大学古籍整理研究所点校，中华书局2004年版，第2303页。

〔3〕（元）马端临撰：《文献通考》卷一六七《刑考六》，上海师范学院古籍整理研究所、华东师范大学古籍整理研究所点校，中华书局2011年版，5011页。

〔4〕黄淮、杨士奇编：《历代名臣奏议》卷二一七《慎刑》，上海古籍出版社1989年版，影印本，第2851页。

然后押下所司点检勘鞫，无致偏曲，出入人罪。"[1] 嘉泰三年（1203 年）经江西运副陈研奏请，宁宗同意："今后遇大辟罪人到官之初，须令长官当厅引问罪人，令以实情通吐，仍引证佐等人反覆问难，务在得其本情，然后送狱根勘。"[2]

司理院审理的案件，犯人不服，则移送州院重审。州院审理的案件，犯人翻供，则移送司理院重审。《朱文公文集》卷九三《黄洧墓志铭》记载了一起事件。黄洧任兴化军司理参军时，"军院官（按：即录事参军）谓公曰：'两狱，一也，即有移鞫，幸勿为异，吾亦不敢自异于公也。'公愀然曰：'事惟其是而已，况司狱，人命所系，吾固不敢以徇公，公亦安得以徇我乎？自今理院所移有不当者，幸公改之，勿以为嫌也。'"[3] 可知，这两个机构的司法职能相仿，有不服者，互相推移重审。此为宋代的移司别勘制度，是在调查事实环节中的制衡。

如果知州认为司理参军、录事参军与案件有防嫌，或者经由他们审理而无结果，仍须进一步审理的，还可委派州的其他官员如司户参军、司法参军等进行审理。"录事、司理、司户参军，掌分典狱讼；司法参军掌检定法律。各一人，皆以职事从其长而后行焉。"[4] 司法参军本属法司，但有时也可审讯犯人，

---

〔1〕（清）徐松辑：《宋会要辑稿·刑法六》，刘琳、刁忠民、舒大刚、尹波等校点，上海古籍出版社 2014 年版，第 8560 页。

〔2〕（清）徐松辑：《宋会要辑稿·职官五》，刘琳、刁忠民、舒大刚、尹波等校点，上海古籍出版社 2014 年版，第 3150 页。

〔3〕（宋）朱熹：《朱熹集》卷九三《黄洧墓志铭》，郭齐、尹波点校，四川教育出版社 1996 年版，第 4532 页。

〔4〕（清）徐松辑：《宋会要辑稿·职官四七》，刘琳、刁忠民、舒大刚、尹波等校点，上海古籍出版社 2014 年版，第 4271 页。

《宋大诏令集》就记载了一条淳化元年（990 年）达州司法参军审讯犯人的事例："近者达州司法参军郑侃等擅以平民陷于死罪，鞭箠楚毒，锻炼周密，论报已具，上下相蒙达予听闻，深用嗟悯。"[1]

由此可知，虽然司理参军和录事参军是州最重要的狱官，大多数案件由他们进行审理，但其他官员在长官的指派下也可以审理案件。这就需要上述官员熟谙法律知识。宋太宗雍熙三年（986 年）诏，"应朝臣、京官及幕职、州县官等，今后并须习读法书，庶资从政之方，以副恤刑之意。其知州、通判及幕职、州县官等，秩满至京，当令于法书内试问，如全不知者，量加殿罚。"[2] 可见，不仅知州和通判需要知法、懂法，幕职官及其他州县官也要习读法律，为正确审判提供条件。

需要说明的是，长官委派给州院或司理院的案件并非只由司理参军或录事参军一人审理，州院和司理院下面还有许多狱吏，如推级、杖直、狱子等，负责具体的鞫狱事务，如审问、拷讯、管理犯人。参军在司法实践中主要是主持整个鞫狱过程。

总的来说，在一起案件的鞫狱中，长官担任的是一个监督者的角色，鞫司承担的是主持者的角色，而胥吏则是具体实施者。

2. 证据种类

州级政府的证据来源主要有三个：一是县级政府初步审讯

---

〔1〕 司义祖整理：《宋大诏令集》卷二〇〇《政事五十三》，中华书局 1962 年版，第 743 页。

〔2〕 司义祖整理：《宋大诏令集》卷二〇〇《政事五十三》，中华书局 1962 年版，第 742 页。

后呈送的证据，"徒以上（编配之类……）及应奏者，并须追证勘结圆备方得送州"。[1] 二是当事人提供的证据。当事人在起诉时会提交相应证据，上诉时也须将证据并起诉状一起递交。三是州自己的追证和检勘。若县政府呈送或当事人提供的证据不足以查清案件事实，州可视情况要求县补充或者自行追证。当时的证据种类主要包括：

（1）勘验结论。检验是刑事案件审理的关键一步，在有些案件中甚至可以决定案件后续的走势。对于大辟案件来说，检验更是必经程序，不经检验则不得结案。

检验一般由司理参军负责，司理参军是法定的州级政府的检验官。南宋庆元二年（1196年）十月规定，"诸验尸，州差司理参军（本院因别差官，或止有司理一员准此）。"[2] 重大死刑案件的审理，从勘验开始，即所谓"推鞫大辟之狱，自检验始"。[3]

宋慈《洗冤集录》所载"条令"记录了宋代关于勘验尸伤的相关规定："诸尸应验而不验；（初复同。）或受差过两时不发；（遇夜不计，下条准此。）或不亲临视；或不定要害致死之因；或定而不当，（谓以非理死为病死，因头伤为胁伤之类。）各以违制论。"[4] 验尸后要填写尸格："诸初、复检尸格目，提

---

[1] （宋）谢深甫编：《庆元条法事类》卷七三《刑狱门》，"决谴"，戴建国点校，黑龙江人民出版社2002年版，第744页。

[2] （清）徐松辑：《宋会要辑稿·刑法六》，刘琳、刁忠民、舒大刚、尹波等校点，上海古籍出版社2014年版，第8534页。

[3] （清）徐松辑：《宋会要辑稿·刑法六》，刘琳、刁忠民、舒大刚、尹波等校点，上海古籍出版社2014年版，第8534页。

[4] （宋）宋慈：《洗冤集录译注》卷一《条令》，高随捷、祝林森译注，上海古籍出版社2014年版，第1页。

点刑狱司根据式印造，每副初、复各三纸，以《千字文》为号，凿定给下州县。遇检验，即以三纸先从州县填讫，付被差官。候检验讫，从实填写。一申州县；一付被害之家；（无即缴回本司。）一具日时字号入急递，径申本司点检。"[1]《洗冤集录》中的一则故事体现了对于勘验精确性的要求：

> 有一乡民，令外甥并邻人子将锄头同开山种粟。经再宿不归，及往观焉，乃二人俱死在山。遂闻官。随身衣服并在。牒官验尸。验官到地头，见一尸在小茅舍外，后项骨断，头面各有刃伤痕；一尸在茅舍内，左项下、右脑后各有刃伤痕。在外者，众曰："先被伤而死。"在内者，众曰："后自刃而死。"官司但以各有伤，别无财物，定两相并杀。一验官独曰："不然，若以情度情，作两相拼杀而死，可矣；其舍内者，右脑后刃痕可疑，岂有自用刃于脑后者？手不便也。"不数日间，乃缉得一人，挟仇并杀两人。县案明，遂闻州，正极典。不然，二冤永无归矣。大凡相拼杀，余痕无疑，即可为检验。贵在精专，不可失误。[2]

在民间田土争讼中，司法官员有时也会亲自或派人深入田间地头，进行实地勘查，以便作出正确的判决。如龚敷与游伯熙互争田产一案，两人各执一词，官府无法判定真假。于是比

---

〔1〕（宋）宋慈：《洗冤集录译注》卷一《条令》，高随捷、祝林森译注，上海古籍出版社 2014 年版，第 5 页。

〔2〕（宋）宋慈：《洗冤集录译注》卷一《疑难杂说上》，高随捷、祝林森译注，上海古籍出版社 2014 年版，第 33 页。

对契据，结果发现官府图簿与游伯熙干照记载不一致，游伯熙的干照内密密麻麻有改动痕迹，为了确保裁决无误，于是"合押两争人到地头，集邻保从公照古来堑界摽迁，付两家管业"[1]。

（2）原被告口供及证人证言。审理案件要求原、被告均须在场，"理断公讼必二竟俱至，卷证齐备"[2]。此外，证人证言也是非常重要的证据。因此审判前需要追摄被告人及相关证人到场。受理案件后，州级政府一般是派铺兵将金厅处理结果通知各诉讼参与人，"照得日逐所受入匣追索人案文字，置外引开排时刻，责铺兵依限走传"[3]。依宋代法律，证人必须到官府与供词对质，"人户词诉，官司追逮，虽曲直未可知，自当应时出官供对"[4]。官府还规定了追索证人的期限，如："词状、帖、牒下外诸县者，索案除程一日，追人除程两日。五人以上，去县百里以上者，除程三日。案官凿定日限，案吏朱批某月某日限满。申展者，都厅先次类聚呈押。一日者不展，两日者许一展，三日者许再展。再展而不到者，都厅指定帖某巡尉差人追呼，呈押行下。"[5] 对于官府追索证人的距离，法律也作了

〔1〕《名公书判清明集》卷五《户婚门》，中国社会科学院历史研究所宋辽金元史研究所点校，中华书局1987年版，第154页。

〔2〕《州县提纲》卷二《详阅案牍》，张亦冰点校，中华书局2019年版，第113页。

〔3〕（宋）朱熹：《朱熹集》卷一〇〇《约束榜》，郭齐、尹波点校，四川教育出版社1996年版，第5113页。

〔4〕（宋）黄榦撰：《勉斋集》卷四〇《龚仪久追不出》，陈淳、陈槃编，台湾商务印书馆1983年版，影印本，第678页。

〔5〕（宋）朱熹：《朱熹集》卷一〇〇《约束榜》，郭齐、尹波点校，四川教育出版社1996年版，第5113页。

规定，诸路监司"自今人户讼诉有合送别州追人索按推治者，止就邻近州军，仍不得过五百里"[1]，对于距离较远的证人可不追索，如"推勘公事干连女亡当为证者，千里之外勿追摄，移牒所在区断"。[2]

（3）物证。犯罪现场留下的物品、痕迹以及犯罪工具等也是刑事案件的重要证据。宋人认为应及时收集现场物证，这对案件的后续审理至关重要，"凡行凶器仗，索之少缓，则奸凶之家藏匿移易，妆成疑狱，可以免死，干系甚重。初受差委，先当急急收索"。[3] 余良肱任荆南司理参军时，"属县捕得杀人者，既自诬服，良肱视验尸与刃，疑之曰：'岂有刃盈尺而伤不及寸乎？'白府请自捕逮，未几，果获真杀人者"。[4]

（4）书证。在宋代民事案件审理中，广泛使用书证，"大凡官厅财物勾加之讼，考察虚实，则凭文书"，[5]"交易有争，官司定夺，全凭契约"[6]。宋代商品经济非常发达，各种交易活动十分频繁，契约种类也日益丰富，如田宅买卖契约、租赁契约、借贷契约、雇佣契约等。若以后发生纷争，契约则为重要

---

〔1〕（清）徐松辑：《宋会要辑稿·刑法三》，"诉讼"，刘琳、刁忠民、舒大刚、尹波等校点，上海古籍出版社2014年版，第8411页。

〔2〕（清）徐松辑：《宋会要辑稿·刑法三》，"诉讼"，刘琳、刁忠民、舒大刚、尹波等校点，上海古籍出版社2014年版，第8423页。

〔3〕（宋）宋慈：《洗冤集录译注》卷一《检覆总说上》，高随捷、祝林森译注，上海古籍出版社2014年版，第18页。

〔4〕（元）脱脱等撰：《宋史》卷三三三《余良肱传》，中华书局2000年版，第8576页。

〔5〕《名公书判清明集》卷九《户婚门》，中国社会科学院历史研究所宋辽金元史研究所点校，中华书局1987年版，第336页。

〔6〕《名公书判清明集》卷五《户婚门》，中国社会科学院历史研究所宋辽金元史研究所点校，中华书局1987年版，第153页

的法律证据。

由于书证在民事审判中起着非常重要的作用，一些当事人会伪造书证、涂改书证以谋取不正当利益，因此司法审判中需要对书证辨明真伪。"官司理断典卖田地之讼，法当以契书为主，而所执契书又当明辨其真伪，则无遁情。"[1] 宋代在搜集证据、鉴别契照方面有丰富的经验。《名公书判清明集》中关于政府检验契照的案例非常多。如《出继子卖本生位业》一案，蔡久轩指出当事人出示的田产买契"伪契非特假作许氏花押，兼所写字画皆在朱印之上，又无年月，全不成契照，可见作伪之拙"。[2]

此外，也可通过笔迹鉴定来确认契照真伪。官吏不能确认时，由书铺来进行辨认。"今索到戴士壬原典卖俞梁田契，唤上书铺，当厅辨验"，[3] 辨检结论要写入案卷之中，书铺需要对自己的辨验结论负责。

3. 调查方法

《宋刑统》沿袭唐律规定，案件须据状如实审理。一般案件，鞠司只能审理诉状范围内的事情，如果擅自审理诉状外的犯罪，则构成故入人罪，以避免官吏罗织罪名，造成冤狱。"诸鞠狱者，皆须依所告状鞠之。若于本状之外，别求他罪者，以

---

〔1〕《名公书判清明集》卷九《户婚门》，中国社会科学院历史研究所宋辽金元史研究所点校，中华书局 1987 年版，第 315 页。

〔2〕《名公书判清明集》卷九《户婚门》，中国社会科学院历史研究所宋辽金元史研究所点校，中华书局 1987 年版，第 298 页。

〔3〕《名公书判清明集》卷九《户婚门》，中国社会科学院历史研究所宋辽金元史研究所点校，中华书局 1987 年版，第 315 页。

故入人罪论。"〔1〕哲宗绍圣三年（1096 年）又下诏强调，"鞫狱请治状外事者，论如求他罪律。"〔2〕

为了避免犯人状外确有他罪，而借此原则逃避处罚，《宋刑统》以疏议的形式规定："若因其告状，或应掩捕搜检，因而检得别罪者，亦得推之。其监临主司于所部告状之外，知有别罪者，即须举牒，别更纠论，不得因前告状而辄推鞫。若非监临之官，亦不得状外别举推勘。"〔3〕另外，劫盗杀人重案，也不受据状审理的限制。太宗端拱元年（988 年），采纳兖州判官刘昌建议，规定，"今后除事该劫盗杀人，须至根勘外，其余刑狱并不得状外勘事"。〔4〕

宋朝审判采用传统的五听之法，凡审讯犯人，"奸之人匿情而作伪者，或听其声而知之，或视其色而知之，或诘其辞而知之，或讯其事而知之"。〔5〕郑克也说，"察狱之术有三：曰色，曰辞，曰情。"〔6〕

如鞫狱官认为犯人没有吐露实情，则可以对犯人进行拷讯。"诸察狱之官，先备五听，又验诸证据（信？），事状疑似犹不首

---

〔1〕（宋）窦仪等详定：《宋刑统》卷二九《断狱律》，薛梅卿点校，法律出版社 1999 年版，第 542 页。

〔2〕（清）徐松辑：《宋会要辑稿·刑法三》，刘琳、刁忠民、舒大刚、尹波等校点，上海古籍出版社 2014 年版，第 8429 页。

〔3〕（宋）窦仪等详定：《宋刑统》卷二九《断狱律》，薛梅卿点校，法律出版社 1999 年版，第 543 页。

〔4〕（清）徐松辑：《宋会要辑稿·刑法三》，刘琳、刁忠民、舒大刚、尹波等校点，上海古籍出版社 2014 年版，第 8418 页。

〔5〕（宋）郑克编撰：《折狱龟鉴译注》卷五《察奸》，刘俊文译注点校，上海古籍出版社 1988 年版，第 305 页。

〔6〕（宋）郑克编撰：《折狱龟鉴译注》卷一《释冤上》，刘俊文译注点校，上海古籍出版社 1988 年版，第 10 页。

实者，然后考掠。"[1] 相比较唐律，宋代法律则更侧重于强调不能在案件有疑的情况下拷讯，只有在证据确凿，而人犯却拒不承认的情况下拷讯。虽更重视口供，但也体现了对证据的高度重视。[2]

拷讯需要经过州政府长官的同意，《宋刑统》规定，"事须讯问者立案，取见在长官同判，然后拷讯"。[3] 太宗雍熙三年（986 年），"诸州讯囚，不须众官共视，申长吏得判乃讯囚。"[4] 鞠狱官如果不经过长官的同意私自讯囚，要追究法律责任。《宋会要辑稿》记载，仁宗天圣八年（1030 年）"感德军司理杨若愚不申长吏，考决无罪人骆宪等，加石械上。若愚特追一官，典押、狱卒各刺配"[5]。

4. 结款

审讯结束后，需要整理犯人的口供以及其他各种证据，如证人证言、案件相关之人的证词等，并对犯人的供词进行确认，

---

〔1〕《天一阁藏明钞本天圣令校证·附唐令复原研究》，天一阁博物馆、中国社会科学院历史研究所天圣令整理课题组校证，中华书局 2006 年版，第 417 页。

〔2〕《唐律疏议》卷二九《断狱律》："察狱之官，先备五听，又验诸证信，事状疑似，犹不首实者，然后拷掠。"参见（唐）长孙无忌等撰：《唐律疏议》卷二九《断狱律》，刘俊文点校，法律出版社 1999 年版，第 592 页。《宋刑统》卷二九《断狱律》："支证分明及赃验见在，公然拒抗，不招情欵者，方得依法拷掠。"见（宋）窦仪等详定：《宋刑统》卷二九《断狱律》，薛梅卿点校，法律出版社 1999 年版，第 542 页。

〔3〕（宋）窦仪等详定：《宋刑统》卷二九《断狱律》，薛梅卿点校，法律出版社 1999 年版，第 538 页。

〔4〕（元）脱脱等撰：《宋史》卷一九九《刑法一》，中华书局 2000 年版，第 3321~3322 页。

〔5〕（清）徐松辑：《宋会要辑稿·刑法六》，刘琳、刁忠民、舒大刚、尹波等校点，上海古籍出版社 2014 年版，第 8560 页。

进行结款。

宋代对于结款有详细规定。首先，狱官在审讯犯人时，应让犯人亲自书写供状，犯人不能书写者，由主典官代写，书写完毕后向犯人读示。"辞定，令自书办，若不解书者，主典依口写讫"。[1] 其次，犯人招供后，狱官根据犯人所写的供状，整理出一份完整的"成款"，向犯人读示，犯人确认后签字画押，形成"结款"。结款必须依照犯人所供如实条陈，否则监司可纠察治罪。最后，一般案件需摘抄成款概要报上级审核，称为"节状"，大辟案全录成款，称为"录本"。上级机关以此对审理过程进行监督。

（二）录问

录问是指对可能判处徒刑以上案件，派遣未参加过前述审理程序的官员再次审问、核实事实和供词的一种制度。案犯如无翻异，则签字画押；如有异词，则须另派"无干碍"官或另一机构重审。

录问起于五代。五代时期长官多不躬亲诉讼，而是委派胥吏进行审讯，司法过程中常发生胥吏勒索钱财、贪赃枉法使得案件"不得其情"的情况。后唐天成三年（928年）规定，案成后要委派判官进行录问，如果发现冤情则可移司别勘。依后唐天成三年七月十七日敕文："诸道州府，凡有推勘囚狱，案成后，逐处委观察、防御、团练、军事判官，引所勘囚人面前录问。如有异同，即移司别勘，若见其本情，其前推勘官吏，量罪科责。如无异同，即于案后别连一状，云所录问囚人无疑案，

---

[1] 《天一阁藏明钞本天圣令校证·附唐令复原研究》，天一阁博物馆、中国社会科学院历史研究所天圣令整理课题组校证，中华书局2006年版，第333页。

与案款同，转上本处观察、团练使、刺史。有案牍未经录问，不得便令详断。"[1]

宋代继承了这一制度，宋太宗太平兴国六年（981 年）诏，"自今长吏每五日一虑囚，情得者即决之"，[2] 之后因五日太过劳烦，于是改为十日。太平兴国九年（984 年）诏："今天下亦几于治矣，然颇为劳烦，特示改更，永则遵守。今后宜令十日一录问，杖罪以下，便可依理疏矣。"[3]《天圣令》规定每月逐旬录囚，正是十日一录囚，"诸在京及诸州见禁囚，每月逐旬录囚姓名，略注犯状及禁时月日、处断刑名，所主官署奏，下刑部审覆"。[4] 南宋时，录囚制度仍然沿用。孝宗乾道七年（1171 年）刑部上书，"准批下臣僚札子，'乞令诸州长吏每旬同当职官虑问州院、司理院禁囚，诸路监司每季亲诣所部州县，将见禁囚徒逐一虑问。'照对上项申请，《乾道重修令》该载甚备，今乞申严行下。"[5]

1. 录问的适用范围

录问是徒刑以上案件的必经程序，哲宗元符二年（1099年）"诏应勘鞫徒以上罪，乞不结案及审录覆奏断遣，已申奏

---

〔1〕（宋）王溥撰：《五代会要》卷一〇《刑法杂录》，上海古籍出版社 2006 年版，第 122 页。

〔2〕（元）马端临撰：《文献通考》卷一六六《刑考五》，上海师范大学古籍研究所、华东师范大学古籍研究所点校，中华书局 2011 年版，第 4978 页。

〔3〕司义祖整理：《宋大诏令集》卷二〇〇《政事五十三》，中华书局 1962 年版，第 741 页。

〔4〕《天一阁藏明钞本天圣令校证·附唐令复原研究》，天一阁博物馆、中国社会科学院历史研究所天圣令整理课题组校证，中华书局 2006 年版，第 327 页。

〔5〕（清）徐松辑：《宋会要辑稿·刑法六》，刘琳、刁忠民、舒大刚、尹波等校点，上海古籍出版社 2014 年版，第 8568 页。

者，以违制论"。[1] 南宋嘉定五年（1212年）臣僚称："罪至死、徒者，法当录问"。[2] 对于徒以上案件，即使是皇帝下诏办理，录问程序也不可省略。仁宗嘉祐四年（1059年），"有御营卒桑达数十人，酗酒斗呼，指斥乘舆，有司不之觉。皇城使以旨捕送开封府推鞫，案成，弃达市。纠察刑狱刘敞移府间所以不经审讯之由，府报曰：'近例，凡圣旨、中书门下、枢密院所鞫狱，皆不虑问。'敞曰：'此岂可行耶？'……上乃以敞章下开封府，著令。"[3]

编配案件狱具后，当然也必须进行录问。仁宗天圣三年（1025年）十一月，给事中王随针对诸州对于应配递罪人"直行断遣"的情况，奏请"望自今令长吏已下，依公勘鞫，集厅录问，依法施行讫录案，坐条具所配地里，上刑部详覆"[4]。得到仁宗认可。《庆元条法事类》载："编配之类，应比徒者，同。余条，缘推断录问，称徒以上者准此。"[5] 可知，编配案件的处理应比照徒罪的规定，法律规定"徒以上"案件必须进行录问，则编配案件也同样适用。

〔1〕（宋）李焘撰：《续资治通鉴长编》卷五〇九，"元符二年四月甲戌"条，上海师范大学古籍整理研究所、华东师范大学古籍整理研究所点校，中华书局2004年版，第12120页。

〔2〕（清）徐松辑：《宋会要辑稿·刑法三》，刘琳、刁忠民、舒大刚、尹波等校点，上海古籍出版社2014年版，第8442页。

〔3〕（宋）李焘撰：《续资治通鉴长编》卷五〇九，"嘉祐四年秋七月庚申"条，上海师范大学古籍整理研究所、华东师范大学古籍整理研究所点校，中华书局2004年版，第4580~4581页。

〔4〕（清）徐松辑：《宋会要辑稿·刑法四》，刘琳、刁忠民、舒大刚、尹波等校点，上海古籍出版社2014年版，第8452页。

〔5〕（宋）谢深甫编：《庆元条法事类》卷七三《刑狱门三》，"决遣"，戴建国点校，黑龙江人民出版社2002年版，第744页。

大辟案件的录问官经历了一个变化的过程。宋初大辟案件是由本判官录问的，后出于慎刑的考虑，真宗时期规定大辟案件由长吏、通判、幕职官共同录问，称为"聚录"。咸平五年（1002年），因"诸州大辟案上，委本判官录问，或有初官未详法理，虑其枉滥，非朝廷重惜民命之意也。乃诏自今并须长吏、通判、幕职官同录问详断"。[1] 这一制度终宋不变。

至于笞杖刑，一般由法官判决后即可执行，但是也可进行录问。宋律规定了笞杖刑的录问期限是一日，说明笞杖也是可以根据案件的具体情况进行录问的，"死囚五日，流罪三日，杖笞一日"。[2]

宋初，一般案件由勘官所部僚属进行录问。后改为从邻州选官录问，以防冤滥。真宗大中祥符三年（1010年）六月诏，"诸州大辟罪及五人以上狱具，请邻州通判、幕职官一人再录问讫决之。"[3] 这是指地方死刑及五人以上案件需从邻州选官录问。后来从邻州选官录问的情况扩大到一般案件，大中祥符九年（1016年），"秘书丞韩庶言，'诸州鞫狱，多以勘官所部僚属录问，虑有冤滥，不能明辨。望于邻州选官。'从之。"[4]

---

〔1〕（宋）李焘撰：《续资治通鉴长编》卷五三，"咸平五年冬十月戊寅"条，上海师范大学古籍整理研究所、华东师范大学古籍研究所点校，中华书局2004年版，第1156页。

〔2〕（元）马端临撰：《文献通考》卷一六七《刑考六》，上海师范大学古籍研究所、华东师范大学古籍研究所点校，中华书局2011年版，第5009页。

〔3〕（宋）李焘撰：《续资治通鉴长编》卷七三，"大中祥符三年六月庚午"条，上海师范大学古籍整理研究所、华东师范大学古籍研究所点校，中华书局2004年版，第1675页。

〔4〕（宋）李焘撰：《续资治通鉴长编》卷八七，"大中祥符九年八月丙戌"条，上海师范大学古籍整理研究所、华东师范大学古籍研究所点校，中华书局2004年版，第2006页。

宋代选派官吏录问刑狱有严格的回避要求，录问官录问要执行回避规定。真宗景德二年（1005年）九月诏，"应差推勘录问官，除同年同科目及第依元敕回避外，其同年不同科目者不得更有辞避。"[1] 而且，录问官在录问过程中不得与鞠狱官会面，不然会受到处罚。

宋朝还专门制定了关于录问官奖惩的法律规范。"诸入人徒、流罪或配已结案（罪将杖以下及无罪或不该配人，作徒、流配罪勘结者）而录问官吏（元勘当职官非。下文准此）能驳正或因别推而能推正者，各累及七人比大辟一名计数推赏。"[2] 但如果录问官录问不当，造成冤假错案，也要受到处罚。如《宋会要辑稿》记载景祐三年（1036年）知蕲州王蒙正故入林宗言死罪案，"蕲春知县苏谭录问不当，罚铜十斤，并特冲替"。[3]

2. 录问的程序属性

学者们就录问是属于鞠狱环节，还是属于判决环节，抑或是独立于鞠、谳以外的其他环节，颇有争论。戴建国和郭东旭合著的《南宋法制史》一书中认为录问是鞠狱的一部分。而王云海先生则认为，"'录问'是宋代刑狱判决的第一道手续"。[4] 郭东旭《宋代法制研究》将录问归在了判决程序之中，认为

〔1〕（清）徐松辑：《宋会要辑稿·刑法三》，刘琳、刁忠民、舒大刚、尹波等校点，上海古籍出版社2014年版，第8422页。

〔2〕（宋）谢深甫编：《庆元条法事类》卷七三《刑狱门三》，"推驳敕令格式"，戴建国点校，黑龙江人民出版社2002年版，第756页。

〔3〕（清）徐松辑：《宋会要辑稿·刑法四》，刘琳、刁忠民、舒大刚、尹波等校点，上海古籍出版社2014年版，第8485页。

〔4〕王云海：《宋代司法制度》，河南大学出版社1992年版，第268页。

"录问是宋代判决前必经的第一个司法程序"[1]。薛梅卿、赵晓耕主编的《两宋法制通论》也是把录问放在了检法判决阶段。

从前述"案牍未经录问，不得便令详断"，以及"诸州大辟罪及五人以上狱具，请邻州通判、幕职官一人再录问讫决之"等规定来看，录问显然是在查清事实后，检法论论决前进行的。《宋史·张雍传》记载的王元吉案，说明录问需反复进行：

> 京城民王元吉者，母刘早寡，有奸状，为姻族所知，忧悸成疾。又惧元吉告之，遂遣侍婢诉元吉置董食中以毒己，病将死。事下右军巡按之，未得实；移左军巡，推吏受刘赂掠治，元吉自诬伏。俄而刘死，府虑囚，元吉始以实对。又移付司录，尽捕元推吏，稍见诬构之迹。且以逮捕者众，又狱已累月未能决，府中惧其淹，列状引见，诏免死决徒。元吉大呼曰："府中官吏悉受我赂，反使我受刑乎？"府不敢决，元吉历陈所受赂主名，又令妻张击登闻鼓诉之。上召张临轩顾问，尽得其枉状，立遣中使捕元推官吏，付御史鞠治。时滕中正为中丞，雍妻父也，诏供奉官蔚进别鞠之。雍坐与知府刘保勋、判官李继凝初虑问，元吉称冤，徙左军巡，雍戒吏止令鞠其毒母状，致吏讯掠惨暴。上怒，雍及左右军巡判官韩昭裔、宋廷煦悉坐免所居官，保勋、继凝各夺一季奉，左右军巡使殿直庞则、王荣并降为殿前承旨。[2]

---

〔1〕 郭东旭：《宋代法制研究》，河北大学出版社 2000 年版，第 577 页。

〔2〕 （元）脱脱等撰：《宋史》卷三〇七《张雍传》，中华书局 2000 年版，第 8177 页。

既然录问需反复进行，且录问时没有涉及议刑问题，把它断然归入判决程序似乎于理不通。而从录问内容上看，在程序上它也属于鞫狱。《文献通考》对录问的过程有如下记载："人吏依句宣读，无得隐瞒，令囚自通重情，以合其款。此法意盖不止于只读成案而已。……于聚录时，委长贰点无干碍吏人，先附囚口责状一通，覆视狱案，果无差殊然后，亦点无干碍吏人，依句宣读，务要详明，令囚通。流庶几伏辜者无憾，冤枉者获伸。"[1] 录问时，长吏派无干碍官员在囚犯旁口头叙述供状，并让囚犯查看案卷，没有差错的话，则再派无干碍官员逐句宣读，务必要详细明确，让囚犯能够听懂。从中可以看出，录问的内容是核实案件情款，查明案件真相。因此，录问的过程本质上是属于"鞫"的部分。

宋代的录问制度从宋初的简单粗略，到后来的繁复细致、更加谨慎、更加周全，体现了宋代统治者对刑狱的重视。不过，录问程序固然可以减少冤案的发生，但也不可避免地增加了诉讼成本，影响案件处理的效率。

五、检法定刑

录问如无翻异，案件就进入检法阶段。宋朝州级政府的检法由法司负责。宋代法律形式非常复杂，有敕、令、格、式、例、申明、看详等，条文繁密，浩如烟海，在这种情况下，设专人检详法条，对于正确适用法律是十分必要的。

法司掌管中央下达给州政府的各种诏令。"诸被受手诏，以

---

[1] （元）马端临撰：《文献通考》卷一六七《刑考六》，上海师范大学古籍研究所、华东师范大学古籍研究所点校，中华书局 2011 年版，第 1455 页。

黄纸造册编录。并续颁诏册并于长官厅柜帕封锁，法司掌之，无法司者，选差职级一名，（县差押录）替日对簿交受。遇有检用，委官一员，（发运监司委主管文字检法官，州委司法参军，县即令。）监视出入。"[1] 在检法的时期，法司官员也只需检出相应法条，但不许就案件判决提出意见，绍兴十七年（1147年），"乞令诸州法司吏人，只许检出事状，不得辄言予夺。"[2]这显然是为了防止检法官利用检法高下其手，影响长官判决。

司法参军还可以驳正冤狱。因司法参军检定法条时会审阅案卷，因此法律又赋予了司法参军驳正的权利。太祖建隆二年（961年）下诏规定，若检法官"举驳别勘，因此驳议，从死得生，即理为雪活"，可获得"替罢日刑部给予粮牒，许非时参选"[3]的奖励，即作为破格提拔的依据。《宋史》就记载了一个"举驳别勘"的例子。石公弼调任卫州司法参军时，"获嘉民甲与乙斗，……郡吏具狱，两人以他物伤人，当死。公弼以为疑，驳而鞫之，乃甲捽丙发，指脱瘢中风死，非由击伤也。两人皆得免。"[4]

不仅是司法参军，其他官员如在审判环节中认为案件有疑，也可驳正别勘，进行"雪活"。邵晔知蓬州录事参军时，部民张道丰等人被诬为劫盗，"悉置于死，狱已具，晔察其枉，不署

---

〔1〕（宋）谢深甫编：《庆元条法事类》卷一六《文书门一》，"诏敕条制"，戴建国点校，黑龙江人民出版社2002年版，第334页。

〔2〕（宋）李心传撰：《建炎以来系年要录》卷一五六，"绍兴十七年十二月己亥"条，中华书局1988年版，2658页。

〔3〕（清）徐松辑：《宋会要辑稿·刑法四》，刘琳、刁忠民、舒大刚、尹波等校点，上海古籍出版社2014年版，第8500页。

〔4〕（元）脱脱撰：《宋史》卷三四八《石公弼传》，中华书局2000年版，第8793页。

牍，白全当核其实。全不听，引道丰等抵法，号呼不服，再系狱按验。既而捕获正盗，道丰等遂得释，全坐削籍为民。"[1]宋提举杨某为越录事参军时，有一家人被盗，持杖追盗将其打伤执送保长，保长只好将盗送官。而盗却死于途中，郡因此治保长制死，"狱具，公阅状，云左肋下致命一痕，长寸二分，中有白路，必背后追击，是其死非保长制缚也。狱吏争案已成，公不听。即追诘元捕贼者，果得其情，索致杖首有裂，证益明。乃引法正坐保长杖罪，免死。"[2]

法司检法后，由推官或签书判官厅公事等幕职官草拟初判意见。《名公书判清明集》中《出继子破一家不可归宗》记载了金判拟判的情况，"今揆之天理，决不可容，金厅所拟，已尽情理，照行"。[3]《欺凌孤幼》中所载，"彦府复讼之，累经台府，陆兼金所拟，固已曲尽其情矣。"[4]《假宗室冒官爵》一篇则为金厅的拟判。"欲将林伸决脊杖十五，编管五百里，叶佑决脊杖十五，加配一千里，林庆勘杖一百，牒州照断。"[5]

开封府和临安府地位特殊，其检法机构和流程与一般州府不同。有学者甚至认为"其开封府一如御史台，只管推鞠。至

---

〔1〕（元）脱脱撰：《宋史》卷四二六《邵晔传》，中华书局 2000 年版，第9928 页。

〔2〕（宋）桂万荣编撰：《棠阴比事选》，（明）吴讷删正，陈顺烈校注，群众出版社 1980 年，第 126 页。

〔3〕《名公书判清明集》卷七《户婚门》，中国社会科学院历史研究所宋辽金元史研究所点校，中华书局 1987 年版，第 227 页。

〔4〕《名公书判清明集》卷七《户婚门》，中国社会科学院历史研究所宋辽金元史研究所点校，中华书局 1987 年版，第 229 页。

〔5〕《名公书判清明集》卷一一《人品门》，中国社会科学院历史研究所宋辽金元史研究所点校，中华书局 1987 年版，第 402 页。

于议法断刑，则责之大理寺和刑部"，[1] 也有学者把开封府整
个归入"推司"，[2] 其实开封府在审判过程中也是需要检举程
序的。《职官分纪》称："功曹与法曹检法。"[3] 可见开封府由
功曹、法曹参军负责检法。大中祥符六年（1013 年）五月，权
知开封府刘综称："本府鞫罪，刑名有疑者，旧例遣法曹参军诣
大理寺质问，参酌施行。近日止移牒，往复多致稽缓，请循旧
例。"[4] 天禧三年（1019 年）四月，"审刑院请令开封府自今
有未明条格，止移牒问大理，勿遣法曹参军入寺如故事。"[5]
元丰八年（1085 年）十一月二十四日敕："开封府、诸路州军应
奏大辟案，称刑名实有疑虑及情理可悯者，仰大理寺并依法定
断……若无疑虑及可悯者，即具钞奏下本处依法施行。"[6] 由
此可见，开封府在适用法律方面如遇疑难问题，可通过"法曹
参军入寺"或"移牒"商议的办法予以解决，这些做法在宋代
已形成"旧例"或"故事"。开封府设有谳司，行使检法定刑

---

　　〔1〕 郑寿彭：《宋代开封府研究》，"国立"编译馆中华丛书编审委员会 1980
年版，第 643 页。

　　〔2〕 徐道邻：《鞫谳分司考》，载《中国法制史论文集》，志文出版社 1975 年
版，第 117~118 页。

　　〔3〕 孙逢吉：《职官分纪》卷三八，商务印书馆 1983 年版，影印本，第 21 页。

　　〔4〕 （宋）李焘撰：《续资治通鉴长编》卷八〇，"大中祥符六年五月癸巳"
条，上海师范大学古籍整理研究所、华东师范大学古籍整理研究所点校，中华书局
2004 年版，第 1825 页。

　　〔5〕 （宋）李焘撰：《续资治通鉴长编》卷九三，"天禧三年四月己亥"条，上
海师范大学古籍整理研究所、华东师范大学古籍整理研究所点校，中华书局 2004 年
版，第 2144 页。

　　〔6〕 （宋）李焘撰：《续资治通鉴长编》卷三六四，"元祐元年正月丁未"条，
上海师范大学古籍整理研究所、华东师范大学古籍整理研究所点校，中华书局 2004
年版，第 8715 页。

职责应无疑义，只是它在特定情况下不像一般州级政府那样拥有完全独立的职能。

六、结绝

拟判后，由本机关内官员"过厅"集体审核，在"拟判"上签押确认个人意见。"过厅"是指州级属官定期至长官厅聚厅议事。

（一）签押

《朱熹集》卷一○六《漳州》详细记载了官员集体审核的程序：

> 在法，属官自合每日到官长处共理会事，如有不至者，自有罪……每听词状，集属官都来列位于厅上，看有多少，均分之，各自判去，到著到时，亦复如此。若是眼前易事，各自处断，若有可疑等事，便留在集众较量断去，无有不当。……中间有拟得是底，并依其所拟断决。合追人，便追人，若不消追人，便只依其所拟回申提刑司去。有拟得未是底，或大事可疑，却合众商量，如此事都了。[1]

其中"中间有拟得是底，并依其所拟断"即是一个集体审核的过程。《朱熹集》卷一○○《公移·州县官牒》记载了当时的审核顺序：

> 诸案呈复已得判押，并须以次经由通判、职官签押，

---

〔1〕（宋）朱熹：《朱熹集》卷一○六《漳州》，郭齐、尹波点校，四川教育出版社1996年版，第5213页。

方得行遣；文字并须先经职官，次诣通判，方得呈知州，取押用印行下。[1]

"拟判"意见由幕职官、通判依次签押，最后由知州加盖官印，判决方能生效。如果有一方没有签押，会被斥"申状不谨"。如《名公书判清明集》卷一《州官申状不谨》记载："何季十一打死何亚愿事，只有张通判与金厅衔，却无本府申上之文……此系大辟公事……不知此申是通判不敢呈上，初不经本府耶？或已经台览，而不屑金押耶？"[2]

参与签押的官员若发现案件有疑，则可及时驳正。如果案件有冤情而参与签押的官员未予驳正，那么签押官员要承担连带责任。《续资治通鉴长编》记载，神宗熙宁三年（1070年），明州知州苗振故入奉化知县裴士尧赃罪，案发后"尝签书士尧狱事者，虽去官，皆罚铜二十斤"[3]。

官员如果对已结案的"具狱"有不同意见，可以表示异议。如果之后案件被发现有冤抑，则不会被追责。前述蕲州王蒙正故入林宗言死罪，"追三官勒停"，判官尹奉天迎合王蒙正意图，"坐随顺"，"追两任官"。司理参军也被坐随顺，但因曾有异议，免追官。通判张士宗追随王蒙正"虚妄申奏，追见任官"。黄州通判不依指挥再勘林宗言翻异事，罚铜三十斤并勒停。蕲

---

〔1〕（宋）朱熹：《朱熹集》卷一〇〇《公移·州县官牒》，郭齐、尹波点校，四川教育出版社1996年版，5092页。

〔2〕《名公书判清明集》卷一《官吏门》，中国社会科学院历史研究所宋辽金元史研究所点校，中华书局1987年版，第17页。

〔3〕（宋）李焘撰：《续资治通鉴长编》卷二一四，"神宗熙宁三年八月辛酉"条，上海师范大学古籍整理研究所、华东师范大学古籍整理研究所点校，中华书局2004年版，第5199页。

春知县苏谭录问不当，罚铜三十斤，并特冲替。"录事参军尹化南、司法参军胡揆不驳公案，各罚铜五斤。"[1]

这个案子充分反映了司法审判中不同角色的官员需要承担的责任。除知州王蒙正外，司理参军和负责拟判的判官所承担的责任最大，追两任官，但因司理参军曾有异议，所以免追。接下来是共同签押的通判，追见任官。推勘官和录问官责任相当，罚铜三十斤，并勒停或冲替。司法参军和与其连书的录事参军责任最小，罚铜五斤。按《宋刑统》规定，"诸同职犯公坐者，长官为一等，通判官为一等，判官为一等，主典为一等，各以所由为首"。[2] 此案中知州王蒙正为首犯，责任最大，接下来应该是司理参军，但是因司理参军提出了异议，因此得以免追。

（二）定判

案件经集体审核并签押后，由知州正式定判。定判之后，须对犯人宣读判词，问犯人是否服判。如果犯人无异词，方可执行，整个案子才算终结，称为"结绝"。结绝后需要发给当事人判语、断由等。原被双方各给一本，"上以见听讼者之不苟简，下以使讼者之有所据"。[3] 给出断由的期限，依南宋庆元三年（1197年）臣僚所言，旧法是在"照条限结绝"后，"限

---

〔1〕（清）徐松辑：《宋会要辑稿·刑法四》，刘琳、刁忠民、舒大刚、尹波等校点，上海古籍出版社2014年版，第8485页。

〔2〕（宋）窦仪等详定：《宋刑统》卷五《名例律》，薛梅卿点校，法律出版社1999年版，第89页。

〔3〕（清）徐松辑：《宋会要辑稿·刑法三》，刘琳、刁忠民、舒大刚、尹波等校点，上海古籍出版社2014年版，第8412页。

三日内即与出给断由"。[1]

设置断由的目的是督促官员依法断案，及防止当事人任意越诉。但是司法实践中，州县因审理不公，恐当事人上诉，故意不发给当事人断由。"比年以来，州县或有不肯出给断由之处，盖其听讼之际不能公平，所以隐而不给。其被冤之人或经上司陈理，则上司以谓无断由而不肯受理"，造成冤抑无诉。因而光宗绍熙元年规定，若原官司不肯给出"断由"，"许令人户径诣上司陈理，其上司不得以无断由不为受理，仍就伏判索原处断由，如元官不肯缴纳，即是显有情弊，自合追上承行人吏，重行断决"。[2] 到了宁宗庆元三年（1197 年）三月再次严申旧法，"应讼事，照条限结绝，限三日内即与出给断由。如过限不给，许人户陈诉"。[3]

宋朝对各类案件的审理结案期限有明确规定，如果超过期限则要受到处罚。依太平兴国五年（980 年）诏书，"诸道刑狱大事限四十日，中事二十日，小事十日。"但雍熙年间，因"自来诸道刑狱出限三十日以下者，比官文书稽程定罪，故违日限稍多者即引上件诏书，从违制定罪"，有司建议："今请别立条制，凡违四十日以下者，比附官文书定断，罪止杖八十，四十日以上奏取旨。如事有关连，须至移牒刺问致稽缓者，具以事

〔1〕（清）徐松辑：《宋会要辑稿·刑法三》，刘琳、刁忠民、舒大刚、尹波等校点，上海古籍出版社 2014 年版，第 8412 页。

〔2〕（清）徐松辑：《宋会要辑稿·刑法三》，"诉讼"，刘琳、刁忠民、舒大刚、尹波等校点，上海古籍出版社 2014 年版，第 8412 页。

〔3〕（清）徐松辑：《宋会要辑稿·刑法三》，"诉讼"，刘琳、刁忠民、舒大刚、尹波等校点，上海古籍出版社 2014 年版，第 8412 页。

闻奏。"〔1〕

七、当事人申诉

宋代当事人申诉的方式主要有两种，一是向原审机关申诉，即录问时翻异，宣读判决时或者临刑前称冤；二是向上级机构提出申诉，又可分为逐级上诉和越诉。

（一）向原审机关申诉

录问是犯人的第一个申诉机会。如果录问时不翻异，那么长官宣告判决时、大辟犯人行刑前仍可以称冤。无论是哪种情况，案件都必须重新审理，这种复审称为翻异别勘制。太宗时，"诸州推鞠罪人，案成差官录问，其大辟罪别差职员监决，如录问翻变，或监决称冤，即别差官推勘"〔2〕。宋太宗淳化三年（992 年）诏"诸州决死刑，有号呼不服及亲属称冤者，即以白长吏移司推鞠"〔3〕。

宋初时，犯人首次申诉要移司别勘，即交给同级其他司法机构复审。如州司理院移至州院，军司理院移至军院，开封府左、右军巡院、州院之间互相移司。如果经移司别勘仍不服者，需要申上级机关差官别推。仁宗景祐四年（1037 年）诏，诸州大辟案件"有翻异及家诉冤者，听本处移司，又不服，即申转

---

〔1〕（清）徐松辑：《宋会要辑稿·刑法三》，刘琳、刁忠民、舒大刚、尹波等校点，上海古籍出版社 2014 年版，第 8418 页。

〔2〕（清）徐松辑：《宋会要辑稿·刑法三》，刘琳、刁忠民、舒大刚、尹波等校点，上海古籍出版社 2014 年版，第 8419 页。

〔3〕（元）马端临撰：《文献通考》卷一六六《刑考五》，上海师范大学古籍研究所、华东师范大学古籍研究所点校，中华书局 2011 年版，第 4979 页。

运司或提点刑狱司差官别讯之"。[1]

哲宗以后，改变了以翻异的顺序来决定"移司"或"别推"的做法，而是由程序的先后顺序来决定。元符元年（1098年）六月，尚书省建言："大辟或品官犯罪已结案，未录问，而罪人翻异，或其家属称冤者，听移司别推。若已录问而翻异称冤者，仍马递申提刑司审察。若事不可委本州者，差官别推。"[2] 哲宗从之。也就是说，大辟或品官犯罪案件，以录问为分界线，如果犯人在录问前翻异则移司别推，录问后翻异报上级机关差官别推。

这种做法比之前的程序更为合理。因录问之前除原审鞫司外，其他人员对案件接触较少，情弊不多，移司也可公正审判。如果是录问之后，比如当庭宣判或临刑时称冤，原审机关大多官员都经受过了该案，如再移司则很难推翻原判，因此须报上级机关差官。

如果提刑司差官重新审理后，犯人仍旧翻异，则须另一位监司再重新差官别推。宋代路一级监司有提点刑狱司、转运司、提举司、安抚司，为这种多次差官提供了条件。若是本路监司遍行差官后，犯人仍称冤，于邻路监司再差。"州狱翻异，则提刑司差官推勘。提刑司复翻异，则以次至转运、提举、安抚司。

---

〔1〕（宋）李焘撰：《续资治通鉴长编》卷一二〇，"景祐四年正月丙戌"条，上海师范大学古籍整理研究所、华东师范大学古籍整理研究所点校，中华书局2004年版，第2819页。

〔2〕（宋）李焘撰：《续资治通鉴长编》卷四九九，"元符元年六月辛巳"条，中华书局2004年版，第11873页。

本路所差既遍，则又差邻路……"〔1〕

翻异别勘制度给予犯人充分的救济机会，临刑称冤的情况也不少见。哲宗元祐元年（1086年），殿中侍御史林旦针对执行死刑时，犯人"必窒塞口耳，又以纸钱厚蒙其首，军巡、狱子百十其群，前后遮拥，间以铁椎击枷，传呼鼓噪，声不暂止。罪人虽欲称冤，无复有可言之理，亲戚辈亦何缘与囚辞诀，以此其间不能无滥"，〔2〕建议"申明推鞫虑问及决囚条制，戒敕狱官，务在遵守"。〔3〕哲宗为此下令刑部立法。

犯人频繁翻异称冤也会给官府带来困扰。太宗淳化四年（993年），"蓬州贾克明为杀人前后禁系一年半，七次勘鞫，皆伏本罪，录问翻变"，太宗最后"差转运副使蒋坚白、提点使臣董循再同推勘，方得处断"。〔4〕淳熙年间，有民妇阿梁与叶胜同谋，杀害其夫程念二。起初民妇不承认与叶胜同谋，九年间"节次翻异，凡十差官勘鞫"。后来朝廷降旨处斩，阿梁又在差官录问时翻异称冤。最后江东提刑亲自审理此案，认定该民妇是被冤枉的。淳熙十四年（1187年），朝廷诏特免其死罪，"决

---

〔1〕（清）徐松辑：《宋会要辑稿·职官五》，刘琳、刁忠民、舒大刚、尹波等校点，上海古籍出版社2014年版，第3148页。

〔2〕（宋）李焘撰：《续资治通鉴长编》卷三七六，"元祐元年闰四月辛亥"条，上海师范大学古籍整理研究所、华东师范大学古籍整理研究所点校，中华书局2004年版，第9119页。

〔3〕（宋）李焘撰：《续资治通鉴长编》卷三七六，"元祐元年闰四月辛亥"条，上海师范大学古籍整理研究所、华东师范大学古籍整理研究所点校，中华书局2004年版，第9119页。

〔4〕（清）徐松辑：《宋会要辑稿·刑法三》，刘琳、刁忠民、舒大刚、尹波等校点，上海古籍出版社2014年版，第8419页。

杖脊二十，送二千里外州军编管"。[1]

为避免无休止的翻异推勘，宋刑统规定三度断结的案件不在重推之限："准唐长庆元年（821 年）十一月五日敕节文：应犯诸罪，临决称冤，已经三度断结，不在重推限。自今以后，有此色，不问台及府县，并外州、县，但通计都经三度推勘，每度推官不同，囚徒皆有伏欵，及经三度结断者，更有论诉，一切不在重推问限。"[2] 太宗淳化四年（993 年），针对贾克明案件的情况，知制诰柴成务建议："今后朝廷、转运司、州府差官勘鞫，如伏罪分明，录问翻变，轻者委本州处别勘，重者转运司邻州遣官鞫勘。如三经推勘，伏罪如初，欵辨分明，录问翻变，监决称冤者，并依法处断。"[3] 该建议经大理寺详定后，奏准施行。后南宋孝宗乾道七年（1171 年）则规定，即翻异重推超过五次的，由提刑司亲审，如仍翻异上报皇帝裁决。乾道七年十月诏，"诸路见勘公事内，有五次以上翻异人，仰提刑司躬亲前去审，具案闻奏。如仍前翻异，即根勘着实情节，取旨施行。"[4]

（二）上诉

如果犯人没有在录问、宣判或行刑时向原审机关提出申诉，

---

〔1〕（清）徐松辑：《宋会要辑稿·刑法六》，刘琳、刁忠民、舒大刚、尹波等校点，上海古籍出版社 2014 年版，第 8553 页。

〔2〕（宋）窦仪等详定：《宋刑统》卷二九《断狱律》，薛梅卿点校，法律出版社 1999 年版，第 544 页。

〔3〕（清）徐松辑：《宋会要辑稿·刑法三》，刘琳、刁忠民、舒大刚、尹波等校点，上海古籍出版社 2014 年版，第 8419 页。

〔4〕（清）徐松辑：《宋会要辑稿·刑法三》，刘琳、刁忠民、舒大刚、尹波等校点，上海古籍出版社 2014 年版，第 8441 页。

那么犯人及其家属不服判决可以在法定时效内向上级机关申诉。

如果犯人对州级政府的判决不服，可以向路级政府即监司上诉。真宗咸平六年（1003 年）十一月诏，"若本州区分不当，既经转运司陈状，专委官员或躬亲往彼取勘，尽理施行。"[1]可知，诉州勘不当由监司复审，监司可派官员往彼取勘，也可亲自前去调查。由上级机关派官有利于平反冤屈，以正司法。

民事案件和刑事案件的上诉机构是不一样的，刑事案件是上诉至提点刑狱司，民事案件一般是先经转运司。"人户讼诉在法先经所属，次本州，次转运司，次提点刑狱司，次尚书本部，次御史台，次尚书省。"[2] 此处的人户诉讼即是指民事诉讼，其上诉程序则是先转运后提刑。《名公书判清明集》可以提供一个经县、州上诉至转运司的案例。如《漕司送下互争田产》案，此案经县、州两级，原告仍不服，上诉至转运司，转运司再次审理后发现州县判决有误，改判当事人黄子真胜诉。不过，《清明集》中有的案例显示，提刑司并不管辖民事案件。一个是《兄弟之争》，老大霸占家产，老二告官，蔡提刑劝和但二人皆不同意。书判中提到"田业事不属本司，但以兄弟之争，欲俾息讼，以全天伦"。[3] 一个是《已出嫁母卖其子物业》，民妇告继子不孝，按宋律本是刑事案件，但调查后发现是因遗产引起的民事案件。蔡杭指出："户婚不属本司，牒州径自追究，照条

---

〔1〕（清）徐松辑：《宋会要辑稿·刑法三》，刘琳、刁忠民、舒大刚、尹波等校点，上海古籍出版社 2014 年版，第 8398 页。

〔2〕（清）徐松辑：《宋会要辑稿·刑法三》，刘琳、刁忠民、舒大刚、尹波等校点，上海古籍出版社 2014 年版，第 8408~8409 页。

〔3〕《名公书判清明集》卷十《人伦门》，中国社会科学院历史研究所宋辽金元史研究所点校，中华书局 1987 年版，第 366 页。

行……示徐氏、陈绍祖径自赴州听候，元案并遣下。"[1]

逐级上诉有诉讼时效的限制。宋代规定的申诉时效较长，宋初是半年，后宽展至三年。仁宗天圣九年（1031 年）诏："自今鞫劾盗贼，如实枉抑者，许于虑问时披诉。若不受理，听断讫半年次第申诉，限内不能翻诉者，勿更受理。"[2] 康定二年（1041 年）正月诏，各处所捕获劫贼，"如不曾进状及披述，经隔三年，更不在叙述之限"。[3]

（三）越诉

宋初规定不许越诉，"诸路禁民不得越诉，杖罪以下县长吏决遣，有冤枉者即许诉于州"。[4] 但到了南宋时，已广开越诉之禁。官吏不依法办事，不体恤民意，民众都可以越级上诉。凡非法侵人物业、买籴官物非礼科配、官吏私自科率百姓、命官犯入己脏、官吏受纳税租不依法、典卖田产不即割税、私设税场邀阻贩运、受理词讼违法等侵犯百姓权利的现象发生，皆许人越诉。[5] 如绍兴元年（1131 年）十一月十三日，诏："官员犯入己赃，许人越诉"。[6] 绍兴四年（1134 年）十二月十一

---

[1] 《名公书判清明集》卷九《户婚门》，中国社会科学院历史研究所宋辽金元史研究所点校，中华书局 1987 年版，第 296 页。

[2] （清）徐松辑：《宋会要辑稿·刑法三》，刘琳、刁忠民、舒大刚、尹波等校点，上海古籍出版社 2014 年版，第 8401 页。

[3] （清）徐松辑：《宋会要辑稿·刑法三》，刘琳、刁忠民、舒大刚、尹波等校点，上海古籍出版社 2014 年版，第 8401 页。

[4] （清）徐松辑：《宋会要辑稿·刑法三》，刘琳、刁忠民、舒大刚、尹波等校点，上海古籍出版社 2014 年版，第 1523 页。

[5] 参见郭东旭：《宋代法制研究》，河北大学出版社 2000 年版，第 602~606 页。

[6] （清）徐松辑：《宋会要辑稿·刑法三》，刘琳、刁忠民、舒大刚、尹波等校点，上海古籍出版社 2014 年版，第 8405 页。

日，有官员奏请"应人户于条许越诉而被诉官司辄以他故拘摭者，随其所诉轻重，以故入人罪坐之"。[1] 刑部因而建议："诸人户依条许越诉事，而被诉官司辄以他事拘摭追呼赴官者（家属同），杖八十，若枷禁捶拷者，加三等"。[2] 该建议得到高宗批准。绍兴十二年（1142 年）五月六日，更下诏："帅臣、诸司、州郡，自今受理词诉，辄委送所讼官司，许人户越诉，违法官吏并取旨重行黜责。"[3] 到绍兴二十七年（1157 年）七月，根据侍御史周方崇的说法，因民户"情理大有屈抑，官司敢为容隐，乃设为越诉之法"，当时相关敕令已有"十数条"。[4]

八、上报复核

《宋刑统》引《狱官令》称："杖罪以下县决之。徒以上县断定送州，覆审讫，徒罪及流应决杖、笞，若应赎者，即决配征赎。其大理寺及开封、河南府断徒及官人罪，并后有雪减，并申省。省司覆审无失，速即下知。如有不当者，亦随事驳正。若大理寺及诸州断流以上，若除、免、官当者，皆连写案状申

---

〔1〕（清）徐松辑：《宋会要辑稿·刑法三》，刘琳、刁忠民、舒大刚、尹波等校点，上海古籍出版社 2014 年版，第 8406 页。

〔2〕（清）徐松辑：《宋会要辑稿·刑法三》，刘琳、刁忠民、舒大刚、尹波等校点，上海古籍出版社 2014 年版，第 8406 页。

〔3〕（清）徐松辑：《宋会要辑稿·刑法三》，刘琳、刁忠民、舒大刚、尹波等校点，上海古籍出版社 2014 年版，第 8406 页。

〔4〕参见徐松辑：《宋会要辑稿·刑法三》，刘琳、刁忠民、舒大刚、尹波等校点，上海古籍出版社 2014 年版，第 8408 页。

省，大理寺及开封、河南府即封案送。"[1] 根据上述规定，一般州级政府只有权裁决徒刑以下案件，流刑以上案件上报刑部复核，开封、河南府甚至连徒刑及官员犯罪案件也要上报。

北宋初年，州级政府的审判权限非常大，对于徒、流甚至是死刑案件都有判决权。如太祖建隆二年（961年）八月诏："诸大辟送所属州军决判。"[2] 为了加强中央集权，宋太祖建隆三年（962年），对地方的司法权进行了限制，将死刑的复核权收回了中央。"上谓宰臣曰，'五代诸侯跋扈，多枉法杀人，朝廷置而不问，刑部之职几废，且人命至重，姑息藩镇，当如此耶!' 乃令诸州自今决大辟讫，录案闻奏，委刑部详覆之。"[3] 闻奏即是将案件呈报皇帝，皇帝再下刑部详覆。神宗熙宁二年（1069年）规定，"诸处奏到大辟罪人断讫文案，今后只申尚书刑部，仍令本部详复，候岁终具都数以闻。"[4] 死刑案件无需再上奏皇帝，只需直接申刑部，由刑部详复即可，但年终仍需汇总，上报皇帝。

此外，配隶案件也需要报刑部详覆。仁宗天圣三年（1025年），给事中王随上奏，"诸州罪人合该配递，不送赴阙，直行断遣者，或有憎爱组织，便行配移，或并妻男女之荒远，鲜有

---

〔1〕（宋）窦仪等详定：《宋刑统》卷三十《断狱律》，薛梅卿点校，法律出版社1999年版，第549页。

〔2〕（元）脱脱等撰：《宋史》卷一《太祖一》，中华书局2000年版，第7页。

〔3〕（宋）李焘撰：《续资治通鉴长编》卷三，"太祖建隆三年三月丁卯"条，上海师范大学古籍整理研究所、华东师范大学古籍整理研究所点校，中华书局2004年版，第63页。

〔4〕（清）徐松辑：《宋会要辑稿·职官一五》，刘琳、刁忠民、舒大刚、尹波等校点，上海古籍出版社2014年版，第3410~3411页。

生还，虑伤至和。望自今令长吏已下依公勘鞫，集厅录问，依法施行讫录案，坐条具所配地里，上刑部详覆。"[1] 同年十一月，仁宗诏曰："凡配隶罪人，自今并令长史以下集厅事录问，仍具案及所配地里远近以闻。"[2]

徒流罪人可由长官决遣，无需覆审。景德三年（1006年）十月诏，"凡徒流罪人，于长吏前对辨无异，听遣决之"。[3]

元丰改制之后，路级提点刑狱司掌握了死刑案件的复核权，死刑案件必须经过提点刑狱司的覆审才能执行。"四方之狱，非奏谳者，则提点刑狱主焉"，[4] 提点刑狱司成了路一级最重要的司法机构。哲宗元祐元年（1086年）五月，刑部言："旧刑部覆大辟系置详覆司，自官制行，详覆案归逐路提刑司，刑部不复详覆，亦不置吏。"[5] 宁宗嘉泰三年（1203年）三月十一日，江西运副陈研说："诸州军大辟公事……县狱禁勘无翻异，即申解州；州狱复勘无翻异，即送法司，具申提刑司详复，行

---

〔1〕（清）徐松辑：《宋会要辑稿·刑法四》，刘琳、刁忠民、舒大刚、尹波等校点，上海古籍出版社2014年版，第8452页。

〔2〕（宋）李焘撰：《续资治通鉴长编》卷一〇三，"仁宗天圣三年十一月辛巳"条，上海师范大学古籍整理研究所、华东师范大学古籍整理研究所点校，中华书局2004年版，第2392页。

〔3〕（宋）李焘撰：《续资治通鉴长编》卷六四，"真宗景德三年十月癸巳"条，上海师范大学古籍整理研究所、华东师范大学古籍整理研究所点校，中华书局2004年版，第1431页。

〔4〕（元）马端临撰：《文献通考》卷一六七《刑考六》，上海师范大学古籍研究所、华东师范大学古籍研究所点校，中华书局2011年版，第5002页。

〔5〕（宋）李焘撰：《续资治通鉴长编》卷三七七，"哲宗元祐元年五月甲子"条，上海师范大学古籍整理研究所、华东师范大学古籍整理研究所点校，中华书局2004年版，第9163页。

下处断。"〔1〕

元丰改革废除了刑部详覆案件的做法，提刑司从刑部那里得到了地方死刑案件的复核权。提点刑狱司本就为地方路一级的监察机构，在得到死刑案件的复核权后，更有利于中央对地方死刑案件的监督，也减轻了刑部的负担，提高了死刑案件的审核效率，减少了刑禁淹延。

总的来看，宋代州级政府审判流程可以称得上环环相扣，分工明确。宋代州级政府作为地方审判中的中间一环，既要受理自己州治范围内的案件，也要受理来自它的上级和下级的案件。州级政府受理诉状的机构是开拆司，负责审查诉状格式和内容是否符合规定。符合规定的，方予受理。受理后，待金厅择状日分类签押。情节简单的案件长官当庭作出裁决，贼盗等重案下司理院追证检勘或鞫狱，民事案件或一般刑事案件下州院。司理院和州院是州政府的主要审理机构，狱具后进行录问，人犯若有翻异则可在二者之间移司。如无翻异则由法司检出法条，幕职官根据法条拟判。本机关官员集体审核，幕职官、通判、长官依次签押，最后由长官宣判。案件审结后，死刑案件需报提点刑狱司复核。在这个过程之中。录问程序被广泛使用，在很大程度上保护了犯人的权利，减少了冤案的发生。鞫谳分司之制也使州级政府内部机构之间相互制约，防止司法舞弊。这些都是宋代司法制度中值得肯定的一面。不过由于事权的分化，各个环节都由不同的机构来负责，无疑会大大提高司法成本，造成了行政机关效率低下。且随着社会的发展，诉讼越来

---

〔1〕（清）徐松辑：《宋会要辑稿·职官五》，刘琳、刁忠民、舒大刚、尹波等校点，上海古籍出版社 2014 年版，第 3150 页。

越多，这样的审判流程势必会造成诉讼的拖延，长久下去不利
于社会的稳定。因此宋以后，这宋朝这些独具特色的司法审判
制度就没有能够延续下来。

明清时期的诉讼外解决纠纷方法

在中国古代，除诉诸官府外，人们主要通过三种方式解决民间纠纷，即协商、调解和民间裁决。通过协商达成和解，自远古时期就已经成为人们解决纠纷的一种方式，不过，经过协商达成和解的案件，如果没有通过某种渠道进入官府视野，则很难为后人所知。调解则是解决民间纠纷最常用的方法，其中的官府调解有时带有一定强制性。在调解之外，由民间权威对争议纠纷做出强制性裁决，也是一种解决纠纷的办法，典型的便如家族裁决。本章将主要考察明清时期的诉讼外纠纷解决方法。

一、协商

在某种侵害行为发生以后，受害人可以通过与对方协商的方式获得相应的补偿，这是一种常见的解决双方争端的方式。协商基于双方自愿，具有很大的灵活性，它可以发生在诉讼之前，也可以发生在诉讼过程中。

早在西周时期，在有关当事人通过诉讼渠道解决纠纷的铭文记载中，便记录了双方通过协商解决问题的做法。《曶鼎》铭文记载了两起案件，虽然性质不同，但在判决前后双方都进行了协商。第一起案件起因是曶和效父之间以匹马束丝交换五夫，而后者并未如约履行。在曶指派戠向井叔提出控告后，曶让限归还了马匹，效父也归还了束丝。曶和效父向戠提出，双方交易改在王宫参门外进行，要用金属货币一百锾交换五夫，并约定，如这次不交出五夫，就是失信爽约。在效父再次违约后，井叔才宣布了判决。而在执行判决过程中，曶要求曶送五束箭给戠，同时要求买来的五夫必须在自己的采邑中耕作，曶同意了上述要求。

第二起案件是因匡众厥臣"寇曶禾十秭"，曶亲自向东宫提告。在审理过程中，匡试图与曶达成协商，提出愿意赔偿五田（五百亩）及众一人、臣三人，并向曶叩头请罪，希望免于鞭刑，但曶坚持要匡赔偿粮食，双方协商未果，最后东宫作出判决："赏（偿）曶禾十秭，遗十秭，为廿秭。乃求岁弗赏（偿），则付卅秭。"值得注意的是，在东宫作出判决后，匡再次派人到曶那里去调解：

> 乃或即曶，用田二又臣一夫。凡用即曶田七田，人五夫。曶觅匡卅秭。[1]

匡提出的条件是再给曶二百亩地和一个奴隶，即总共赔偿曶七百亩田地，五名奴隶。不过，这次协商仍未成功，由于匡未能按期赔偿，最终曶从匡那里索赔禾四十秭。尽管经两次协商未果，但当事人试图通过协商解决纠纷的意愿还是十分明显的。在有的情况下，司法机关也会主动指令当事人进行协商。

---

[1] 刘海年、杨升南、吴九龙主编：《中国珍稀法律典籍集成：甲骨文金文简牍法律文献》（甲编第一册），科学出版社 1994 年版，第 320~322 页。

在《倣匜》铭文中，伯扬父指责牧牛"敢以乃师讼"，要求他"专趋嗇龢以倣，"[1] 即去嗇地与倣讲和，这也是要求二人协商的意思。

目前没有证据表明在受害人向司法机关提告之前，已经与对方当事人进行了协商，但在提告之后，在审理过程中乃至判决宣布之后，双方当事人之间的协商是一种非常普遍的事情。可见，在西周时期的诉讼过程中，不同性质的案件（民事与刑事）、在案件审理的不同阶段（判决前后）都有双方当事人进行协商的情况，这足以证明协商程序的出现在当时绝非偶然的事情，毕竟这种私力救济，较之司法机关可以提供的公力救济，在程序上更为灵活，既可以为受害人提供补偿，也可以使侵权人免受重罚，因而可以成为公力救济的有效补充。

有时候，双方协商发生在诉讼之前，通过协商达成和解，使可能发生的诉讼便消弭于无形。不过，由于这些协商未能进入官府视野，给通过分析官方记录来探讨历史事实的研究者带来了认识上的困难。不过，古代法律中有关于"私和"的规定，证明这种协商和解，即便是在刑事纠纷领域，也依然存在。某些重大刑事案件发生以后，受害方与犯罪方私下达成和解，是被官府所禁止的，典型的如尊亲属被人杀害后的所谓"私和"。唐律规定："诸祖父母、父母及夫为人所杀，私和者，流二千里；期亲，徒二年半；大功以下，递减一等。受财重者，各准

---

[1] 刘海年、杨升南、吴九龙主编：《中国珍稀法律典籍集成：甲骨文金文简牍法律文献》（甲编第一册），科学出版社 1994 年版，第 327~328 页。

盗论。"[1] 同时规定，"监临亲属为部下人所杀，因兹受财私和"，"受财一匹以上，并是枉法之赃，赃轻及不受财，各得'私和'之罪"，"主被人杀，部曲、奴婢私和受财"，"得罪并同子孙"。[2] 上述关于尊亲属、主人被杀，卑幼及部曲、奴婢受财私和的禁止性规定，反证了刑事纠纷解决过程中当事人自行和解状况之存在。《喻世明言》中《杨谦之客舫遇侠僧》一章，便描述了南宋贵州安庄县地方私和人命的习俗：

> 旧例：夷人告一纸状子，不管准不准，先纳三钱纸价。每限状了多，自有若干银子。如遇人命，若愿讲和，里邻干证估凶身家事厚薄，请知县相公把家私分作三股，一股送与知县，一股给与苦主，留一股与凶身，如此就说好官府。[3]

协商和解，到明清时期仍然是解决民间纠纷的一种重要方式。明清时期有关诉讼活动的史料极为丰富，为我们考察明清时期的协商和解带来了便利。

（一）诉讼外和解

明代佘自强说："自理词状，何以不分行各房也？盖我所准之状，或系谎词，未必可信，或经和息，未必赴审。"[4] 其中

---

[1]《唐律疏议》卷十七《贼盗》，"诸祖父母、父母及夫为人所杀"条，刘俊文点校，法律出版社1999年版，第361页。

[2]《唐律疏议》卷十七《贼盗》，"诸祖父母、父母及夫为人所杀"条，刘俊文点校，法律出版社1999年版，第362页。

[3]（明）冯梦龙编纂：《喻世明言》卷十九，河北大学出版社2004年版，第204页。

[4]（明）佘自强：《治谱》卷四《词讼门》，"自理不概分状承行"条，载《官箴书集成》编纂委员会编：《官箴书集成》（二），黄山书社1997年版，第108页。

所谓"或经和息，未必赴审"，指的就是当事人诉讼之前达成过和解的情况。清代刘衡在谈到衙门于三八日放告时说："若官非三八日断不收呈，则讼者欲告之日，未必适逢放告之期，此数日中有关爱之亲邻，为之劝解，则词状未投，欲告者旧情未断，为所欲告者颜面无伤，不难杯酒释恨矣。"[1] 这种"杯酒释恨"的情形，自然也是双方当事人协商和解的结果，更是官府所乐见的情形。

当然，并不是所有的诉讼外和解都为官府所乐见。明清律大体延续了唐律关于尊亲属被人杀害后"私和"的禁止性规定，但在私和人命的处罚上有所减轻，具体规定是："凡祖父母、父母及夫、若家长为人所杀，而子孙、妻妾、奴婢、雇工人私和者，杖一百，徒三年。期亲尊长被杀，而卑幼私和者，杖八十，徒二年。大功以下，各递减一等。其卑幼被杀，而尊长私和者，各减一等。若妻妾、子孙及子孙之妇、奴婢、雇工人被杀，而祖父母、父母、夫、家长私和者，杖八十。受财者，计赃，准窃盗论，从重科断"，并增加了常人犯相关罪名的规定："常人私和人命者，杖六十。"[2] 在司法实践中的确不乏因受财私和人命的案件。如道光五年（1825年），江苏人田宗言在被田遐富打伤后自缢身死，其堂弟田宗金接受田家银钱二十三两，作主私和，田宗言妻田朱氏接受私了，并不告官。虽然田宗金将所获银钱代办殓葬，并不入己，且田宗言因自缢而死，与亲属

---

〔1〕 （清）刘衡：《庸吏庸言》上《理讼十条》，载《官箴书集成》编纂委员会编：《官箴书集成》（六），黄山书社1997年版，第197页。

〔2〕《大明律》卷第十九《刑律二·人命》，"尊长为人杀私和"条，怀效锋点校，法律出版社1999年版，第157页。

被杀私和不同，但仍被认为"究干律拟"，被处杖八十；田朱氏被"拟杖九十，徒二年半，收赎"。[1] 道光十二年（1832年），湖南李秀发与无服族侄妇萧氏通奸，被萧氏夫兄之妻李黄氏发现。李秀发与萧氏合谋将黄氏勒死，黄氏之夫李朋沅收受贿赂，不予告发。在官府调查过程中仍谎称其妻自缢身死，最终被官府"照妻被杀，夫受贿私和杖一百例量加一等，杖六十，徒一年"。[2] 道光十四年（1834年），四川省熊陈氏在其子熊自鼎因行盗被事主当场打死后，按受事主钱财，私埋了事。被刑部"照子被杀，父母受贿私和，无论赃数多寡杖一百例减二等，拟杖八十"。[3]

有的情况下，受害者亲属与犯罪者存在亲属关系，在案件发生后听从对方请求，匿不报官，该亲属通常也被官府照私和人命律治罪。如道光八年（1828年），湖南刘应发明知其父因其弟刘玉发酗酒而气愤自尽，却听信其弟，私将其父下葬，匿不报官，被官府"照父为人所杀，子私和律，杖一百，徒三年"。[4] 道光十年（1830年），贵州王正品之妾王孙氏不孝，致王正品之母覃氏抱忿自缢。事后，王正品假称其母病故，企图私埋不报，虽然覃氏死由自尽，"与子妇殴毙翁姑，犯夫贿和者不同"，但刑部仍认为"应比照子妇殴毙翁姑，犯夫贿和绞决

---

〔1〕（清）祝庆祺、鲍书芸、潘文舫、何维楷编：《刑案汇览三编》（四），"夫自尽妻与堂弟私和未得财"条，北京古籍出版社2004年版，第305~306页。

〔2〕（清）祝庆祺、鲍书芸、潘文舫、何维楷编：《刑案汇览三编》（四），"妻被杀夫贿和狡供致尸遭检"条，北京古籍出版社2004年版，第305页。

〔3〕（清）祝庆祺、鲍书芸、潘文舫、何维楷编：《刑案汇览三编》（四），"子被事主殴死尸母贿和"条，北京古籍出版社2004年版，第305页。

〔4〕（清）祝庆祺、鲍书芸、潘文舫、何维楷编：《刑案汇览三编》（四），"弟违犯伊父自尽兄听从匿报"条，北京古籍出版社2004年版，第308页。

例量减一等，杖一百，流三千里"〔1〕。同年，安徽江王氏掐死其夫江相明，又逼令其子移尸，图赖他人。其子江玉淋明知父亲被母亲王氏掐死，不仅不去告发，反而移尸图赖，被官府认为"蔑理忘哀"，"将江玉淋除父为母所杀隐忍不言轻罪不议外，依将父尸图赖拟徒律上酌加一等，杖一百，流二千里。"〔2〕

当然，经过当事人协商和解后，还能够进入到诉讼程序的案件应该只是所有协商和解案件的一部分，其中私和人命案件更是极为特殊的情况。而这种为法律所不容的特殊状况，更从侧面为中国古代当事人注重用协商和解方式解决纠纷之做法提供了一个重要证据。

（二）诉讼中和解

在案件进入诉讼过程以后，当事人仍可通过自愿协商，达成和解，从而终结诉讼程序。

在明清时期的诉讼史料中，不乏关于当事人协商和解的记载。仅以明代广州府推官颜俊彦《盟水斋存牍》为例，我们便可找到很多当事人通过协商和解平息争端的例子。有时，当事人只因小事口角，便寻机妄兴讼端。在诉讼过程中，当事人翻悔，主动向官府呈递息词结案。如余桂湾与邻居梁毓秀，素有口角之隙，后因余家耕牛进入梁家坟地，梁某轻事重报，控至巡检司，余某则反控其"抄诈"，后"两造悔息"，官府对双方

---

〔1〕（清）祝庆祺、鲍书芸、潘文舫、何维楷编：《刑案汇览三编》（四），"妻违犯致伊母自尽兄听从匿报"条，北京古籍出版社 2004 年版，第 308 页。

〔2〕（清）祝庆祺、鲍书芸、潘文舫、何维楷编：《刑案汇览三编》（四），"父被母杀不报听从移尸图赖"条，北京古籍出版社 2004 年版，第 306 页。

亦未深究。[1] 梁敬庄因失银二两，怀疑邻居崔国庆，双言发生口舌之争，不久崔国庆病死，其兄崔德祗竟以杀弟之名，将梁敬庄控至官府。后双方虽悔息结案，官府亦对双方处以杖责，且崔德祗加责二十板。[2] 陈逸意娶潘道安之女为妻，因家贫两相诟谇，以至兴讼。后具息词，官府对双方也只略施薄惩。[3]

有时，当事人双方确实存在利益之争，但在诉讼过程中亦生悔意，最终具息结案。如卢祈延、卢新元兄弟，因田产交易而兴讼，竟诉至按察司，后各向广州府具息结案；[4] 李君亮与明惟存合伙贩鱼，后李君亮客死，其妻严氏与明惟存结算帐目时，发生龃龉，竟以杀夫为词兴讼。广州府受命审理此案过程中，两造悔息，官府念严氏女流，并不深究，对明惟存等则处赎杖发落。[5] 黄宅俊为关氏之侄婿，关氏孀居无子，其侄婿黄宅俊暗中将其田地卖与雷万辰，至关氏上控官府。审理过程中，黄宅俊与雷万辰自知理亏，主动将田地退还黄氏故业。官府对二人仅处以杖折。[6]

还有当事人因疑罪兴讼，最后具息结案的例子。如刘茂珍

〔1〕 （明）颜俊彦：《盟水斋存牍》一刻《谳略五卷》，"息词余桂湾杖"条，中国政法大学出版社 2002 年版，第 228 页。

〔2〕 （明）颜俊彦：《盟水斋存牍》一刻《谳略五卷》，"息讼梁敬庄等杖"条，中国政法大学出版社 2002 年版，第 229~230 页。

〔3〕 （明）颜俊彦：《盟水斋存牍》二刻《谳略二卷》，"息讼陈逸意等杖"条，中国政法大学出版社 2002 年版，第 552 页。

〔4〕 （明）颜俊彦：《盟水斋存牍》一刻《谳略五卷》，"息词卢祈延卢新元杖"条，中国政法大学出版社 2002 年版，第 228 页。

〔5〕 （明）颜俊彦：《盟水斋存牍》一刻《谳略五卷》，"息讼明惟存杖"条，中国政法大学出版社 2002 年版，第 231 页。

〔6〕 （明）颜俊彦：《盟水斋存牍》一刻《谳略五卷》，"息讼黄宅俊杖"条，中国政法大学出版社 2002 年版，第 233 页。

岳父翁钱朝所以巫术为生，与陈木盛同居，后陈木盛之父病故，陈木盛遂以妖鬼为词将钱朝所控于知县，因连及刘茂珍，致茂珍反控，双方"旋各悔息，不愿终讼"，官府遂俯从下情，结案了事。[1] 在另一起案件中，陈聘三派义子陈保，向钟胜田讨还所欠银两。陈保在回归中途将银丢失，不敢回复，逃回广西父母家里。聘三因陈保久去不归，疑其为钟胜田所害，遂以谋财害命为由将其控至官府。后得知陈保踪迹，两家均愿具词结案。[2]

在上述案件中，当事人向官府呈递息词、请求结案处理的行为均出于自愿，并无第三方出面劝解的情形。而在许多案件审理过程中，也出现过亲属、朋友出面对当事人进行劝说，致使当事人自愿具息结案的情况，由于这些劝解行为只针对一方当事人，所以即便当事人在亲友劝导下与对方达成和解，这种和解仍与双方当事人在共同第三方主持下进行的调解有着本质的不同。

如黎荣俊因欠债自杀，其妻李氏向债主之一冯成志兴讼。随后经两家族长出面劝解，具息结案，官府对于放债的冯成志仅处薄杖示惩。[3] 谭氏与亲侄李蓁，因争地界口角。谭氏以杀婶之名将李蓁诉于官府，后经秀才李苍劝息。官府并未追究谭

---

〔1〕（明）颜俊彦:《盟水斋存牍》一刻《谳略五卷》，"息词刘茂珍等杖"条，中国政法大学出版社 2002 年版，第 227 页。

〔2〕（明）颜俊彦:《盟水斋存牍》二刻《谳略三卷》，"息讼钟胜田等杖"条，中国政法大学出版社 2002 年版，第 601 页。

〔3〕（明）颜俊彦:《盟水斋存牍》二刻《谳略二卷》，"息讼冯成志等杖"条，中国政法大学出版社 2002 年版，第 551~552 页。

氏罪责，反对李蓁处以杖刑，以惩其"贪地忘亲"。[1] 简信之侄自缢而死，简受人挑唆，以杀侄之名状告廖公裔等，后经亲友潘玉等劝解息讼，官府认为"简信驾词，全无影响"，对其予以杖责。[2] 朱兴与叶茂合伙开采甘石，因结算不明而兴讼。当时官府已明令禁止开采甘石，缠讼下去并无大多意义，在亲友劝解之下，双方幡然悔悟，广州府对当事人"姑免深求，各杖之，以儆其贪"[3]。

如上所述，对于诉讼过程中的和解，官府一般都会俯从下情，允许当事人具息结案，对官府认为确实有过错的当事人，也只是略施薄惩。但在有的情况下，有些热衷于诉讼的人会以和解可能使某些人借机谋利为由，禀请官府不许和解结案，"官府之心，为所歆动，以后遂不准和息"，明代佘自强对此不以为然，他主张对于当事人请求息和者，"事小径逐"，[4] 事大者或收纸钱，或收谷物，同时结合案情，及具息人状况，审慎处理。清代黄六鸿对于和息案件，亦持谨慎态度，主张通过询问具息之人，查清和息是否出于自愿："凡具和息，务于临审时当堂投递，不得于投到时及投文内混递。如系细事，听从民便。若所告涉于理法，必将具息之人逐一唤问。其中或有霸衿豪棍倚强

---

〔1〕（明）颜俊彦：《盟水斋存牍》二刻《谳略二卷署府》，"息讼李蓁杖"条，中国政法大学出版社 2002 年版，第 742 页。

〔2〕（明）颜俊彦：《盟水斋存牍》二刻《谳略二卷署府》，"息讼简信杖"条，中国政法大学出版社 2002 年版，第 742 页。

〔3〕（明）颜俊彦：《盟水斋存牍》二刻《谳略二卷署府》，"息讼朱兴等杖"条，中国政法大学出版社 2002 年版，第 745 页。

〔4〕（明）佘自强：《治谱》卷《词讼门》，"许息和"，载《官箴书集成》编纂委员会编：《官箴书集成》（二），黄山书社 1997 年版，第 109 页。

压制，仍将原被唤来诘问。若果挟和，不准其息，须审明定案。"[1] 依黄六鸿的观点，对于所谓"细事"，当事人提出和解结案的要求，大可"听从民便"，但对那些于理于法较为严重的案件，地方官必须仔细讯问请求和解之人，谨慎处理，绝不允许一方当事人胁迫另一方和解的情况发生。清末桂超万曾经受命审理元氏县民刘董氏控告李换成与其叔李三椀共殴其夫刘双喜致死一案，便是一起由县差役主使当事人和解结案的案件。该案起因是衙役李清派其弟李三椀、侄儿李换成下乡传人，途中与刘双喜相遇，发生口角以致殴打，刘双喜被踢中要害而死。尸检后在庭审过程中，被告百般狡赖，而受害人妻子口气也有所松动，桂超万察觉双方有私了结案的企图。于是提审李清，指责其唆使被告翻供，图谋贿赂受害者家属，以求达成和解，并对出言不逊的李清掌责三十。次日庭审的时候，桂超万向两被告及李清言明，踢死人必须偿命，同时通过查验尸身上的鞋印，认定致命伤李换成所致，因李三椀鞋是双梁，与尸身痕迹不符。鉴于李换成是独子，其母年过七旬，依律可以存留养亲，为防止日后受害者家属翻供，桂超万还特地将两人的鞋子一并保存。后来元氏县办理留养的时候受害者家属果在改控李三椀为正凶，元氏县即以所存鞋子为证，驳回其请求。[2]

二、调解

关于"调解"的含义，黄宗智认为它"与英文的'media-

---

[1]（清）黄六鸿：《福惠全书》卷《刑名部一·词讼》，"审讼"，载《官箴书集成》编纂委员会编：《官箴书集成》（三），黄山书社1997年版，第339页。

[2]（清）桂超万：《宦游纪略》卷三《宦燕事二》，载《官箴书集成》编纂委员会编：《官箴书集成》（八），黄山书社1997年版，第361~362页。

tion'实际上没有大的差别，都是通过第三方的斡旋或干预达成争议双方均愿意接受的解决分歧的方案，且主要是指民间调解。"[1] 追溯历史，《汉书·游侠传》载："洛阳人有相仇者，邑中贤豪居间者以十数"，《隋书·隐逸传·李士谦》载："有兄弟分财不均，至相阋讼，士谦闻而出财，补其少者，令与多者相埒。兄弟愧惧，更相推让"，都是民间调解的例子。

　　南宋胡太初在《昼帘绪论·听讼篇》中谈到宋代县官受状多的问题，建议使用"间日一次引词"的方法，期望纠纷可以通过调解的办法解决，"彼有一时忿激，便欲投词，需日稍久，怒解事定，必有和劝而不复来者。"[2] 在《名公书判清明集》中，我们可以看到地方官在处理纠纷时常常对当事人亲自劝解，如真德秀知泉州时"遇亲戚骨肉之讼，多是面加开谕，往往幡然而改，各从和会而去"[3]。还可以看到，地方官借助亲戚邻里的力量，达到劝和的目的。如在蒋邦先诉李茂森赁屋案中，胡石壁下令"押下本厢，唤邻里从公劝和，务要两平，不得偏党"[4]。在曾知府二子争葬父纠纷中，在亲戚故旧六人调解未果的情况下，天水判云："今请此六人者，以曾氏名家，葬亲大事为念，各持公论，极力调护。使兄弟各遂天伦之爱，急办葬

　　〔1〕[美]黄宗智：《清代以来民事法律的表达与实践：历史、理论与现实》（卷三），法律出版社 2014 年版，第 171 页。
　　〔2〕（宋）胡太初撰：《昼帘绪论一卷·听讼篇第六》，载《官箴书集成》编纂委员会编：《官箴书集成》（一），黄山书社 1997 年版，第 105～106 页。
　　〔3〕《名公书判清明集》卷之一《劝谕事件于后》，中国社会科学院历史研究所宋辽金元史研究室点校，中华书局 1987 年版，第 10 页。
　　〔4〕《名公书判清明集》卷之九《赁人屋而自起造》，中国社会科学院历史研究所宋辽金元史研究室点校，中华书局 1987 年版，第 334～335 页。

亲。不惟免被官司督过，抑且永为乡曲美事。"[1]

(一) 第三方的作用

在明清时期，调解仍然是解决民间纠纷的重要手段。民间纠纷的受害人，通过第三方斡旋表达自己的诉求，也是当事人常用的救济手段。《说文解字》云："调：和也"[2]，"调"字本就有"和"的含义。既能使双方当事人大体上不伤和气，又能使矛盾得到解决，这大概是人们特别青睐调解这种方法的原因。在当时官府看来，诸如户婚、田土、斗殴、钱债等民间纠纷都是小事，百姓能忍则忍，实在不能忍，也应该首先考虑使用调解的办法来平息纠纷，这并非如某些学者所说"不关心谁是谁非的问题"，[3] 而是不必过分强调谁是谁非。《说文解字》对"调"字的解释最能体现调解的宗旨，即"和"是第一位的。即便是非分明，理直者气壮，也要顾及亲友的情面，适可而止，让理曲者不必因受到法律制裁而过分难堪。

在明代颜俊彦的《盟水斋存牍》中，便有许多经过调解结案的案例。如陆豫敦与陆廷珪兄弟因建祠堂，同族议论时二人发生龃龉，互相控告，后由亲族梁衍周、陆廷佐等调解，决定另行筹集资金买地建祠，双方遂平息诉端。[4] 刘应凤与杨瞻衮

---

〔1〕《名公书判清明集》卷之十《兄弟争葬父责其亲旧调护了办葬事》，中国社会科学院历史研究所宋辽金元史研究室点校，中华书局 1987 年版，第 376 页。

〔2〕（汉）许慎撰：《说文解字：附检字》，（宋）徐铉校定本，中华书局 1963 年版，第 53 页。

〔3〕［美］黄宗智：《清代以来民事法律的表达与实践：历史、理论与现实》（卷三），法律出版社 2014 年版，第 431~432 页。

〔4〕（明）颜俊彦：《盟水斋存牍》一刻《谳略五卷》，"息讼陆豫敦等杖"条，中国政法大学出版社 2002 年版，第 22~229 页。

本是邻居，一次刘应凤酒醉回家，路遇杨瞻衮亲戚林春元的马车，嫌对方不让路，借酒行撒泼，打坏了林春元的马车。林春元直接赴按察司控告，刘应凤随即反控。后经生员孙绍业等劝解，双方讲和息案。[1] 在另外一起案件中，刘氏丈夫梁达吾与文来福、亚石曾因争砖互殴，不久梁达吾病死，刘氏控告文来福杀死人命，文来福的主人文谟亦受到牵连。在讼棍唆使下，文谟控告梁达吾主人孔道著，以为反制之道。后经黎昌箓、方光宇从中调停，刘氏提出撤诉请求，双方息案，官府对文来福等也只略施薄惩。[2]

从上述案件可以看出，在调解过程中，第三方是一种必要的角色，且第三方在双方当事人之间发挥斡旋的作用，虽然在当事人通过协商解决纠纷的过程中，也可能会出现第三人的角色，但第三人的作用仅限于劝解一方当事人，而在调解过程中，第三方是当事人双方的劝解人。《初刻拍案惊奇》记有"韩秀才乘乱聘娇妻、吴太守怜才主姻簿"一案，便体现了调解人作用。该案发生在嘉靖元年（1522 年），因风传朝廷要到浙江点绣女，浙江百姓一时慌张，嫁女成风，"夜来明月楼头望，唯有嫦娥不嫁人。"台州府天台县秀才韩子文年少未婚，被开当铺的徽商金朝奉当街看中，愿将女儿许配，双方商议订立婚约。在韩子文同窗张四维、李俊卿见证下，双方订立婚约如下：

> 立婚约金声，系徽州人。生女朝霞，年十六岁，自幼

---

〔1〕（明）颜俊彦：《盟水斋存牍》二刻《谳略三卷》，"息讼刘应凤杖"条，中国政法大学出版社 2002 年版，第 556 页。

〔2〕（明）颜俊彦：《盟水斋存牍》二刻《谳略二卷署府》，"息讼文来福杖"条，中国政法大学出版社 2002 年版，第 742 页。

未曾许聘何人。今有台州府天台县儒生韩子文礼聘为妻，实出两愿。自受聘之后，更无他说。张、李二公，与闻斯言。

嘉靖元年×月×日，立婚约金声。同议友人张安国、李文才。

订约之后，双方择吉日行了纳币之礼，韩文生还要了金女一缕头发作为定情之物。到嘉靖二年（1523年），随着宫中点绣女的谣言平息，金朝奉渐渐后悔将自己的女儿嫁给穷儒。适逢其妻弟徽州程朝奉来访，闻及此事，给金朝奉出了个主意，即以两家儿女自幼已定中表婚为借口，由程朝奉向台州府控告金朝奉赖婚改适，请台州知府将金女判给程朝奉之子。

第二天，程朝奉写好状词，又找了个姓赵的作中证，与金朝奉共赴台州府来，适逢新太守吴公弼放告，程朝奉将状词呈上：

告状人程元，为赖婚事：万恶金声，先年曾将亲女金氏许元子程寿为妻，六礼已备。讵恶远徙台州，背负前约。于去年×月间，擅自改许天台县儒生韩师愈。赵孝等证。人伦所系，风化攸关，恳乞天台明断，使续前姻。上告。

原告：程元，徽州府系歙县人。

被犯：金声，徽州府歙县人；

韩师愈，台州府天台县人。

干证：赵孝，台州府天台县人。

本府大爷施行。

吴太守对程朝奉略加询问，便当堂准了状词，命十日内听审。张、李二生获悉此事后，非常愤怒，欲拉子文与众同窗一起见官，反被子文劝阻，称只要对方加倍赔还聘金，他便同意退婚。张、李二人将韩子文意愿转告给金朝奉，金朝奉大喜过望，当场将韩子文所要一百两元宝交给二人，并请二人出面向台州府呈递息词。

当晚，二人同原告、被告、中证一起赴台州府，呈递息词，内容如下：

> 劝息人张四维、李俊卿，系天台县学生。窃微人金声，有女已受程氏之聘，因迁居天台，诮谇修阻，女年及笄，程氏音问不通，不得已再许韩生，以致程氏斗争成讼。兹金声愿还聘礼，韩生愿退婚姻，庶不致寒盟于程氏。维等忝为亲戚，意在息争，为此上禀。

吴太守为人公平正直，再看过息词后，不仅没有急于结案，反对对众人一一盘问，很快查清了金朝奉嫌贫悔婚、与程、赵合谋伪造证据、欺公罔法的事实，下令将三人各打三十板，并涂坏息词，判决韩子文与金女婚姻成立。[1] 在这个案件中，金朝奉因后悔将女儿嫁给韩子文，经与程朝奉商议，虚构两家已结中表婚的事实，向台州府提出金朝奉赖婚之诉，希望通过官府判决，使金韩两家婚约归于无效。韩子文明知金朝奉上述企图，并不想纠缠此事，通过中间人张四维、李俊卿，同意退婚，但要求金家加倍退还聘金。双方达成一致后，由张、李出面向台州府提出息讼请求。好在台州府吴太守明察秋毫，借审查息

---

〔1〕 （明）凌濛初编著：《初刻拍案惊奇》卷十，韩进廉校点，河北大学出版社 2004 年版，第 103~114 页。

词之机，查清事实，并判决维持韩、金婚约。这个判决结果固然颇具戏剧性，但在张、李二人调解下、韩子文与金朝奉协议解除婚约的过程，以及向台州府递交的息词，可以让人们对明代的调解有一个非常全面、直观的理解。

（二）民间调解

在明清时期，"调处"一词也是调解的同义语，《墨子·杂守》："葆民，先举城中官府、民宅、室署，大小调处。"〔1〕这大概是最早谈及"调处"的记载，不过，这里所说的"调处"，显然并非解决纠纷意义上的调处。清代的"调处"，则有调解的意思。如刘兆麒在《劝民省讼、劝官简讼》文中称"其余户婚、田土、斗殴、钱债小事，可忍则勉自忍耐，不可忍则就亲朋乡里调处，平情而止，要知此非让人，乃自为身家计也"〔2〕。清代名幕汪辉祖也认为："勤于听讼善已，然有不必过分皂白可归和睦者，则莫如亲友之调处。盖听断以法而调处以情，法则泾渭不可不分，情则是非不妨稍借，理直者既通亲友之情义，曲者可免公庭之法。"〔3〕

可见，在明清时期，地方官非常认可用调解的方法解决纠纷，乡里组织、当事人的亲友、邻里、族长均可担任调解人。《二刻拍案惊奇》"行孝子到底不简尸、殉节妇留待双出柩"一

---

〔1〕《墨子》卷十五《杂守第七十一》，朱越利校点，辽宁教育出版社 1997 年版，第 152 页。

〔2〕（清）刘兆麒撰：《总制浙闽文檄六卷》卷二《劝民省讼、劝官简讼》，载《官箴书集成》编纂委员会编：《官箴书集成》（二），黄山书社 1997 年版，第 423 页。

〔3〕（清）汪辉祖撰：《学治臆说二卷》卷上《断案不如息案》，载《官箴书集成》编纂委员会编：《官箴书集成》（五），黄山书社 1997 年版，第 277 页。

章描写了一个发生在明朝万历年间的案件，浙江金华府武义县王良与族侄王俊因借货发生龃龉，在一次族长举办的宴席上，王良借酒将王俊打死。王俊之子王世名以立杀父命事具状告官，县府受理。王俊自知理亏，苦求族长调处。

族长见有些油水，来劝王世名罢讼道："父亲既死，不可复生。他家有的是财物，怎与他争得过？要他偿命，必要简尸。他使用了件作，将伤报轻了，命未必得偿，尸骸先吃这番狼藉，大不是算。依我说，乘他惧怕成讼之时，多要了他些，落得做了人家，大家保全得无事，未为非策。"

王世名本欲为父报仇，但为了保全父亲遗骸，假意同意族长调处，向王俊索要膏腴田三十亩，为葬父养母之费，由族长向县府呈递息词结案。[1] 该案本是人命案件，法律上禁止亲属私和，族长调处的情节是否真实，以及结案后王世名如何隐忍五年终于手刃仇人，人们大可不必过于在意，倒是族长劝王世名罢讼时晓以利害的那番话，可以帮助人们了解明代的调解语言。在另一章"两错认莫大姐私奔、再成交杨二郎正本"中，杨二郎先与徐德妻莫氏有奸，后莫氏被他人拐卖，徐德以奸拐之名将杨二郎告官，使后者被监禁数年。在莫氏被寻回、官府查明事实后，杨二郎欲找徐德理论。徐德央邻里调停，邻里提议由杨二郎娶回莫氏，以消释两家冤仇，得到杨、徐二人认可。[2] 这是一个邻里调停纠纷的例子。

---

〔1〕（明）凌濛初：《二刻拍案惊奇》卷三十一，韩进廉校点，河北大学出版社2004年版，第402页。

〔2〕（明）凌濛初：《二刻拍案惊奇》卷三十八，韩进廉校点，河北大学出版社2004年版，第491页。

在解决纠纷的实践中，乡约组织发挥着重要作用。刘时俊在举行乡约的告示中，就指示乡约在解决纠纷过程争取调处息争，不要强行处分："本县初意欲给各约正和簿一本，听其处事息争，反复思之，各约正虽秉正持公，亦难径情任怨，且有悍民势户，倚势挟处，非可久无弊之道也。故止令善言劝化，使民默感潜消，若因而寝讼息争，固是美事，倘冥顽不化，亦不许强为处分。"[1] 吕坤在《实政录》中，则针对各种民间纠纷，逐一阐明乡约调解的重点：

> 婚姻不明，审问原媒，某女定与某男，受何定礼，量其贫富，除富贵人家外，其余下三则人家，多不过十两，少不过三两，主令成婚。若嫌贫弃婿，将女别嫁者，本约审明，待告状之日，一同呈报。

> 地土不明，查审文契，中人应退回者退回，应找子粒者找子粒，应补差粮者补差粮，算明主令改正。若系欺隐诡寄，不肯首正者，待告状之日，本约一同呈报。

> 骂詈斗殴，主令理屈之人置办礼物，与理直者陪话。若有伤者，审明记日，待告状之日，一同呈报。

> 牲畜食践田禾，照亩赔偿。如打死人牲畜者，照价赔偿。

> 放债三年以上，本利交还。不与者，处追借人财，不还及毁坏者，主令赔补。

> 钱到取赎房地，力不能回者，果系日久利多，酌量情

〔1〕（明）刘明俊撰：《居官水镜四卷》卷二《告示类》，"举行乡约示"，载《官箴书集成》编纂委员会编：《官箴书集成》（一），黄山书社1997年版，第673页。

法两便，委曲分处，无令贫人失业。

买卖货物不公，亏损人者，主令改正，不改者，纪恶呈报。

地界、房界不明者，查明改正。

走失收留人口牲畜，主令各还本主。中间事情应处分者处分，应呈报者呈报。[1]

除乡约外，亲友、邻里、乡绅也都在民间纠纷的调解中发挥着重要作用。陈秉直在《上谕合律乡约全书》中解释"和乡党以息争讼"一条时说："一人相争，几人来劝，一家有事，几家来解，背地商量调处，定然叫他息闹。"[2] 浙闽总督刘兆麒告诫百姓，除重大冤情之外，轻微纠纷可寻求亲友调停："其余细微小故，当此年荒窘迫之时，可忍则忍之，如不能忍，或向亲友调停，或赴有司告理，俱不得妄行越诉。"[3] 道光年间，周际华在河南辉县向民众发布告示称："嗣后倘有族人兴讼，则族长与之调停，外人兴讼，则地方邻里为之解释。"[4]

方大湜在担任湖北广济知县时处理过一起家族纠纷。广济百姓陈美扬曾娶吴氏为妻，因后者不守妇道，于道光四年

---

〔1〕（明）吕坤撰：《新吾吕先生实政录》之《乡甲约》卷三，载《官箴书集成》编纂委员会编：《官箴书集成》（一），黄山书社1997年版，第533页。

〔2〕（清）陈秉直：《上谕合律乡约全书》，载一凡藏书馆文献编委会编：《古代乡约及乡治法律文献十种》（第1册），黑龙江人民出版社2005年版，第369页。

〔3〕（清）刘兆麒撰：《总制浙闽文檄六卷》卷五《劝谕息讼》，载《官箴书集成》编纂委员会编：《官箴书集成》（二），黄山书社1997年版，第573页。

〔4〕（清）周石藩撰：《共城从政录一卷附莘原从政录一卷》之《劝息讼》，载《官箴书集成》编纂委员会编：《官箴书集成》（六），黄山书社1997年版，第279页。

（1824 年）二月将其卖给何明珠为妻。六月二十九日，吴氏产下一子，取名福元。数月后何明珠又将吴氏转卖德化县桂某为妻，但把福元留在家抚养。道光二十五年（1845 年），陈姓修族谱，陈美扬一房的房长见福元现在何家，劝美扬将其领回，归宗上谱，美扬因嫌恶吴氏而拒绝。咸丰七年（1857 年），何姓修族谱，因福元并非何姓子孙，仅在吴氏名下载明生子福元，却并未将福元单列姓名生辰，载入谱内，福元找主持修谱的何星焕等人理论，后者以福元不姓何为理由。福元只身前往德化找吴氏询问，吴氏告之以自己怀孕后被陈家休弃的情况，福元请求吴氏把他送到陈家归宗。陈姓户首、房长都劝美扬将福元收回，改名品和。何明珠则以福元在自家抚养多年，福元归宗后陈家并未酬谢为由扬言告官，被生员蓝均焕等劝阻，并令美扬出钱一百二十千、米三石、棺木一具，为将来何明珠办理丧事之用。品和归宗以后，族众均无异言，后来因品和报捐贡生，美扬召集族众，并在族祠悬挂匾额，引起监生陈定源等误会。因为族谱合约内，载有"首严遗漏及插异等弊"等语，认为道光二十五年陈姓修谱时已将品和遗漏，按照合约即不准其续添入谱，则在族祠为其悬挂匾额，自属不当。因阻拦未遂，陈定源等赴县控告。

方大湜在审理此案时，认为陈品和应否悬额族祠，是以应否续添入谱为断，而应否续添入谱，则以是否美扬之子为断。吴氏改嫁何明珠，未满五月即生品和，那么陈品和为美扬之子，应无疑义。既是陈美扬之子，就应添入宗谱，既应添入宗谱，就可悬额先祠。他认为陈定源等误会族约本意，擅兴讼端，实属糊涂，最后断令举人陈秸崑等将已经遗漏之贡生陈品和添入谱牒，并允许悬额祠堂。[1] 上述判决自然是合情合理的。不过，在陈定源告官之前，围绕陈品和归宗问题，已经发生过两次纠纷，一次是在陈氏家族内部，陈美扬明知福元为自己亲子，但因嫌恶吴氏拒绝将福元认领回家，后在陈姓户首、房长劝解下将福元收回，这是发生在陈氏家族内部的成功调解。另一次纠纷发生在何、陈两家之间，何明珠将福元抚养长大，福元归宗后陈家对何明珠并未酬谢，引起后者不满，并扬言告官。生员蓝均焕等出面调处，由陈家出钱米若干、棺木一具，解决了年已六旬且别无子嗣的何明珠的后顾之忧，这是当地绅士主持下的又一次成功调解。

正因为调解是一种平息讼端的有效手段，有时这种方法也会被人恶意利用。晚清莱阳知县庄伦裔在《卢乡公牍》中记录"葛成德控张全刚案堂判"一则，内容颇为离奇。葛成德本与张全刚有旧怨，某日赴县控告，自称在看戏途中与张全刚发生争吵，所带洋钱被张全刚所劫。县府询问案件证人、葛成德的雇工孙泮彦，孙泮彦称双方打架是实，但不知道葛成德是否失去洋钱。在案件审理过程中，张连光出面为双方调处，双方同意讲和，但对如何向县府呈递息词感到为难，因为葛成德实未有钱财损失，若如实言明，恐怕官府会追究其诬告的责任。后来众人商议，假称葛、张吵架后钱搭掉地，被即墨人任景夏捡去，现已如数交回，企图蒙混过关。不料在后来庭审的时候，孙泮彦本已声称洋钱交回，葛成德却反说未交，并以张连光所呈息词为依据，继续向张全刚讹诈钱财。张全刚见葛全德变卦，

---

〔1〕（清）方大湜：《平平言：桑蚕提要》卷三，"乡愚不通文理须逐细分剖"条，湖南科学技术出版社 2010 年版。

更是将所谓抢劫及调处各节全部矢口否认。后经再三讯问孙泮彦、张连光等人，方供明前情，事实上葛成德前去看戏，并未携带洋钱，任景夏其人亦子虚乌有，这些情节都是众人串通编造的，最后原告及证人等均受到了责罚。[1]

本案中，葛成德挟怨告发张全刚劫财，张连光出面调处，为了在呈递息词时规避葛成德的诬告责任，三方竟然串通一气，凭空编造情节，并为此承担了相应的责任。本案问题在于，调解人在调处过程中，不仅不尊重事实，反而为了规避责任捏造事实。其结果是调处以后，当事人双方均态度翻转，参与捏造事实的干证也受到牵累，真是一波未平，一波又起，显然这绝不是一种成功的调解。

清代民间常常发生借尸图赖的案件，目的自然是讹诈钱财。一旦钱财到手，图赖者便用调解结案的办法脱身，"凡藉尸图讹之案，经人处和了结者，无他，不过给钱完事而已。"遇到这种情况，有些地方官主张，一方面要拒绝调解结案，"人命有冤者伸冤，诬告者坐诬，无不一了百了"，另一方面，要告诫被讹诈的当事人拒绝出钱，"彼诬人讹人者，其处心惟在得钱，一钱不给，虽欲上控而无资，一遂所欲不但挟之以为资，而且持之以为柄，语人曰我若诬彼，安肯以钱贿我乎？是出钱而愈不了也。"清末陕西富平县发生过一起案件，当事人柳新财的舅舅汪兴隆本为赵锦堂雇工，六月因突发羊角风而死，赵锦堂请汪兴隆堂弟汪启文查明情况后，将死者殓埋了事。不料，十日后柳新财以外甥身份，控告谓赵锦堂之子赵冬儿将汪兴隆打死私埋。

---

〔1〕（清）庄纶裔撰：《庐乡公牍四卷补遗一卷》卷二，载《官箴书集成》编纂委员会编：《官箴书集成》（九），黄山书社 1997 年版。

为平息事态，柳新财只好请亲友出面调解，"管饭管烟""承情酌酒""所费已属不赀"。其实，汪兴隆病发之时，赵冬儿曾在张永顺帮助下对其进行救治，汪兴隆死后，其堂弟汪启文与黄老汉一起验看尸身，官府只须将张永顺、汪启文等人传唤到案，询问明白，便可查明事实。但时任宫知县并不急于结案，反而坐待亲友处和。柳新财对此不满，遂赴省上控。时任布政使樊增祥查阅案卷，认定柳新财诬告，派西安府转饬富平县，"速将诬告人命之柳新财严拏到案，重笞五百板，锁递回籍交保管束，仍将责递日期具报查考"。在布政使樊增祥看来，宫知县"于此等极不要紧之假命案，不能立时了结，而待其亲友处和，实属胆小如鼠，万分无用"，[1] 这种态度倒是体现了地方官在面对民间纠纷时过于依赖调解的心理。

（三）官府调解

正是因为官府对调解持肯定的态度，有些民间纠纷虽已经呈控官府，地方官仍愿意用调解的办法来处理，或者亲自调解，或者委托民间人士进行调解。在明清时期解决民间纠纷的实践中，官府非常重视使用调解的方法。明代刘时俊在谈到父子兄弟族属之间的纷争时说："此之恩与天地生成等，若直操一切决断之，全无调停意，纵处断果当，然彼此恩情终身异世，不复接续矣。"[2] 可见，刘时俊对于亲戚之争力主调停，而反对使用断然处置的办法。佘自强在《治谱》中甚至把设立官府的初

---

〔1〕（清）樊增祥：《樊山政书》卷十五，"批西安府详"条，那思陆、孙家红点校，中华书局 2007 年版，第 404 页。

〔2〕（明）刘明俊撰：《居官水镜四卷》卷一《续情说》，载《官藏书集成》编纂委员会编：《官藏书集成》（一），黄山书社 1997 年版，第 597 页。

衷与调解纠纷联系在一起:"盖朝廷设立官府之意,原为民间分忧息争,使之一一和解。"[1] 清代黄六鸿也主张对于民间纠纷,地方官应亲自调解,"雀角之微,亲为谕释,使和好如初。"[2]

有时地方官也会借助民间力量调解纠纷。明代刘时俊在处理某兄弟争讼纠纷时就曾"赖某公调停于伯父之间,众君子委曲为劝处之法"[3]。清代褚瑛在《州县初仕小补》中介绍"批阅呈词"的经验时称:"其有无关紧要之事,或批乡族老调处,或令地保查覆,酌量办理。"[4] 桂超万在任扬州知府时遇两乡绅因钱债小事兴讼,遂派"原差持本府名帖,请出公正绅士(韩履卿、吴锵如)两大宦劝解释嫌,调停息讼,以敦乡谊,以全世交"[5]。

有学者通过研究清代巴县档案及黄岩诉讼档案,发现州县官对于民事案件,一般都发回乡邻、中证和亲朋好友进行调解,"即使双方不服再告到县衙,一般堂判都采取息事宁人的调解原则,以不加深矛盾使之和睦相处为宜",该学者还特别把这种官府调解称为"官府调处",并指出,"官府调处的主体是各级负

---

〔1〕 (明)佘自强撰:《治谱十卷》卷四《词讼门》,"准状不妨多",载《官箴书集成》编纂委员会编:《官箴书集成》(二),黄山书社1997年版,第108页。

〔2〕 (清)黄六鸿撰:《福惠全书三十二卷》卷十一《刑名部一·词讼》,"劝民息讼",载《官箴书集成》编纂委员会编:《官箴书集成》(三),黄山书社1997年版,第333页。

〔3〕 (明)刘明俊撰:《居官水镜四卷》卷二《批词类》,"批某兄弟争讼息词",载《官箴书集成》编纂委员会编:《官箴书集成》(一),黄山书社1997年版,第652页。

〔4〕 (清)褚瑛撰:《州县初仕小补二卷》卷上《批阅呈词》,载《官箴书集成》编纂委员会编:《官箴书集成》(八),黄山书社1997年版,第742页。

〔5〕 (清)桂超万撰:《宦游纪略六卷续一卷》卷五《守杨守苏事》,载《官箴书集成》编纂委员会编:《官箴书集成》(八),黄山书社1997年版,第404页。

责司法官员，是诉讼内的调解，带有一定的强制性。"[1]

如前所述，在清代语境中，调处行为的主体并不限于官府，"调处"二字不足以体现官府行为的性质，从这个意义上说，称官府调处与官府调解并无不同。但说官府调解"带有一定的强制性"，这倒合乎事实。美国学者黄宗智在谈到当代中国的法庭调解制度时称："当调解同时也是一种法庭行动时，调解人和承审法官两种身份就合而为一了，调解和庭审两个阶段的事实发现也无从分开。因而在中国的模式中，法庭调解一旦失败，随后几乎总是由同一个法官来进行裁断或判决，这个特点使法官的意见格外有分量，也对纠纷当事人造成更大的压力。"[2] 他同时认为，这种带有强制性质的"法庭调解很大程度上是现代—当代中国司法制度的创新，而不是清代的遗产"[3]。

在清代的官府调解中，我们当然可以轻易找到地方官通过婉言劝解使当事人双方和好如初的例子。但若说清代调解完全不具备强制性质，则并非实情。即便是在清代常见的官府批令第三方调解的情况下，当事人有时也会明确感受到官府调解的强制性。首先，州县长官将已控之案批令调解，便已有违当事人的意愿。其次，调解人对于案情所做之调查，可以直接成为官府裁决的依据，即便调解人和审判官在身份上不像当代法庭调解那样合而为一，但调解和庭审两个阶段的事实发现依然无

---

[1] 春杨：《晚清乡土社会民事纠纷调解制度研究》，北京大学出版社2009年版，第161、163页。

[2] [美]黄宗智：《清代以来民事法律的表达与实践：历史、理论与现实》（卷三），法律出版社2014年版，第200页。

[3] [美]黄宗智：《清代以来民事法律的表达与实践：历史、理论与现实》（卷三），法律出版社2014年版，第175页。

从分开，当事人无法摆脱官府的压力。如褚瑛在《州县初仕小补》中谈及坟山纠纷的处理："惟坟山之案，情弊最多，初呈先批绅耆约同坟邻查明，秉公调处，察看有无碑记界址，兼询附近彼处之绅衿，真情何如，先有几分主宰，俾传讯勘验时得有把握。"[1] 而在清末庄纶裔审理的孙相臣控任为本案件中，庄知县为证明任为本之孙任玉传使用会钱，"询之调处人，同会人四人供词如一，众供确凿"[2]，庄知县在调处人供词的基础上作出了判决。

　　最能够体现官府调解强制性质的是，有时纠纷虽然是以调解的方式结束，但调解内容完全出于州县长官个人意愿。如光绪二十五年（1899 年），石埭知县姚锡光审理的杨清辉控储某案，因杨取土修塌，被储某所阻，后者声称所挖河坡是其私产，双方发生争执，竟至械斗。此案经郭、张两任知县审理，所作两份判决大相径庭。姚锡光受理此案后，亲自赴乡勘视，并做出堂判："仍仰原中邀同两族姻戚善为理处，务期就近之处，俾杨姓土有取处，塌可修成，水有源头，田可灌溉，而于储姓田宅无碍，以期杜争泯衅"，"并仰原中理处以后，明白具覆，以凭结报。"[3] 在这个案件中，姚锡光不仅亲自勘查现场、调查证据，还提出了解决纠纷的具体方法，虽然名义上交调解人处

---

〔1〕（清）褚瑛撰：《州县初仕小补二卷》卷上《批阅呈词》，载《官箴书集成》编纂委员会编：《官箴书集成》（八），黄山书社 1997 年版，第 742 页。

〔2〕（清）庄纶裔撰：《卢乡公牍四卷补遗一卷》卷四，"孙相臣控任为本堂判"条，载《官箴书集成》编纂委员会编：《官箴书集成》（九），黄山书社 1997 年版，第 619 页。

〔3〕（清）姚锡光撰：《吏皖存牍三卷》卷上，"杨储争讼拟勒限讯结原由上池州府笺"条，"履勘文生杨清辉控储姓阻占塌废案堂判"条，载《官箴书集成》编纂委员会编：《官箴书集成》（九），黄山书社 1997 年版，第 668、674 页。

理，回报结案，但调解人不过是其执行人而已。

另一起发生在光绪年间长安县的旷日持久的纠纷，同样显示了州县长官对于调解的偏好。光绪十九年（1893年），童遇祥之子童梦元娶贾兆春之女为妻，二十五年因婆媳夫妇之间发生口角，贾兆春父子赶至童家，摔毁器物若干，被童遇祥所控。时任周知县命乡绅李家风等为之调解，但双方争执不休，后历经三任知县，仍未解决。光绪二十九年（1903年）贾兆春因童梦元娶妾，其女情同弃妇，诉至时任曾知县，曾知县"传集两造，开导再三，令兆春将其女送至县署，认为义女，又将梦元收作门生，择日用肩舆牌伞送女归童"，双方纠纷暂时平息。但在曾知县离任后，夫妻争端再起，童梦元"殴妻成伤"，时任胡知县"各予戒责，将梦元押待质所，仍令李家风处和了案"。童梦元出狱后恼羞成怒，怂恿其父"以兆春父子殴詈及县差朦聪等词，控诸臬司"。案件辗转至布政使樊增祥处，后者在童遇祥控词上判道："当将梦元戒责二百，押发长安县收管，追取曾令滥给银一百两，限三日内交案，发交恤嫠局充公"，并称"若该回民真能知惧知悔，恳请李家风、贾兆春来案具呈，保其从今两姓合好，永不滋生事端，或者法外施仁，亦未可定。如十日内贾、李保状不到，即仰胡令一面追照详革，一面笞臀二千板，如曾令笞张建基之数，以昭平允。笞毕，再科本罪"[1]。

这起案件原本是一起普通的家庭纠纷，但双方缠讼六年，曾经先后控至臬、藩二司，历经六任知县审理。在审理过程中，各级官府极尽调解之能事。周知县令回绅李家风调解在

---

[1] （清）樊增祥：《樊山政书》卷八，"判回民童遇祥控词"条，那思陆、孙家红点校，中华书局2007年版，第210~212页。

前，胡知县令李家风处和于后，期间曾知县更不惜将当事夫妻认作门生义女，典意成全。最终陕西布政使仍批令由童梦元恳请李家风、贾兆春具保结案，否则革其功名，笞臀二千。在收到李家风保状后，布政使仍指示"胡令饬童梦元当堂与其岳父叩头，并与李绅叩头，出具永不反目致讼甘结存案"[1]。虽然这起纠纷的解决采用了官府调解中常见的调解人具保状、当事人具结结案的方式，但这个调解结果对于童梦元一方而言，显非自愿。而此前胡知县也曾将童梦元关押待质所，强令李家风调解，可见在清代官府调解中，出现某些强制行为并不是偶然的事情。

三、民间裁决

在中国古代解决民间纠纷的实践中，无论是基于儒家"无讼"的理想，还是基于减轻官民讼累的实际考量，地方官府对于调解都显示出了某种过度偏爱的态度，这是传统调解制度得以世代相沿的理由。不过，在实践中存在的通过民间权威作出裁决来解决纠纷的状况，也不应该受到忽视，而所谓的民间权威，既包括权威人士，也包括权威组织，如乡里组织、家族组织等。

在历史上，从来不乏民间人士用强制性处分解决纠纷的事例。如《史记·平准书》记载：汉初"网疏而民富，役财骄溢，或至兼并豪党之徒，以武断于乡曲"。《索隐》对于"武断于乡曲"所作的解释："谓乡曲豪富无官位，而以威势主断曲直，故

---

[1] （清）樊增祥：《樊山政书》卷八，"批回绅李家人保状"条，那思陆、孙家红点校，中华书局 2007 年版，第 219 页。

曰武断也。"〔1〕而所谓的"以威势主断曲直"，便说明了这种解决纠纷方式的强制性。《汉书·游侠传》便记载了著名豪侠郭解为洛阳仇家"主断曲直"的例子，在"邑中贤豪居间者以十数，终不听"的情况下，郭解"夜见仇家，仇家曲听解"。

除凭借武力"主断曲直"的情形外，历史上也不乏有识之士因博学笃行受到世人敬仰，从而成为民间纠纷裁决者的事例。据唐史记载，唐高宗时，雍州武功人元让曾任右内率府长史，"岁满，还乡里，人有所讼，皆诣让判"〔2〕。唐德宗时，北平人阳城，隐居中条山，"闾里相讼者，不诣官府，诣城请决。"〔3〕所谓"判""决"，即便不能直接理解为裁决，恐怕也不能简单地理解为调解。

（一）宋元明时期关于民间纠纷裁决权的规定

在宋元明各朝，政府都曾明确授权乡里组织对于民事案件及轻微刑事案件行使裁决权，北宋时，依"至道元年（995年）敕：小可盗失，令村耆了绝"〔4〕。所谓村耆，即开宝七年（974年）所设耆长，主管盗贼词讼。〔5〕南宋时仍有耆长之设，"在法，乡村盗贼、斗殴、烟火、桥道公事，并耆长专当。"〔6〕元代在各县村庄，设置社长以"教督农民为事"，对于"不率教

〔1〕《史记·平淮书》，中华书局 2000 年版，第 1205 页。

〔2〕《新唐书·孝友传》，中华书局 2000 年版，第 4391 页。

〔3〕《旧唐书·隐逸传》，中华书局 2000 年版，第 3490 页。

〔4〕（宋）李焘撰：《续资治通鉴长编》卷九十一，"天禧二年三月乙卯条"条，上海古籍出版社 1986 年版，第 811 页。

〔5〕（清）徐松辑：《宋会要辑稿·职官四八》，"县官"，刘琳等校点，上海古籍出版社 2014 年版，第 4321 页。

〔6〕（清）徐松辑：《宋会要辑稿·食货十四之四十七》，刘琳等校点，上海古籍出版社 2014 年版，第 5061 页。

者，籍其姓名，以授提点官责之。其有不敬父兄及凶恶者，亦然。仍大书其所犯于门，俟其改过自新乃毁，如终岁不改，罚其代充本社夫役"[1]。可见，元代社长对于村民不仅具有教化权，对于不服管教及严重违法者亦得罚其充役。至元二十八年（1291年）六月中书省奏准《至元新格》规定："诸论诉婚姻、家财、田宅、债负，若不系违法重事，并听社长以理谕解，免使妨废农务，烦紊官司"[2]。《事林广记》载有《应被牛畜食践禾苗告状式》，为我们提供了一个元代社长裁决纠纷的案例。本案原告发现自家农田禾苗被三只黄牛食践后，"随即投告当管张社长"，经勘查，三只黄牛为本村梁家所养，所毁禾苗二亩有余。张社长"令本人陪（赔）偿，不肯归还"，原告遂诉至县府。[3] 显然，社长对于被告所做的处分是强制性的，社长在解决民间纠纷时并不是简单地"以理谕解"。

到了明初，太祖因"因小民多越诉京师，及按其事，往往不实，乃严越诉之禁。命老人理一乡词讼，会里胥决之，事重者始白于官"。[4] 其《教民榜文》规定："民间户婚、田土、斗殴相争一切小事，须要经由本里老人、里甲断决。若系奸、盗、诈伪、人命重事，方许赴官陈告。"[5] 所谓"决之"或者"断决"，显然是裁决的意思。汪天锡在《官箴集要三卷》中描述了

〔1〕《元史·食货志》，中华书局2000年版，第1563页。
〔2〕《通制条格校注》，方龄贵校注，中华书局2001年版，第452页。
〔3〕参见《元代法律资料辑存》，黄时鉴辑点，浙江古籍出版社1988年版，第236页。
〔4〕《明史·刑法志》，中华书局2000年版，第1546页。
〔5〕《中国珍稀法律典籍集成：洪武法律典籍》（乙编第一册），杨一凡、曲英杰、宋国范点校，科学出版社1994年版，第639页。

官府遣"老人剖断词讼"的情形："照依教民榜事例，除强盗、官吏受赃自问，其告窃盗等事，置立簿扇就于词状上编号，用印钤盖，定限俱发该管老人剖理明白，赍执原词，带领原被赴官元销。"[1] 明中期吕坤回忆："国初老人里长，俱许笞杖断决，今恐是非连累，只用口说和处。"[2] 可见，明代人们已经认识到老人里长"断决"与"和处"的不同。现在有学者在谈到《教民榜文》时称："明代将儒家'无讼'观念付诸社会管理实践，调解自然继续充当民事诉讼的法定前置程序。"[3] 这种把"断决"等同为调解的观点，显然是十分错误的。

与"断决"意义相近的词汇还有"处断"。《说文解字》称"处：止也"[4]。在宋代史料中，"处断"意味着官府处分行为。如宋徽宗崇宁二年（1103年）正月，中书省言："成都府旧以便宜从事，罢去已久，乞军民所犯巨蠹者，令酌情处断。"[5] 宋宁宗庆元二年（1196年）十一月，刑部奏称，臣僚"乞将彊盗除贷命再犯依元项指挥处断外，并彊盗已经断配，再犯两次

---

〔1〕（明）汪天锡辑：《官箴集要三卷》卷下《听讼篇》，"老人剖断词讼"条，载《官箴书集成》编纂委员会编：《官箴书集成》（一），黄山书社1997年版，第286页。

〔2〕（明）吕坤撰：《新吾吕先生实政录七卷·乡甲约》卷三，载《官箴书集成》编纂委员会编：《官箴书集成》（一），黄山书社1997年版，第533页。

〔3〕王钢：《中国古代调解制度及其特点》，载《光明日报》2012年6月14日，第14版。

〔4〕（汉）许慎撰：《说文解字：附检字》，（宋）徐铉校定本，中华书局1963年版，第299页。

〔5〕（清）徐松辑：《宋会要辑稿·职官四五》，"监司"，刘琳等校点，上海古籍出版社2014年版，第4234页。

以上，照淳熙十三年（1186 年）二月六日已降指挥施行"[1]。显然，这里提到的处断是由官府对刑事案件实施的裁判行为。在明代，"处断"一词仍然与官府行为联系在一起，如蒋廷璧在谈到恤囚时说："一囚人禁，举室废业，囹圄之苦，度日如岁，当量情之轻重收系，轻则量情处断，重则结案待报。"[2] 刘明俊在谈到息讼时说："惟官府之处断合于民间之拟议，而恃强舞智、利口求胜之事少，故讼不期息而自息也。"[3] 但在万历年间吕坤组织乡约时，已要求约正、约副有处断之能，即"俱以正直公道、能管束处断者为之"，[4] 虽然乡约主要负责"和处事情以息争讼"，[5] 但也有一定裁决权，"除徒流以上罪名，本约不得专断外，其笞杖事情，掌印官将词批与原告，执付本约问明，开具手本，以凭处断。"[6]

（二）清代民间裁决的实践

如前所述，民间裁决在历史上早已存在，且在官府语言中有多种表达方式。但无论言"断决""剖断"还是"处断"，其

---

〔1〕（清）徐松辑：《宋会要辑稿·刑法一》，"格令三"，刘琳等校点，上海世纪出版股份有限公司、上海古籍出版社 2014 年版，第 8270 页。

〔2〕（明）蒋廷璧撰：《璞山蒋公政训一卷·治体类》，"恤狱囚"，载《官箴书集成》编纂委员会编：《官箴书集成》（二），黄山书社 1997 年版，第 14 页。

〔3〕（明）刘明俊撰：《居官水镜四卷》卷一《省讼说》，载《官箴书集成》编纂委员会编：《官箴书集成》（一），黄山书社 1997 年版，第 599 页。

〔4〕（明）吕坤撰：《新吾吕先生实政录七卷·乡甲约》卷二《乡甲事宜·会规》，载《官箴书集成》编纂委员会编：《官箴书集成》（一），黄山书社 1997 年版，第 525 页。

〔5〕（明）吕坤撰：《新吾吕先生实政录七卷·乡甲约》卷三，载《官箴书集成》编纂委员会编：《官箴书集成》（一），黄山书社 1997 年版，第 532 页。

〔6〕（明）吕坤撰：《新吾吕先生实政录七卷·乡甲约》卷三，载《官箴书集成》编纂委员会编：《官箴书集成》（一），黄山书社 1997 年版，第 533 页。

实质都是裁决，都因其明显的强制性而有别于民间调解。到了清代，立法上对民间裁决的态度发生了很大变化，依清代条例："民间词讼细事，如田亩之界址沟洫、亲属之远近亲疏，许令乡保查明呈报，该州县官务即亲加剖断，不得批令乡地处理完结。如有不经亲审，批发结案者，该管上司即行查参，照例议处。"[1] 但在实践层面，由于各种主客观原因，州县官对于民间"细事"无法一一亲审，则由所谓"乡地"裁决纠纷的情况不可避免。如在某些偏远之地，楚、蜀、黔、滇山溪之间，"其居人至县或数百里，生不识官长，其山谷绝险处，亦非舆马所能至，民争讼，判于乡约"[2]。

某些地方官也愿意把乡地、绅耆的处理当作为百姓省钱，为自己减压的办法。潘杓灿在《未信编》中称："细小之事，有原词即发本告，着乡保、中证处明之法；有发房写票，即差本告自拘之法，无非欲为百姓惜费，法甚善也。"[3] 而所谓乡保"处明之法"，便不乏通过裁决解决纠纷的案例。如清末陕西留坝厅发生一起案件，当事人杨邦兴乘杨万朋外出，借宿其家，与郭某因争奸互殴。杨万朋赴乡约讲理，杨邦兴自知理亏，"认罚钱二十三串交乡约祝自申作为地方公用，并移居他处"，该乡约对杨邦兴所做处罚后来被留坝厅丞认定为"藉端私罚"，陕西

---

[1] （清）薛允升著述：《读例存疑》卷三十九，成文出版社1970年版，第994页。

[2] （清）潘咨：《题某通守破贡驿记后》，载（清）徐栋辑：《牧令书二十三卷》卷八《屏恶》，载《官箴书集成》编纂委员会编：《官箴书集成》（七），黄山书社1997年版，第132页。

[3] （清）潘月山撰：《未信编六卷》卷三《刑名上》，"准状"，载《官箴书集成》编纂委员会编：《官箴书集成》（三），黄山书社1997年版，第74页。

布政使樊增祥很不以为然："夫自申身为乡约，万朋以奸殴重情请其讲理，其势不能不管，邦兴恐送官治罪，自愿认罚。争风有据，何得曰'藉端'，同众评理，何得曰'私罚'？"[1] 可见，陕西布政使对该乡约所做处罚是十分认可的。在镇安县发生的一起案件中，县民习名声两次图谋强奸长媳习唐氏，长子昌林只好搬家另过，反遭其父殴打，自缢身死。习唐氏胞弟唐华章前去理论，在习名声与其次子昌达避匿不见的情况下，乡约阮大裕等从公处断："将名声所有田产归习唐氏管业十年，俾孤寡足以自擅。十年以后，再与昌达均分"，当时所写约据交唐华章保管。习名声与次子昌达对此处分十分不满，后因找乡约寻衅而被唐华章等围殴致死，陕西布政使樊增祥获知案情后，竟称"快哉此举！从此田业全归习唐氏母子承受，为寡妇者无图奸之虑，为孤儿者亦无争产之人"[2]。显然十分赞同乡约先前所做的处分。

　　与乡约裁决相比，家族裁决看来更具有强制性。本来，"亲族和息"[3]就是一种纠纷解决的重要手段，但在有些情况下，族长基于族规对争议方所做的决置会完全超出调解的尺度，成为名副其实的裁决行为。像清代瓯宁县屯山祖氏家规就明确告诫家族成员，"自后各宜立志端方，果有善行足录，合众公举，

---

〔1〕（清）樊增祥：《樊山政书》卷十二，"批留坝厅词讼册"条，那思陆、孙家红点校，中华书局 2007 年版，第 343 页。

〔2〕（清）樊增祥：《樊山政书》卷十八，"批镇安县刘令详"条，那思陆、孙家红点校，中华书局 2007 年版，第 505~506 页。

〔3〕（清）刘衡撰：《庸吏庸言二卷附庸吏余谈一卷》卷下，"劝民息讼告示"条，载《官箴书集成》编纂委员会编：《官箴书集成》（六），黄山书社 1997 年版，第 200 页。

颁匾旌奖；如有仍前不法辈，集族众公议，大则斥逐，小则惩责，强则鸣官。"[1] 在这里，不论"惩责"也好、"斥逐"也罢，都是对家族成员的强制处分。有的家法族规还规定了严格的处置程序，如安徽合肥邢氏《家规》规定："凡族中有事，必具呈禀于户长，户长协宗正批示，某日讯审。原被两造及词证先至祠伺候。至日原告设公案笔砚，户长同宗正上座，各房长左右座。两造对质毕，静听户长宗正剖决，或罚或责，各宜禀遵，违者公究。"[2] 这些程序，完全是对州县问案程序的刻意模仿。

光绪二十四年（1898年）正月发生在安徽石埭县的一起案件，体现了家族裁决的残酷性。光绪二十三年（1897年）七月，夏文春之母陈氏病故，夏文春遂托族人夏春生、夏文扬料理丧事。期间，夏世永指责夏春生对自己不予理睬，双方口角，互相揪打，被众人劝散。同年八月初九，夏世永路遇并殴打夏春生之子夏文开，夏春生呈控至县。当地乡绅陈拔萃与夏姓族人联名，揭发夏世永平素横暴作恶，时任郭令遂将夏世永关押，至当年九月保释。光绪二十四年（1898年）正月初六日，夏世永之妻夏杜氏以夏文扬伙同夏文春等殴伤其夫并挖去两眼为由，呈请郭知县勘验。郭知县询问夏文春，得知"夏世永屡次藉端欺凌，抢物截殴，伊曾随同夏文扬告知族长，欲按家法处死，各因同族不忍，只将其两眼挖瞎等语"。在此期间，夏杜氏除上

〔1〕《闽瓯屯山祖氏宗谱》卷一。转引自郑振满：《明清福建家族组织与社会变迁》，中国人民大学出版社2009年版，第72~73页。
〔2〕合肥《邢氏家谱》卷一《家规》。转引自春杨：《晚清乡土社会民事纠纷调解制度研究》，北京大学出版社2009年版，第61页。

控至知府、按察司各衙门外，还挟怨纠众霸占他人田产、抢夺米谷等财物。案件最终由知县姚锡光审理，姚知县认为"夏文扬等挖伤夏世永两眼成笃，律有明文，职县断不稍为偏护"，但"此案夏文扬等罪虽应得，情却可原"，"自须稍从宽减，方足以悦服众心"[1]。

本案受害人夏世永纵然横行乡里，作恶多端，但罪不至死，也不至于遭受清律从未规定过的挖眼之刑。在其与夏春生、夏文扬纠纷发生后，其恶行也不过是殴打他人，但夏春生、夏文扬在告知族长后，竟欲将其依家法处死，因同族不忍，便"只"将其两眼挖瞎。家族处置的残暴性，令人瞠目。虽然姚知县表示对此种行为"断不稍为偏护"，但也要"稍从宽减，方足以悦服众心"，表明家族裁决在当时当地还是具有一定民意基础的。在《宦游纪略》所载"张叙连禀伊父张南海被殴身死一案"中，我们还可以看到，张南海因盗窃张礼登芝麻，被族人查出，"照约议罚"，张南海竟然"畏罚服毒"。[2] 这些案例表明，令人望而生畏的家族裁决，在清代绝不是偶发事件，它是清代民间裁决中最具代表性的一种方式。

---

〔1〕（清）姚锡光撰：《吏皖存牍三卷》卷上《堂判五则》，"夏世永两眼被夏文扬等挖瞎节略"条，载《官箴书集成》编纂委员会编：《官箴书集成》（九），黄山书社1997年版，第674~675页。

〔2〕（清）桂超万撰：《宦游纪略六卷续一卷》，"初次宦吴事"条，载《官箴书集成》编纂委员会编：《官箴书集成》（八），黄山书社1997年版，第330页。

近现代部分

关于近代以来司法改革的几点反思

近代以来，几乎历任中国政府都进行过司法改革，这说明司法体制的建构从未达到令人满意的程度。司法独立一度成为司法改革最为引人注目的目标，但朝着这个目标的努力在近代历史的各个时期几乎总是无功而返，这让我们不能不对近代司法改革的动机、目标、对象、路径等问题有所反思。

一、近代司法改革的动机

近代司法改革的最初动机是收回治外法权，英美日等国通过签订不平等条约向晚清政府承诺，他们将尽力帮助中国改革法律制度，一旦中国的实体法及程序法与西方各国法律改同一律，他们便放弃在华的治外法权。[1]

中国人一向对西方文明中的契约精神不吝赞美，但要西方人信守对中国的承诺显然与契约精神无关。晚清政府于修律一事不可谓不用心，无奈一朝倾覆，无法收回治外法权。民国北

---

〔1〕 如 1902 年《中英续议通商行船条约》第 12 款规定："中国深欲整顿本国律例，以期与各西国律例改同一律。英国允愿尽力协助以成此举，一俟查悉中国律例情形及其审断办法及一切相关事宜皆臻妥善，英即允弃其治外法权。"载《大清法规大全·外交部》卷十九《条约》，考证出版社 1972 年版，第 2153 页。

京政府于法律改革上继步晚清，至 1926 年法律体系已初具规模，但同年 9 月问世的《调查法权委员会报告书》打破了中国人收回治外法权幻想。[1] 十年以后，民国南京政府六法体系建立，但收回治外法权问题却仍然受到西方国家的冷遇。直到 1943 年，中国政府收回治外法权的要求才得到了美英等国的响应，这是反法西斯战争的时势使然，与当初西方国家的承诺并无关系。

当然，这些事实在晚清时期尚无法预见，但即便在当时，也有人清醒地看到，治外法权的存废是国力问题，不能简单地归结为制度的原因。但这种洞见并未减弱多数人企图通过修律收回治法权的热情。自然，收回治外法权的动机不能说是错误的，但把收回治外法权的希望寄托在西方人的诚信之上，于外交上固然未免幼稚，于法律上却把中国纳入了西方化的轨道之中。近代以降，中国的政治、经济、社会状况迥异于从前，需要在法律层面作出调整以适应时变，但这种调整是否必然采用全盘西化的方式，是一个需要深思熟虑的问题。但在大厦将倾的晚清时期，人们无暇深思，只能把法律西方化当作救命稻草；在内忧外困的民国时期，人们无暇深思，只能延续晚清政府开创的法律西方化模式。纵然在西方化的潮流之下，不乏尊重中

---

〔1〕 1926 年美、英、法、日等国代表先后到武汉、九江、南昌、芜湖、安庆、南京、镇江、苏州、上海、杭州、青岛、奉天、长春、哈尔滨、吉林、天津等地，调查中国司法制度的实行状况，9 月 16 日出台《调查法权委员会报告书》，报告书共分四编：治外法权实行之现状、中国之法律司法及监狱制度、中国施行法律之情形、建议。报告书把中国政府实行他们所谓的建议作为商订"撤销治外法权之确定办法"，中国收回治外法权仍然遥遥无期。参见《调查法权委员会报告书》，中国科学院法学研究所藏。

华传统法律的声音，但当革命已经成为挽救民族危亡的手段时，传统法律往往被当作旧时代的残余而被新时代无情抛弃。于是在今天，我们在中国看到的是传统法与现代法之间的巨大鸿沟。

　　实际上，即便西方人的诚信毋庸置疑，实现西方人承诺的条件对于晚清政府而言，仍然是一个不可能完成的任务。法国思想家孟德斯鸠曾说："为某一国人民而制定的法律，应该是非常适合于该国的人民的；所以如果一个国家的法律竟能适合于另外一个国家的话，那只是非常凑巧的事情。"[1] 中国人在近代移植西方法的过程中显然无限放大了这种偶然性，在近代，也许在全世界范围内，都不可能见到如此不同而又如此众多国家的法律要素，包含在一个国家，也就是晚清乃至民国时期的中国的法律体系之中。仅在近代司法改革过程中，我们就可以看到清末借鉴英国陪审制度的诉讼法典草案，看到北洋时期源自德国的民事诉讼法、源自日本的刑事诉讼法、源自奥地利的行政诉讼法，看到南京国民政府时期借鉴美国的大法官会议制度，我们从来没有认真考察如此众多的异质的法律要素移植到中国文化母体后所引起的排异反应，在普适主义的大旗下，我们所能做的只是对自身旧制度残余的无尽反思。中国传统法律制度与西方法律制度的不同，被西方人夸大为进步与落后、野蛮与文明的差异。当中国人认可了野蛮与落后的污名时，对于西方法律制度也只能做削足适履的全盘接受。其实，对于包括西方法律制度在内的西方文明的优越性的认识不过是成王败寇的战争逻辑的产物，20世纪中叶中国对外战争的巨大胜利才开

---

　　〔1〕　〔法〕孟德斯鸠：《论法的精神》（上册），张雁深译，商务印书馆1961年版，第6页。

始让西方人改变近代以来对中国的看法。

二、近代司法改革的目标

近代司法改革伊始，就以实现司法独立为目标，并以此作为施行宪政的基础。当时人对于司法独立的理解，一是司法机关与立法、行政机关分离，独立行使司法权；二是法官依法独立审理案件，不受上级机关的干预。现代人对司法独立的理解，也不过如此。

在中国传统的集权体制下建立一套独立的司法机关体系，显然并非司法改革所能解决的问题。在晚清朝野之间就宪政问题存在一点共识的前提下，这种以司法独立为目标的改革还有一定转圜空间。即便如此，晚清司法改革所追求的司法独立也不过是第一种意义上的司法独立，法官独立则根本不在计划之内。北洋政府时期，军阀割据，司法难期统一，自不足以言及司法独立。南京国民政府时期，虽然宪法有法官须超出党派，依法独立审判，不受任何干涉云云，但囿于党治，囿于特定的五权宪法体系，司法独立仍然举步维艰。

当然，从理论上讨论司法独立总是一件容易的事情。但在实践中建立一套全国统一的司法机关体系，同时厘清司法机关与相同层级的其他国家机关的关系，却并不是一件简单的事情，毕竟在世界范围内，由于司法传统不同、政治经济条件不同、法律制度不同，没有哪一个国家能够成为其他国家轻易效仿的司法独立的范本。况且在一个政权建立之初，司法机关的权力分配总是政治博弈的结果，以司法独立为目标的改革倘若触及司法机关与其他国家机关的权利分配问题，势必引发原始政治权力版图背后隐藏的政治与经济利益的重新调整，这绝非单纯的司法改革所能解决的问题，这种改革必然伴随着相应的政治改革，更准确地说，这样的司法改革也只能成为政治改革的一部分。

必需重新审视司法的本质与目的问题，司法的本质在于裁判，它是权威机关依据职权和程序，对法律纠纷进行裁判的活动。裁判的目标在于解决纠纷，要以纠纷双方都能认可的公平的方式解决纠纷。在一种现行司法体制下，只有当大多数纠纷无法得到公正的解决，以至于司法体制的某些调整成为唯一的选择时，才有司法改革的必要。司法独立并不必然成为司法改革的目标，因为独立裁判只是使纠纷得以公正解决的一个条件。从这个意义上看，中国近代司法改革的发生并非基于司法体制自身发展的逻辑。虽然晚清时期人们对司法体制不乏批评之声，但当时司法体制的运行是否能够满足大多数人对于公正的期待，或者即便无法满足，是否存在其他办法解决当时司法体制中存在的弊病，也就是说，当时是否存在着司法改革的必要性，这是一个在历史上几乎从未被人提及的问题。

实际情况是，晚清司法改革是政治改革的附产品，政治改革的目标是实行宪政，司法权作为三权之一，需要从中国传统的行政集权模式下分离出来，不管当时中国的司法体制是否真有改革的必要，司法独立都势在必行。这种情况，使中国近代的司法改革从一开始就被政治改革所绑架，司法独立被当作司法改革的必然追求，且成为衡量司法改革成功与否的标准，不达目的决不罢休，而不管当时政治体制的状况能否满足司法独立的要求，这样的司法改革所引发的问题远远要多于它想解决的问题。

三、近代司法改革的对象

当初西方国家在中国设立领事裁判权的时候，司法不公是一个重要的借口。在晚清政府为废除领事裁判权所做的改良法律的努力中，传统司法制度首先成为改革的目标。经过晚清乃至民国时期的司法改革，逐步建立了一套独立的司法机关体系，颁布了三大诉讼法典。尽管在近代法律改革的各个时期，以中国文化为本的声音不绝于耳，但起码在司法制度领域，中国传统法律制度消失殆尽。

传统司法体制是一种多重监督下的司法体制，这与近代司法制度所追求的司法机关独立审判不相容。在中国传统的等级森严的官僚体制下，一个司法机关很难得到独立审判的机会，除了那些被称为"细故"的民事及轻微刑事案件可以由受案机关自理以外，凡命盗大案，从案发的处置，到审讯的安排，乃至判决的意见，均须向上级机关汇报，等候上级的指示，这是对审判过程的监督。审判结果也并不是上级机关直接所能决定，判决意见作出后，须逐级上报，由上级机关对判决结果进行复核，直到依法有权作出最终判决的机关批准才能结案，这是对审判结果的监督。[1] 如果说各上级机关的监督是一种纵向监督，那么从中央到地方的监察机关，对司法活动进行的审察，则发挥着横向监督的功能。在这种纵横交织的监督网络下，任何一个司法机关在审判活动中，试图排除其他机关的干预和制

---

[1] 郑秦教授称这种逐级上报复核的审判制度为"逐级审转复核制"，参见郑秦：《清代司法审判制度研究》，湖南教育出版社 1988 年版，第 153 页。

约，都是不可能的。

传统司法体制是一种排斥个人独断的司法体制，这与近代司法所追求的法官独立审判不相容。在中国古代的同职连署制度下，一个审判机关内部，从直接办案人员到主管官员，再到佐贰官、长官，都要对承办案件提出自己的意见，并对此负责，这显然不是个人独立审判。而对于重大案件的审理，从秦汉时期的杂治，到唐宋时期的三司推事，再到明清时期的九卿会审，都是多官共同审理案件的制度，这显然也不是个人独立审判。而多重监督的司法体制，本身也就蕴含着对个人独立审判的不信任。

传统司法体制是以实质正义作为终极追求的司法体制，这与近代司法所追求的程序正义并不相同。西方国家的法律制度，是在继受罗马法的基础之上发展而来，罗马法中的形式主义为近代西方司法制度所追求的程序正义理念提供了深厚的历史基础。中国古代的法律制度，殊少形式主义的内容。很多司法制度的设计，都是为了实现结果的公正。比如，在合法的刑讯制度下，即便是通过暴力手段获取的证据，也不会受到任何质疑，更不用说那些形形色色的诱供。在逐级审转复核制度下，审判机关依职权主动将审判结果和案卷报送上级机关，也是为了最大限度地防止误判。当事人甚至可以超越逐级上告的限制，采用越诉、京控乃至直诉的方式来陈诉冤情，无非也是为了一个公正的结果。当然，中国传统司法制度也并不是不讲程序公正（典型的如审判官的回避制度），只是相比较而言，人们在追求实质正义方面，花费了更多的心思。

传统的司法体制存在着行政权与司法权不分的问题。在这种集权式司法模式下，管理者与裁判者身份的混同，使人们难免对裁决的中立性产生合理的怀疑。比如，在古代最为常见的刑案审理中，案件的调查者、起诉者与裁判者三位一体，被告显然处于绝对劣势地位，且司法机关过分追求实质正义，被告的诉讼权利难以得到保障。不过，这种体制的优势也很明显，即人们不必额外担心判决的执行问题。而多重监督机制的设置，也是对集权式司法的一种制约，另一种制约是严格司法责任制度，每一位司法官员，不论层级大小，都要为自己作出的裁判负责，降薪、降职、丢官甚至丢命，都是可能的承担司法责任的方式，这些制度相沿日久，对于集权式司法的制约作用应该是行之有效的。

与近代西方司法制度相比，中国传统的司法制度确实是一种异类，但仅此而已，这两种制度在解决纠纷方面所发挥的作用的大小，是一个需要用实践材料加以客观地分析和比较的问题，至于孰优孰劣，难下定论。而在近代中国政治、经济、军事、外交皆处弱势，西方列强力主修律的形势下，中国传统法律制度的保留问题是不在考虑之内的。

四、司法改革的路径

从晚清时期开始的司法改革，完全是以另起炉灶的方式开始的。传统的以刑部为重心的司法体系被打破，取而代之的是由大理院执掌最高审判权的四级三审的司法体系。

在晚清乃至整个民国时期，新司法体系的建立过程一直被人力和财政资源匮乏的问题所困扰。最初设计蓝图中的初级审判机关后来被全部撤废，代之以县知事兼理司法及司法处兼理司法，这种借用传统司法模式的做法屡屡受到后人的批评，考虑到经济基础对上层建筑的决定作用，在当时的人力物力资源条件下，这种历史的倒退也是不得已而为之的选择。

问题是，我们一方面在建立新司法体系的时候捉襟见肘，另一方面却肆意挥霍着传统司法资源。打破传统以刑部为重心的司法体系，而把司法重心安放在向来闲散的机关大理院，这种乱点鸳鸯谱式的顶层设计使中国的司法改革从一开始就没有建立在稳固的基础之上。部院之争，[1] 算是司法部对于脱离实际的顶层设计的一次抗争，当司法部被看作司法行政合一的旧体制的象征时，这种抗争显然是徒劳无益的，之后司法部就一直在纷至沓来的政治变革中艰难找寻其准确的司法定位，其权力削弱不知伊于胡底。

不论如何，一套独立于行政机关以外的司法机关体系现在终归建立起来了，当事人的诉讼权利也得到了越来越充分的保证，这些都是近代司法改革的成果。当然，即便到今天，司法体制仍有很多地方还不尽如人意。比如人们批评司法权力地方化，要求司法机关摆脱对行政机关在人、财、物方面的人身依附关系；人们批评司法权力行政化，要求改变司法机关是行政机关延伸的现状，并对司法机关内部的行政化管理机制进行改革；人们批评法官职业大众化，要求在法官的选择、任用上进行改革，保障法官职务的稳定性和精英化。归根到底，人们要求司法机关彻底摆脱对行政机关的依附，人们要求法官精英化、

---

〔1〕 部院之争即清末司法部与大理院关于司法权限之争，参见拙著：《从公堂走向法庭：清末民初诉讼制度改革研究》，中国政法大学出版社 2009 年版，第 13~21 页。

终身制，也就是说，人们还是要求司法独立。

这里的人们当然是指法律精英，而不是普通民众。一般民众只能通过个案与司法体制发生关系，他们无暇也无力对整个司法体制指点江山。但是，如果司法改革的最终目标还是让普通民众都能感受到司法公平，那么，普通民众对于现行司法体制是否满意而不是司法是否已经独立，应该成为衡量司法改革必要性的主要依据。况且，即便现行政治体制对司法独立的容忍度可以忽略不计，我们可以赋予司法机关在人、财、物方面的独立控制权，其结果必然大大强化司法机关内部的行政管理职能，我们又何以保证这种行政职能的扩张不至于影响到司法职能的运行？我们可以实行法官终身制，但回想起我们为破除行政干部终身制所做的努力，我们又有何理由再去刻意培养一个法官贵族阶层？

即便实现了司法独立又能怎样呢？我们现行的司法体制，在保证裁判结果公正性方面，未必不如那些奉行司法独立的国家。至于在结果公正与过程公正中间如何取舍，标准答案自然是二者可以兼得，倘若不能，二利相权的关键还要看普通民众的司法价值观念。而司法独立只是为过程公正创造条件，甚至连裁判过程公正本身都无法保证，更无法保证裁判结果的公正。而当执行难自近代以来就成为困扰中国司法界的难题时，人们似乎更加应该考虑如何在司法裁判的各个环节重建司法机关与行政机关的关系，而不是一味追求二者的分离，毕竟案件的调查与裁判的执行都需要行政机关的参与。

问题再次回到原点。今天的司法改革应该以普通民众对公正司法的实际需要，而不是取悦于某些西方国家作为出发点。

改革应当在现行政治体制之下进行，而不是不切实际地追求司法独立。改革应当兼顾程序正义与实体正义原则，在这二项原则发生冲突的场合，要根据普通民众对司法公平的心理期待决定取舍。改革应该在总结几十年来自身司法实践经验的基础上进行，而不应该执着于追求某些法律规范的普世性与先进性。

改革应当在合理继承传统司法文明优秀成果的基础上进行，而不应该把传统的一切视之为糟粕。所谓传统，是指历代相沿的思想文化、道德伦理、风俗习惯、法律制度与行为方式，等等，传统之所以成为传统，就在于它在现代社会中仍然具有存在的价值。现代司法实践中存在的司法行政化、法官集权、普通民众的上访，归根到底，都是传统司法的产物，传统司法制度自然可以为解决这些问题提供可资借鉴的经验。当我们把司法活动行政化现象中对裁判的种种制度性干预同严格的司法责任结合在一起时，我们或许可以在现行的司法体制之内找到一种保证程序公正的办法。认识到绝大多数普通民众对于结果正义的执着，我们或许会对上访产生更多同情的理解，而清代对京控、直诉的处理模式也可以为我们有效疏导上访提供某些灵感。

（本文原载于《河北青年管理干部学院学报》
2018 年第 3 期，有修改）

从按察司到提法司

——清末司法改革一瞥

按察司，号称一省刑名总汇，在清代司法体系中占据重要地位。1907年清政府进行地方官制改革，改按察司为提法司。为了适应司法独立的要求，试图把提法司改造为具有司法行政与司法监督双重职能的机关，结果却事与愿违，提法司职权的行使干扰了新式司法机关的正常运转。考察清末提法司的制度设计及职权行使情况，可以为我们了解清末司法改革提供一个窗口。

一、提法司的制度设计

根据《皇朝通典》，按察司"掌全省刑名按劾之事，振扬风纪、澄清吏治；大者与藩司会议，以听于部院；理阖省之驿传；三年大比为监试官；大计为考察官；秋审为主稿官"[1]。概括起来，按察司的职能分为两个方面：一方面是行政职能，包括与布政司会议大事、监察吏治、管理驿传、监试科场，考察大计，等等；另一方面是司法职能，包括审理自理案件，审转地

---

〔1〕《皇朝通典》卷三十四《职官·司道》。

方上报的徒刑以上案件，主持省秋审事宜。《大清会典事例》称按察司为一省"刑名之总汇，事务繁多"[1]。司法审判在按察司的日常工作中占很大分量。

（一）按察司改革的设想

1902年以后清政府实施新政，各省官制改革是其中的重要内容。光绪三十三年（1907年）五月二十七日，总核官制大臣奕劻给朝廷上了一份奏折，这份奏折给外省官制改革定下了基调。

第一，司道以上官不改或少改，司道以下官即司法官及府州厅县官大改。理由是：

> 伏念中国二十二行省，幅员之广、人民之众繁，非东西洋各国所能比视，从前设官分职，大小本属相维，近年新政日兴，职多不举，已不免稍形阙失，而此次厘定关键，尤在为预备立宪之基，是以司道以上各官，既与各国情形不同，尚不妨随时量为更改，至于司法各官以及州府厅县各制，则皆与人民直接，而为宪政萌芽，共有此国、共治其民，如其受治之理，初不致大相悬殊，即其施治之方，亦不容稍存偏倚。[2]

这段话谈到国情又言及宪政，表面上冠冕堂皇，实际上是不敢触及各省督抚及藩臬长官的势力范围。政治改革就是利益

---

〔1〕《钦定大清会典事例》卷一百二十二《吏部·处分例》，"外省承审事件"，光绪二十五年（1899年）刻本，新文丰出版公司1976年版，第6708页。

〔2〕《大清法规大全·吏政部》卷二十一（上）《外官制一》，考证出版社1972年版，第808页。

分配，拿府厅州县官来开刀付出的代价肯定要比得罪封疆大吏们小得多。

第二，设立各级审判厅为司法独立奠定基础。总核官制大臣认为中国各省分设布政、按察两司，司法、行政本来各有专职。"自州县身兼其事，始不免凭恃以为威福，今为外人藉口而自失其权者，正坐于此。若使不相牵混，自能整饬纪纲，由此而收回治外法权初非难事。"总核官制大臣把州县以下行政兼理司法作为外国人在华设置治外法权的直接原因，实现司法独立自然与收回治外法权联系在一起。同时指出"法部、大理院既经分设，外省审判之事自应由此划分权限，别立专司，俾内外均归一律"。总核官制大臣试图打消人们对于司法独立的担忧："又有虑及法官独立，将有枉法以行其私者，又不知法者天下之公器，岂容其意为左右，且监督之官、检查之法一切具在，不必鳃鳃过虑。"[1] 而所谓监督司法的责任就落在由按察司改头换面而成的提法司上。

（二）提法司的职权

根据《外省官制通则》，原按察司改设为提法司，受本管督抚节制，管理该省司法行政事务、监督各级审判厅并调度检察事务。在各省审判制度未建立以前，按察使暂行旧制，但以前兼管的驿传事务改由巡警道管辖。[2] 同年十二月二十四，法部拟具提法司官制清单上奏，经皇帝下旨交宪政编查馆核议。原

---

〔1〕《大清法规大全·吏政部》卷二十一（上）《外官制一》，考证出版社1972年版，第809页

〔2〕《大清法规大全·吏政部》卷二十一（上）《外官制一》，考证出版社1972年版，第811页。

奏提法司拟设总务、民事、刑事、典狱四科，宪政编查馆认为："至刑事民事等项，大致以备编辑诉讼统计为主，与旧日臬司之必应逐案勘转者不同，且中国民事案件甫经分析，事本简略，兹拟合并一科，与总务、典狱共分为三科。"[1] 宣统元年（1909年）十月十四日，由宪政编查馆将核议后的《各省提法使官制清单》奏进，请旨施行。

这份清单首先明确了提法使的行政隶属关系，即受法部和本省督抚双重领导。提法使的职责：管理全省司法之行政事务；监督各级审判厅、检察厅及监狱。提法使下设三科，职掌分别为：

总务科：

一、掌本司及各级审判厅、检察厅、监狱各员之补署升降、褒奖处分等项事宜。二、掌收发文件、编纂档册及刑民典狱两科以外各项统计事宜。三、掌经费出入，办理本司及各级审判厅、检察厅预算、决算并一切杂项事宜。

刑民科：

一、掌草拟现行各项法律疑义之解释、请示事宜。二、掌各级审判厅之设立、废止及管辖区域更改事宜。三、掌编纂刑事民事及注册等项统计事宜。四、掌稽核检察事务及司法警察各项事宜。五、掌办理秋审、恩赦减等及留养事宜。六、掌死罪案件备缮供勘及军流以下人犯汇案申报事宜。

---

〔1〕《大清法规大全·吏政部》卷二十一（上）《外官制一》，考证出版社1972年版，第814页。

　　以上两款如在各级审判厅未立以前，所有招解勘转事宜仍查照向章办理。

　　典狱科：

　　一、掌改良监狱、推广习艺所等项事宜。二、掌稽核罪犯工作成绩及编纂监狱统计等项事宜。[1]

（三）提法司职能分析

　　从上述职能来看，提法司有权决定各级审判厅的设立、废止以及管辖区域的变更，有权决定审判人员、检察人员的奖罚任免，有权决定审判机关、检察机关经费的预算、决算，负责刑事民事案件的编纂统计，俨然成了各级审判厅的太上皇，对于司法独立而言，这无异于釜底抽薪。实际上，就中国人对于司法独立的理解而言，一百年前与一百年后没有什么不同，今天我们认为，"司法独立，一方面是指司法权相对于国家立法权和行政权是分离的和独立的，法院作为司法机关独立于立法机关和行政机关，依法独立行使司法权，不受其他权力机关的干预；另一方面，法官审判案件时，其作为个体也是独立的，只依照法律和良心，独立对案件作出判断，不受任何机关、人员的干预。"[2]而在1909年考察政治大臣李家驹自日本回国后在奏章中说："所谓司法独立，亦有二义。凡行使司法权以裁判所为机关，与立法机关、行政机关分立，不相统摄，故谓之独立，此一义也。凡司法官裁判案件，悉依法规所定，自行判断，不

---

　　[1]《大清法规大全·吏政部》卷二十一（上）《外官制一》，考证出版社1972年版，第816页。

　　[2] 宋英辉主编：《刑事诉讼原理》，法律出版社2003年版，第78页。

受上官指挥，故谓之独立，此又一义也。"[1]

不过，在中国实现司法独立却是另一个问题。在《法部通行告诫各省法官文》中法部对法官有这样明确的训示："前年钦奉特旨予法官以独立执法之权，独立云者，谓独立行其职务，非谓免人干涉、可以为所欲为。"[2] 这说明清政府从一开始就没打算实现法官独立，就连司法机关的独立也是要打折扣的。庆亲王奕劻在《法部职掌节略》中说：

> 司法部止于监督裁判所及调度检察事务并管理一切司法上之行政而已，初未干涉裁判事宜，此立宪各国所同。即俄国之仿行此制亦四十年于兹矣。中国司法之权向掌于行政官，现当厘定官制，预备立宪，自为以司法为独立机关，方符立宪各国公例，而创办伊始，不得不稍为变通。
>
> 京师之大理院直达于法部，各省之高等审判厅、地方审判厅、乡谳局均分汇于执法司，而仍总汇于法部。
>
> 其大辟之案则由大理院或执法司详之法部，以及秋朝审大典均听法部复核。此外，恩赦特典则由法部大臣具奏，均请旨施行，以示生杀大权操于君上之意。如此则司法官可保其独立之性质，行政官仍不失其监督之权。[3]

可见，清政府对于司法独立变通实行的方案就是以监督的名义控制审判机关，在中央是法部监督大理院，在地方是提法司监督各级审判厅。《法院编制法》第158条中也明确规定法部

---

[1] 《政治官报》宣统元年（1909年）八月初九日第684号，折奏类，第4页。
[2] 《各省审判厅判牍·公牍类》，法学研究社1911年版。
[3] 奕劻等：《厘定官制参考折件汇存》，广州孙中山文献馆藏。

堂官监督全国审判衙门及检察厅，各省提法司监督本省各级审判厅及检察厅。[1] 在各级审判厅的存废以及财政、人事权统归提法司掌握的情况下，显而易见，各级审判厅根本无法排除提法司对于审判的干预。

清单还赋予提法司对于现行各项法律的解释权。当时，《法院编制法》虽未颁行，但草案已确定"大理院卿有统一解释法令必应处置之权"，[2] 为了避免提法司的法令解释权与大理院的法令解释权相互冲突，《提法使官制清单》第 10 条规定，"提法使于现行各项法律遇各级审判厅检察厅有疑义不能决定者，得详拟解释申请大理院核示。"[3] 表面上看，大理院统一解释法令的权力得到了保障，但实际上，提法司申请大理院核示的前提是提法司不能就法律解释作出决定，换言之，如果提法司能够作出决定，则无需向大理院申请核示，这就把申请核示的主动权交给了提法司。况且，即便提法司在申请大理院核示的问题上不逾本分，就一个地方司法行政机关而言，拥有法律解释权本身即实有悖三权分立的原则。

官制清单规定提法使办理秋审、恩赦减等及留养事宜，办理死罪案件备缮供勘及军流以下人犯汇案申报事宜，这是官制改革以前按察司职能的延续。这样，提法司就在继承传统司法审判权的基础上，又通过监督审判、检察厅、解释法律分割了

---

〔1〕《大清法规大全·法律部》卷四《司法权限》，考证出版社 1972 年版，第 1833 页。

〔2〕《大清法规大全·法律部》卷四《司法权限》，考证出版社 1972 年版，第 1822 页。

〔3〕《大清法规大全·吏政部》卷二十一（上）《外官制一》，考证出版社 1972 年版，第 817 页。

新司法体系的审判权，在司法行政、司法监督的职能之外，还
事实上存在着一个审判职能。这种职能的多元化在传统的司法
行政合一的体制下并没有任何问题，但在新的司法机关体系建
立后却带来了司法机制运行上的混乱。

二、提法司的司法行政权

提法司的司法行政职能，概括起来，主要有：设立、废止
审判厅，划分管辖区域；培训、考察、任用法官、检察官；管
理司法经费。这些职能与新式司法机关联系在一起，是传统的
按察司职权范围没有涵盖的。对于各省审判检察厅的设立与运
行而言，上述职权的行使至关重要。

（一）设立法庭、划分审判厅管辖区域：

关于各省城商埠及府厅州县乡镇应设各级审判厅，管辖区
域应如何划分，法部曾行文各省，由各省提法司详细列表，交
督抚核明后报法部核办。浙江省二厅一州七十五县，按法部规
定，除省城高等审判厅外，应设地方审判厅七十八所，初级审
判厅二百三十四所。浙江省专门为此成立一所审判厅筹办处，
以提法司使为总办，下设法制、筹备二科，统筹关于审判厅一
切事宜。[1]

至于如何在一省范围内筹设各级审判厅，我们可以从广东
提法司俞钟颖向两广总督张鸣岐提交的一份方案中发现一些思
路：①根据《奏定司法区域分划暂行章程》第 2 条第 2 项，距
省城遥远的繁盛商埠，可设高等审判分厅，但广东各商埠距省

〔1〕参见《浙江巡抚增韫奏浙江筹办各级审判厅情形折》，载故宫博物院明清
档案部编：《清末筹备立宪档案史料》（下册），中华书局 1979 年版，第 877 页。

· 209 ·

城均不甚远，因而高等审判分厅可以不设。②根据该章程第 3 条，府、直隶州讼案少者可不设地方审判厅，而在该府直辖地区或首县及该直隶州初级审判厅内，由邻近府、直隶州地方审判厅设立分厅。广东各地诉讼案件情况不同，总归不少，拟在府、直隶州地方各设地方审判厅一所，如该府或直隶州距离已设地方审判厅之繁盛商埠较近，则可免设。③根据该章程第 5 条，直省各厅州县应设地方审判厅分厅者，若讼案较少，可与邻近州县共设一厅。距府、直隶州最近的厅州县，即由该府、直隶州地方审判厅或分厅管辖，不再另设地方审判厅或分厅。广东各地厅州县讼案繁简情况不同，但命盗械斗之类案件各地均有发生，地方审判厅相距多远在百里之外，员额不多，自顾不暇，要想方便审判厅员进行勘验及百姓上诉，就不得不多设分厅，拟在每厅州县各设地方审判厅分厅一所。④根据该章程第 7 条，直省各厅州县各设初级审判厅一所以上，根据第 8 条，著名繁盛乡镇也得酌设初级审判厅若干所。为方便诉讼，拟于每厅州县各设初级审判厅一所，乡镇则暂可不设。综合上述情况，广东提法司拟在全省设省城高等审判厅一所，省城商埠地方审判厅四所，商埠地方审判分厅两所，府、直隶州地方审判厅十二所，商埠初级审判厅六所，繁厅州县初级审判厅十二所，地方审判分厅与初级审判厅合设者共七十五所。这份呈文以法部章程为依据，又结合广东各地讼案多少的实际状况，提出了设立各级审判厅具体方案，最后经两广总督报请法部核准。[1]

---

[1] 参见《粤督张据东提法司呈分划广东各级审判厅管辖区域缘由咨部查照文》，载《各省审判厅判牍·公牍类》，法学研究社 1911 年版。

（二）培训、任用法官、检察官

各省提法司负责各级审判厅、检察厅、监狱人员之任免升降，在筹办各级审判、检察厅过程中，法律人才稀缺是当时普遍面临的问题。1911 年，法部曾将一年前经法官考试录取的法官分阶段派到各省，由提法使负责安排实习、委以职务[1]，不过，并不是所有省份都能分派到若干名额，河南省送京参加法官考试的人员未被录取，而法部考取的法官又未能分到，由于各级审判厅亟待成立，河南提法使不得已，只能从"或系历任正印，或系法政毕业，或系久充刑幕"的人员中择取充任法官，提法使所选陆尔壈、李麟阁、韩兆瀛等十九人均为候补州县官，看起来该提法使在用人上还是有一定偏爱的。[2] 实际上，根据当时的法官章程，有资格参加法官考试的人包括四种：法政毕业生、刑幕、举贡和五品以下京外官，邮传部主事陈宗蕃就批评这种用人标准"于搜罗法学之意少，而疏通旧学之意多"[3]。

鉴于"京外法政法律学堂等项学堂所在多有，或非应期毕业，或非尽充法官，平日向学者多临时适用者少，故不得不预先筹画"，宣统三年（1911 年）三月法部通令各省试办所谓临时法官养成所暨附设监狱专修科。但广东提法使考虑到从 1908 年至 1912 年，广东省法政学堂培养的别科、正科、速成科人数

[1] 参见《粤督张准法部咨查分发各法官到省后一切情形列表造报缘由行东提法司遵照文》，载《各省审判厅判牍·公牍类》，法学研究社 1911 年版。

[2] 参见《河南提法司详抚院派署各级审判厅推检各官文》，载《各省审判厅判牍·公牍类》，法学研究社 1911 年版。

[3] 参见《邮传部主事陈宗蕃陈司法独立之始亟宜预防流弊以重宪政呈》，载故宫博物院明清档案部编：《清末筹备立宪档案史料》（下册），中华书局 1979 年版，第 884 页。

预计可达六七百人之多，筹办临时法官养成所暨附设监狱专修科纯属多此一举，是"不必办、不能办且不办犹愈于办"的事情，因而向两广总督建议缓行。[1] 实际上，据统计，广东一省拟办的各级审判厅达 112 所，即便广东省培养的法律人才到 1912 年可以达到六七百人，但每个审判厅只能分配到五六名，显然不敷使用，广东提法使的建议并不适当。

有的省份为了解决审判厅在职人员良莠不齐的问题，利用夜晚组织培训，这也是清末审判厅一景。奉天提法司曾收到高等审判厅提交的两个呈文，内容是对厅内现有人员进行培训，一是设律学课，凡本厅推事、检察官、委员、典簿、主簿、录事，包括实习人员及书记都可听课，每逢星期六、日晚上进行命题考试，根据成绩进行奖惩，希望行之既久，"法官俱有完全之资格，而一般人民之生命财产得法律之保障。"[2] 一是设浅学会，为了给本厅吏役补充知识，每逢星期二、四、六晚，召集本厅及承德地方两厅之承发吏、巡警、厅丁、庭丁、号房、茶房、打杂人等，教授简单国文及各项章程规则，不拘年限。其目的是"造成多数人之普通智识，不特供公家使用之灵便，且辈稍有学识，亦必束身自爱，不至生出非礼之行为，诚于公私两有裨益"[3]。诸如推事、检察官要临时培训，诸如承发事、巡警等司法人员则仅要求其具有普通智识，未免太过将就了，

---

〔1〕 参见《广东提法司详请免办临时法官养成所暨附设监狱专修科呈督院文》，载《各省审判厅判牍·公牍类》，法学研究社 1911 年版。

〔2〕 参见《奉天高等审判厅咨呈提法司拟设员司律学课请转呈文》，载《各省审判厅判牍·公牍类》，法学研究社 1911 年版。

〔3〕 参见《奉天高等审判厅咨呈提法司拟设浅学会教授吏警丁役等请转呈文》，载《各省审判厅判牍·公牍类》，法学研究社 1911 年版。

这种状况难免会让人担心"讼庭初开，毫无历练，诚恐非独不能企各国司法独立之盛轨，且较之中国旧日司法未独立者，流弊更无穷也"[1]。

（三）管理司法经费

法部曾将当时诉讼规章中涉及的经费收入列明三项，即罚金、讼费和状纸费，责成各省提法司严格稽查办法，通令所属执行。[2] 至于讼费如何征收、如何减免等问题，各级审判厅仍要征求提法司的意见。[3]

在谈到法部通过部院人员及法政人员互为升转的安排扩大其司法行政权时，张从容指出："在《法院编制法》颁布以后，法部通过对高级法官的任命，使法官队伍的专业色彩降低，行政色彩加强，这是由法部掌握审判机关人事权的必然结果。法官的非专业化与行政化与传统的行政兼理司法有着共通之处，

---

[1]《邮传部主事陈宗蕃陈司法独立之始亟宜预防流弊以重宪政呈》，载故宫博物院明清档案部编：《清末筹备立宪档案史料》（下册），中华书局 1979 年版，第 885 页。

[2] 参见《前清法部通行各省将司法收入各费切实整顿文》，载《各省审判厅判牍·公牍类》，法学研究社 1911 年版。

[3] 比如：南昌地方审判厅提出，当时颁行的《各级审判厅试办章程》第 86 条：凡诉讼费用随时征收者外，其余于本案完结、宣示判词后综核其数限期征收之，但系无力呈缴者准其呈请审判厅酌量减免之规定，然亦仅云限期征收，至违限不缴者宜用何种办法仍无明文。另外，上诉案件在本案判决后该审判厅应否征收讼费，应否先缴讼费而后上诉，应否同时向该审判厅缴纳上级审判厅讼费再行上诉，皆未详细规定，只能呈请提法司批示办法，南昌提法司的批复是："据呈各节现经法部酌拟民刑事讼费暂行章程，禀准交到宪政编查馆核议，仰候此项章程议定颁发到江后，再行遵照办理可也。"参见《南昌地方审判厅为判决上诉案件应收讼费权限及不遵限呈缴应用如何方法征收呈提法司文》，载《各省审判厅判牍·公牍类》，法学研究社 1911 年版。

或者可说是传统制度在近代法制转型中的折射。"[1] 实际上，法部不仅掌握了审判机关的人事权，凭借历来号称法曹分司的按察司也就是提法司，法部还掌握了审判机关的财政权甚至有权决定各个审判厅的存废。提法司的这些权力，是官制改革以前按察司对于司道以下各级审判衙门都不曾享有过的。

三、提法司的解释法律权

提法使官制清单赋予提法司的法律解释权：一方面，提法司对各级审判厅、检察厅提出的法律疑义进行解释；另一方面，当提法司无法就法律解疑作出决定时，请示大理院进行解释。

（一）大理院的统一解释法律权

新旧递嬗之际，法律中间疏漏、模糊、矛盾之处所在多有，各省审判厅提请提法司进行法律解释的情况并不少见。比如，南昌地方审判厅曾就所谓"职官有犯应如何办法"提请提法司作出解释，因《法院编制法》对此未有明文规定，而旧律对于职官有犯不许擅自勾问，这就给司法官吏带来了一个难题。江西提法司援引《各级审判厅试办章程》第52条"职官为原告审判时必须本人到庭者，仍可传令到庭"之规定，认为职官为被告时，与证人均可传讯，并无疑义。又参照《日本刑事诉讼法》130条对证人用就地讯问之法，系专指皇族、各大臣及帝国议会议员在开会时间而言，因而认为证人除特别规定者以外应不适用于就讯之例。当结论呼之欲出的时候，江西提法司却有所保留，"但中国官制较繁，文武职官大小不一，究竟何者可用传

---

[1] 张从容：《部院之争：晚清司法改革的交叉路口》，北京大学出版社2007年版，第141页。

讯、何者可用就讯，自宜明示准绳，期易施行而杜障碍，至抗传不到就讯不言，与夫事发时搜查证据、判决后强制执行，除有特别身分者或应零订方法，若应照普通传讯者能否悉照普通搜查执行办法办理，该厅既虑解释有误，诉讼法又未颁行，姑候详咨馆部核示，再行转饬遵办。"[1]

其实，上述情况正属于提法司对于法律疑义不能确定的情形，根据清单规定本应详拟解释申请大理院核示，但江西提法使却要详咨馆部核示，馆即宪政编查馆，它是清末重要的立法机关，有编订宪法草案及考核法典草案之权，根据《宪政编查馆办事章程》第11条规定，"本馆有统一全国法制之责，除法典草案应由法律馆奏交本馆考核外，如各部院、各省法制应有修改及增订者，得随时咨明该管衙门办理，或会同起草，或由该管衙门起草，咨送本馆考核，临时酌定。"[2]，其中言及宪政编查馆有权考核各省法制的修改与增订，也是其立法权的一部分而非法律解释权。部指的是法部，它参与了部分立法，特别是掌握了清末司法改革的领导权。[3] 把现行法律未有明文的地方交还立法机关处理，看起来顺理成章，却未免把大理院的"统一解释法令必应处置之权"视若无物了。但在当时，这却是一种普遍的状况。且提法司关于法律解释的请示，一般还要经过督抚才能递送给宪政编查馆或者法部。比如，奉天提法司关

〔1〕 参见《南昌地方审判厅呈提法司历引司法各条略为诠解仰恳酌核批示祗遵文》，载《各省审判厅判牍·公牍类》，法学研究社1911年版。

〔2〕 故宫博物院明清档案部编：《清末筹备立宪档案史料》（上册），中华书局1979年版，第50页。

〔3〕 参见张从容：《部院之争：晚清司法改革的交叉路口》，北京大学出版社2007年版，第183页。

于检察官莅庭监督审判权的疑义以及取消该项权力的建议，就是先呈文给东三省总督，由后者向宪政编查馆请示意见，最后宪政编查馆会同法部作了答复。类似的情况很多，如"宪政编查馆、法部会同咨湖广总督所有已设审判厅各处缉捕事项仍应责成州县办理文"[1]，是针对湖广总督转呈的提法使详文就"职名开参"问题予以答复；"宪政编查馆、法部会同咨复四川总督解释律例文"[2]则是因为四川总督援引提法使详文就死罪及遣流徒案件勘转问题提出疑义而进行解释。在程序上，这些情况均违背了《各省提法使官制清单》第10条关于提法使申请大理院核示的规定。

（二）提法司法律解释权的传统

实际上，作为提法司前身的按察司，原本就有针对律例疏漏、模糊、矛盾之处请示变通或修改的权力，据《清实录》记载：

（雍正七年九月）刑部议覆：浙江按察使方觐条奏："一、盗贼为害，全在窝家，旧例窝家两邻俱有杖责之条，而同居亲属未经定拟治罪，殊为遗漏，嗣后强窃窝家同居之父兄伯叔与弟，除自首免究外，其知情不首者，请分别拟杖，以示惩儆；一、各省积匪猾贼，为害最甚，嗣后凡遇缉获审实，不论曾否刺字俱照应发遣之例，发边卫充军；一、旧例盗贼同居父兄等，不知情分赃者，俱照斩绞之犯减等拟流，似属可矜，嗣后除强盗为首伤人问拟斩决者，

---

[1] 《各省审判厅判牍·公牍类》，法学研究社 1911 年。
[2] 《各省审判厅判牍·公牍类》，法学研究社 1911 年。

其同居亲属照例杖流外，其系伙盗未曾伤人、行劫未至三次问拟发遣者，亲属请减等杖徒，窃盗满贯拟绞，并罪止流徒杖责者，亲属各减二等发落，永著为例"，均应如所请。从之。[1]

（乾隆四年六月）刑部议覆：浙江按察使郑禅宝疏称"各省盗案，向例首犯未获，州县道府一并查参"。至命案限缉，道府既无初参处分，似不便题参于后，请止将州县议处，该管上司均无庸议。从之。[2]

（乾隆三十八年五月）刑部议覆：升任广东按察使阿扬阿奏称"查斗殴杀人拟绞人犯，倘该犯有祖父母、父母老疾、家无次丁者，取族邻甘结报部，准其留养。如族邻捏报出结者，仅照捏报军流留养例，杖一百，本犯罪止于死，不能再加，恐仍难尽杜贿串假捏出结之弊，请酌量加罪"。查亲老丁单情节，虽由本犯供明，总以族邻甘结为据，嗣后如族长邻保假捏出结者，应照证佐不言实情，减罪人二等律杖一百、徒三年，受贿者计赃以枉法从重论，请通行问刑衙门遵办。从之。[3]

按察司这种建议更定律例的权力，无非因为它是"法曹之分司"，刑部既然对于"凡律例轻重之适，听断出入之孚，决宥

〔1〕《清实录·世宗宪皇帝实录（二）》卷八十六，雍正七年（1729 年）九月，中华书局 1985 年版，第 144~145 页。

〔2〕《清实录·清高宗实录》卷九十四，乾隆四年（1739 年）六月上，中华书局 1985 年版，第 440 页。

〔3〕《清实录·清高宗实录》卷九百三十四，乾隆三十八年（1773 年）五月上，中华书局 1986 年版，第 570 页。

缓速之宜，赃罚追贷之数"有所谓"大事上之，小事则行"[1]
的权力，按察司作为一省刑名总汇，提出一些可以"永著为例"
"请通行衙门遵办"的修法建议也是分内之事。只是清末司法改
革，已经把统一解释法律的权力交给大理院，法部却暗度陈仓，
在该部统辖的各省提法使的权限中又塞进了一份法律解释权，
对原有的权力真可谓恋恋不舍。从清末各省提法司往来公牍上
看，他们对于地方审判厅、检察厅及监狱章程或规则的制定，
也有最后核定的权力。比如，奉天高等审判厅鉴于"法定修习
日寻一条，其修习应有之范围，与其记载之体裁，均无明文"，
因而拟订各级学习推事修习规则十条咨呈提法司核定，并请转
报法部备案。[2] 陕西高等检察厅也曾拟订试办规则五十二条，
咨呈提法司查核在案。后陆续修改，最终辑成一百条，呈请核
定施行。[3] 颍州地方行政长官拟试改良监狱办法十三条，得到
安徽提法司的批准："仰即如拟各条通饬该属州县及管狱官一体
切实遵办，毋得视为具文。"[4] 这时提法司的权限，已全然超
出了法律解释的范围，而为实际意义上的立法权。

四、提法司对于招解勘转事务之管理

《各省提法使官制清单》特别保留了按察司固有的两项职

---

[1] 《钦定大清会典》卷五十三。

[2] 参见《奉天高等审判厅咨呈提法司本厅拟订各级学习推事修习日录规则
请鉴核文》，载《各省审判厅判牍·公牍类》，法学研究社1911年版。

[3] 参见《陕西高等检察厅咨呈提法司各级检察厅试办规则文》，载《各省审
判厅判牍·公牍类》，法学研究社1911年版。

[4] 参见《安徽提法司批颍州府长守详拟改良监狱办法十三条呈请核示文》，
载《各省审判厅判牍·公牍类》，法学研究社1911年版。

权，即由刑民科"掌办理秋审、恩赦减等及留养事宜"，"掌死罪案件备缮供勘及军流以下人犯汇案申报事宜"，同时明确规定"在各级审判厅未立以前，所有招解勘转事宜仍查照向章办理"。依照所谓向章，各州县府道审理的徒刑以上案件，均由按察司向上审转。无关人命的徒刑案件，督抚即可批结，按季汇报刑部。有关人命的徒罪案件及军流案件，督抚专案咨送刑部复核。死刑案件，则由督抚向皇帝专本具题或专折具奏。随着各级审判厅陆续成立，省高等审判厅上诉至大理院的案件由是否仍经提法司审转成为各地司法实践面临的难题。

（一）不服等高审判厅判决的上告问题

依照 1907 年颁行的《各级审判厅试办章程》，高等审判厅"判决后如再不服准赴大理院上告"，[1] 根据当时已经拟具的《法院编制法草案》，大理院管辖"不服高等审判厅第二审判决而上告之案件"，以及"不服高等审判厅之决定或其命令而抗告之案件"[2]。很清楚，无论已经颁行的诉讼法规还是已经起草的法院组织法，都没有在高等审判厅与大理院之间规定什么特殊的上诉程序。但奉天提法使在其通过东三省总督咨送法部的呈文中却提出高等审判厅上诉于大理院的民刑案件，"仍由提法司承转专送京师总检察厅较为详慎"，他的理由有二，一是提法司管理全省司法行政事务，"检察官介在司法行政之间，其申送上诉与检察判决专归司法者不同，似应隶入行政部分"；二是"外省民刑案件向俱由司转详督抚核咨"。第一条理由认为检察

---

〔1〕《大清法规大全·法律部》卷七《审判》，考证出版社 1972 年版，第 1858 页。
〔2〕《大清法规大全·法律部》卷四《司法权限》，考证出版社 1972 年版，第 1822 页。

官提起上诉属于司法行政事务，显然于理不通，奉天提法使的真实想法恐怕还是要延续一向由按察司把持的总汇全省案件的权力。这个提议最终被法部否决，原因倒不是为了维持司法独立，而是因为提法司"举凡考察法官、核办秋审、改良监狱以及未立审判州县地方仍须照旧勘转案件，事体极为繁重，若不服高等审判上诉大理院之案亦由该司承转，恐案据之调查既涉烦劳，斯文牍之往来必多延宕"。法部在坚持不服高等审判厅判决上告之案，仍由高等检察厅申送的同时，指出"提法司为一省司法行政总汇，应令高等检察厅将上告理由分报备案，俾一事权而资稽考"〔1〕。这显然是在强调提法司对于高等审判厅上诉案件的监督权。不论如何，这份解释总算是解决了不服高等审判厅判决上告案件的申送问题，但未设审判厅地方州县招解到省案件的勘转问题却引起了很大争议。

（二）未设审判厅地方招解勘转问题

1910年宪政编查馆在回复山东巡抚的咨文中称，"未设审判厅地方寻常招解到省之案，不论翻供与否，均归高等审等厅勘转报司"，这是在以往府道向按察司审转的程序中插入了一个高等厅勘转的程序。（未设审判厅地方，是指省城以外之府、厅、州、县未设审判厅地方〔2〕）针对这种做法，东三省总督锡良明白表示"确难遵从"，反对的理由摘录如下：

---

〔1〕 参见《前清法部咨各省高等审判检察厅业已成立之处如遇有呈送上诉大理院案件应由高等检察厅径送京师总检察厅核办文》，载《各省审判厅判牍·公牍类》，法学研究社1911年版。

〔2〕 参见《宪政编查馆大臣奕劻等复奏查核锡良所奏解释法令纷歧并窒碍情形折》，载故宫博物院明清档案部编：《清末筹备立宪档案史料》（下册），中华书局1979年版，第898页。

……四级三审，已成定制。自非人民请求上诉，本无招解勘转之法。高等厅非州县比，其可沿用州县办案成规，自紊其例，则窒碍三。就令高等厅适用招解勘转之制。此项案件应否开庭公判，应否检查莅庭，章程既未明定，官吏何所适从，则窒碍四。大理院覆判之制尚在，高等厅勘转之案安归，归于法部，则院判迳废，将与奏案不符，归于大理院，则厅判虽决，仍无丝毫之效，则窒碍五。高等厅之于州县，既非上级官吏，即无监督之权，各州县遇案送厅，纵是原判极偏，亦复无从驳正，发回势有所不可，定谳心有所未安，则窒碍六。向例州县刑事案件，徒罪解府，遣流解司，死罪解院。倘令一律归厅招解，则解府之徒，亦当改为解省，非所以恤累囚，则窒碍七。……[1]

东三省总督提出诸多异议，其目的虽在要求一切按照旧章办理，但起码有一点是对的，即高等审判检察厅根本不应该适用招解勘转之制。当时由于新式审判厅并没有在全国范围内普遍设立，在司法实践中就产生了新旧体制并存的状况，未设审判厅地方沿用招解勘转的办法，已设审判厅地方实行四级三审制。这种混乱状况当然并非长久之计，随着各级审判厅的普遍设立，在全国范围内推行四级三审制才是解决问题的根本。宪政编查馆一纸咨文，竟然要高等审判厅检察厅办理一省招解勘转事务，其本意或可理解为欲统一司法事务于新式审判机关，但这种做法却未免一厢情愿。毕竟招解勘转之制行之既久，由

[1]《宣统政纪》卷四十四，宣统二年（1910年）十一月壬寅，第793~794页。

县到府，由府经道或直达按察司，再由按察司而至督抚，在这个公文流程中断然插入一个环节，地方各省不免顿生错乱之感。比如，四川提法使呈文四川总督就此提出一系列问题：

> 未设审判厅地方招解到省之案，均归高等审判厅勘转报司，是否死罪分别专申汇申，遣流徒由省依法执行后分别按月按季汇报，并是否仍由该管府州审转解省，川东建昌两道徒犯向由道勘转者应否照旧办理。[1]

吉林巡抚提法使也呈文给吉林巡抚，指出尚有如下问题宪政编查馆并未厘清：

> 一、招解案件既归高等勘转报司申部，咨后各属遇有前项案件是否改为分呈提法司及高等检察厅。二、嗣后遇有盗杂各案拟遣流徒者是否仍照旧章先行禀报院司批饬详办，免其解勘抑造具供勘清册径送高等厅复核报司。三、院司既无复勘之权，嗣后发配案件是否改为由高等审判厅复勘后送高等检察厅定地呈司复核，由司径发文牌一面申报，一面咨明该省提法司查照。其已设审判厅地方则由该处检察厅定地呈司办理。四、吉林府厅州县不相统辖，遇有案件直接院司解勘之案既悉以高等为归，则定章移牒之文似难通用，拟嗣后各该属行文高等厅用呈、高等厅行文各属用劄。[2]

---

〔1〕 参见《宪政编查馆、法部会同咨复四川总督解释律例文》，载《各省审判厅判牍·公牍类》，法学研究社1911年版。

〔2〕 参见《宪政编查馆、法部会同咨复吉林巡抚解释律例文》，载《各省审判厅判牍·公牍类》，法学研究社1911年版。

宪政编查馆大臣奕劻在宣统三年（1911 年）三月二十九日答复锡良等人的奏折中，虽然明确"解勘之例，原属审判范围，自以责成审判各官为适法"，却仍然坚持未设审判厅地方"寻常招解到省之案，不论原供有无翻异，均应统归各该高等审判厅审勘，分别报司照章办理"[1]。至于宪政编编查馆会同法部针对四川总督及吉林巡抚所作的答复，也无非是用变通死罪施行办法、变通解勘办法来左右推搪，却始终没有痛下决心落实四级三审制。原因无他，诸如四川提法使提出的死罪申报，遣流徒犯执行后汇报及审转送省，以及吉林提法使提出的盗杂各案拟遣流徒者禀报院司批饬详办、院司复勘等，这些招解勘转旧制下存在的问题，原本是一干地方行政机关的权力范围，招解勘转职能一旦取消，这些权力机关将被置于何地？这大概是宪政编查馆不得不小心翼翼的地方。不过，招解勘转体制本身带有强烈的行政色彩，与近代的司法运行机制大相径庭。宪政编查馆拟将高等审检厅强行纳入其中，其结果自然混淆了行政、司法事务之间的界限。用这种胡乱嫁接的办法既不能实现由旧的司法体制向新的司法体制的转变，也给了地方提法使捍卫固有权力的口实，像四川、吉林提法司的呈文中都流露出希望照旧办理的意思，当然抱残守缺同样无助于司法前途。

五、提法司对于缉捕事务之处置

清末司法改革以前，缉捕事务在京属五城司坊官、京外属

---

〔1〕《宪政编查馆大臣奕劻等复奏查核锡良所奏解释法令纷歧并窒碍情形折》，载故宫博物院明清档案部编：《清末筹备立宪档案史料》（下册），中华书局1979年版，第898、899页。

州县官专责。缉捕不力，各省督抚核查参奏，下至州县吏目典史各官，上至州判、州同、知州、通判、同知、府、道等官，或罚俸，或降级，或免职，均无侥幸。司法改革开始以后，1907 年清政府颁行《各省审判厅试办章程》，第 97 条规定检察官的职权包括"指挥司法警察逮捕犯罪者"[1]，后来颁行的《法院编制法》第 90 条规定检察官就刑事案件"遵照刑事诉讼律及其他法令所定实行搜查处分、提起公诉、实行公诉并监察判断之执行"[2]。当时清政府采纳日德主义，规定起诉前的搜查处分属于检察官之权限，[3] 搜查处分的补助机关为司法警察官、营翼兵佐及地方印佐各官，而搜查处分的内容包括传、拘、搜查及对于现行犯实施逮捕等。[4] 由于提法司是传统的一省刑名总汇机关，又是新式审判检察厅的监督机关，有权稽核检察事务及司法警察事务，当地方检察官与地方行政官围绕缉捕事务发生争议时，提法司难以置身事外。

（一）杭州地方检察厅与仁和县令的争议

一次争议发生在杭州仁和县令与杭州地方检察厅之间。当时杭州检察厅所辖仁和、钱塘两县连续发生十三起盗劫案件，杭州检察厅发文给巡警道及主管州县协力缉捕，然而"各该主管官厅从容待捕"，态度并不积极，杭州检察厅只好呈请提法司

---

〔1〕《大清法规大全·法律部》卷七《审判》，考证出版社 1972 年版，第 1865 页。

〔2〕《大清法规大全·法律部》卷四《司法权限》，考证出版社 1972 年版，第 1828 页。

〔3〕参见［日］冈田朝太郎等口授：《检察制度》，华阳、郑言笔述，云阳、蒋士宜编纂，中国政法大学出版社 2003 年版，第 41 页。

〔4〕参见《各省审判厅试办章程》第 14 条至第 21 条，载《大清法规大全·法律部》卷七《审判》，考证出版社 1972 年版，第 1858 页。

"札饬巡警道及仁和钱塘两县并水陆巡防各营一体协缉"[1]，仁和县令遂呈文提法使，请求划清行政司法权限。杭州检察厅随即针锋相对，向提法使呈文解释法律。检察厅方面认为，所谓搜查，依据当时的《警察职务章程》第10条、《调度司法警察章程》第32条以及《各级审判厅试办章程》第104条，"凡着手搜查者，必有一定之证据、一定之人犯，或一定之证据犯人之所在地，极言之，必有遗物足资凭证者方可搜查"；至于逮捕，依据《各级审判厅试办章程》、《司法警察职务章程》第6条、《调度司法警察章程》第16条，"逮捕人犯者指现在确知犯人姓名、住址，然后发票捕获逮案而言。"如果证据全无，人犯逃逸，或人犯不明确，则属于缉捕范围的事务，由警署或者地方官负责。而检察厅作为司法行政机关，对于与行政官厅、补助司法机关之的事务，不便越俎代庖。实际上，根据当时通行的检察理论，检察官的搜查处分权就包括"有犯罪行为时，辨识其犯人"[2]，也就包括了杭州检察厅所说的人犯不明确时的承缉事务。杭州检察厅之所以自我设限，也许同浙江抚宪会议厅已经议决的《补助检察官办法》有关——所谓抚宪会议厅，是指根据《各省官制通则》第6条"各省督抚应于本署设会议厅，定期传集司道以下官会议紧要事件，决定施行"[3]而言，

---

〔1〕 参见《杭州地方检察厅为请求严缉盗案事详抚院文》，载《各省审判厅判牍·公牍类》，法学研究社1911年版。

〔2〕 ［日］冈田朝太郎等口授：《检察制度》，华阳、郑言笔述，云阳、蒋士宣编纂，中国政法大学出版社2003年版，第43页。

〔3〕 《大清法规大全·吏政部》卷二十一（上）《外官制一》，考证出版社1972年版，第810页。

《补助检察官办法》第 7 条规定"缉捕之事为地方印捕各官专责"[1]已经为场争议提供了答案，很明显，由督抚、按察司参加的行政会议维护了地方官对于缉捕事务的管辖权。

（二）宪政编查馆及法部的解释

宪政编查馆及法部的相关法律解释，同样确认了缉捕职责属于地方州县官。在"咨复湖广总督解释审判厅章程文"中，宪政编查馆及法部明确指出："承缉命盗重案事关司法警察，仍属行政范围，府厅州县官应负缉捕之责，逐案仍须详报督抚，所有承缉处分无论已未设审判厅地方均照旧由督抚办理。"[2]在湖北提法使呈文湖广总督提出不能限期缉获盗贼是否仍由上级援旧例查取职名开参等问题时，宪政编查馆在给湖广总督的答复对于缉捕职责的归属作了进一步解释："缉捕为关系司法之行政事宜，与纯粹司法事务不同，州县地方责重，巡警既归其管理，所有命盗重案及一切刑事人犯自应由该地方官自负承缉之责，在文官惩戒章程未颁行以前，凡已设审判厅地方州县例得承缉处分"，而查取职名开参，自然如提法使所请，仍由督抚遵照向章办理。[3]虽然《各级审判厅试办章程》明确规定检察官进行搜查处分时，司法警察官、营翼兵佐及地方印佐各官均为补助机关，但在各省督抚、提法司坚持承缉处分为地方官专责的情况下，宪政编查馆最终还是做出了让步。

按照清政府的制度设计，提法司首先是一个地方司法行政

---

〔1〕 参见《杭州地方检察厅为转饬仁和县遇本厅移缉案件实力缉捕事详请抚法宪文》，载《各省审判厅判牍·公牍类》，法学研究社 1911 年版。

〔2〕 《各省审判厅判牍·公牍类》，法学研究社 1911 年版。

〔3〕 参见《宪政编查馆、法部会同咨湖广总督所有已设审判厅各处缉捕事项仍应责成州县办理文》，载《各省审判厅判牍·公牍类》，法学研究社 1911 年版。

机关，但从实际情况来考察，提法司又过多涉入了司法事务，这是因为清政府又想使提法司成为一个司法监督机关。

当提法司因为拥有司法行政权得以控制地方审判机关的存废以及人事权、财政权时，清政府所设想的司法机关的独立已经没有多少生存空间了。法官独立则是不在改革计划之内的，法部在告诫各省法官时就已经说得很明白。所以，清政府所谓的司法独立从一开始就是打了五折的，之后再经变通，司法独立的前途可想而知。

对审判行为进行监督是中国的司法传统。上下级司法机关之间的请示、批复，监察机关的外部监督都是传统司法机制不可缺少的组成部分。这种传统影响到清末司法改革，法部在《奏酌拟司法权限折》中曾指出："夫所谓司法者与审判分立，而大理院特为审判中最高之一级，盖审判权必级级独立而后能保执法之不阿，而司法权必层层监督而后能无专断之流弊。"[1]提法司对各级审判检察厅的监督就是这层层监督的一部分。当提法司拥有法律解释权、提法司还保留部分传统的司法审判权时，这种监督便很容易转化成干预。清亡前夕，出使美墨秘古国大臣张荫棠甚至提议提法使司"掌全省最高法权，裁判特别要案及再审以上民刑诉讼，提法使为长，各府巡判道隶之，下注各州县厅初级裁判官，受考成于法部"[2]。张大使之昏聩，一至于斯！

---

〔1〕《大清法规大全·法律部》卷四《司法权限》，考证出版社1972年版，第1809页。

〔2〕《出使美墨秘古国大臣张荫棠奏陈设责任内阁裁巡抚等六项文职官制折》，载故宫博物院明清档案部编：《清末筹备立宪档案史料》（上册），中华书局1979年版，第552页。

在清末法律改革以前，按察司作为一省刑名总汇，在适用法律上对各级司法机关进行指导、在判决结果上对各级司法机关进行审核，这在传统的司法行政合一的体制下，都是很自然的事情。而在司法改革开始以后，各级审判厅已经成立，清末的制度设计者仍然赋予提法司解释法律的权力，甚至企图把新式审判厅纳入到以提法司为核心的招解勘转体制之下，这也许是清末司法改革最大的败笔。

我们不必怀疑一百年前人们对于司法独立的理解，问题是，根据中国传统习惯，任何试图把司法权从对行政权的附属中解放开来的努力都会显得力不从心。更何况，作为清末司法改革的领导者，法部从来都没有放弃过监督审判的企图。

作为法部分司，提法司本是司法行政机关，却承载着审判监督的传统，行使着监督审判的职权，这是司法行政合一体制在清末司法改革中依然得以存续的明证。

（本文原载于《法制史研究》2011年12月，有修改）

传统民间纠纷解决方式的近代演变

中国古代民间纠纷解决方式呈现出多元化的特征，既存在通过两造协商达成的和解，也存在因第三方斡旋或干预而形成的调解，还存在着第三方对争议纠纷所作的裁决。调解主要是指民间调解，不过，基于对调解手段的偏爱，官府在受理案件后也可能选择用调解的方式解决问题，或者亲自进行调解，或者委托第三方进行。有时官府调解因其手段或内容上的强制性质，实际上已超出了单纯调解的范围。裁决主要是指官府裁决，但官府也会通过明示或默示的方式允许乡里组织、士绅、族长对民间纠纷作出某种强制性裁决，有时这种处分甚至会超出法律容许的范围。鉴于乡里组织的半官方性质，它们对纠纷进行调解及裁决的实践，可以为近现代中国的行政调处提供历史借鉴。

在一些研究中，有些学者忽视民间裁决的存在，把带有强制性质的"断决""剖决"乃至"调处"全部视为调解，这不仅不符合实际，也会误导人们对中国古代纠纷解决方式的认识。当然，这种忽视也许是一种有意识的选择，近代以来对于传统纠纷解决制度的传承，在某种程度上就是一种选择性记忆。

一、从"和解"到法庭调解

1906 年，修订法律大臣沈家本、伍廷芳向清廷奏进《刑事民事诉讼法草案》，其中第十节为"和解"，[1] 即试图将传统调解方法纳入立法轨道。第 185 条规定："凡两造争讼，如有可以和平解释之处，承审官宜尽力劝谕，务使两造和解。"第 186 条规定："如两造情甘和解，俱应出具切结，声明愿遵守公正人决词，在公堂存案，由承审官将案内已讯及未讯各项事宜，委派公正人公议，持平决断。"虽然草案使用了"和解"一词，但从上述内容来看，无论是承审官劝谕和解，还是承审官委派公正人公议决断，都是传统的官府调解的延续。正是因为这种显而易见的传统因素，尽管《刑事民事诉讼法草案》因各省督抚的反对而成为废案，但各省督抚于草案中"和解"各条，并未持太多异议。

唯《刑事民事诉讼法草案》第 187、188 条规定在两造所举公正人意见不一的情况下，另举中人定夺，"中人由两造或公正人合举。如两造或公正人均不能妥议合举，即由承审官派一与案无涉之殷实人充之。"湖南巡抚岑春煊对此不以为然，认为"上二条，人果公正，则两造之是非曲直，自有公论可凭，断无意见各执之理。至意见各执，则非公正可知，又令其合举中人，必至久议不决，不如迳由承审官派一殷实人充之，较为便捷易

---

[1] 以下所引"和解"各条内容参见《修订法律大臣沈家本等奏进呈诉讼法拟请先行试办折并清单》，载《大清法规大全·法律部》卷十一《法典草案一》，考证出版社 1972 年版，第 1926 页。

行也"[1]。从追求效率的角度衡量，草案对于调解人的选择及公议程序的设计确有繁复之嫌。《刑事民事诉讼法草案》第191条规定："刑事案件应处轻罪刑者，原告于宣告刑名以前自愿呈请和解时，亦可照本节办理。"这条规定虽然符合传统上把笞杖刑以下的刑事案件纳入调解范围的做法，却未免与近代罪刑法定原则相扞格，湖广总督提出意见："民事尚可劝和，刑事必须执法。此法学家之公言也。刑事轻罪，已非寻常薮法可比。即如私和人命、伪造银使用、殴人至废，盗犯临时因病不行，伪造官府印记、诓骗财物为数不多，均属有干宪典，断罪失出，律有明条，私自和解，尚无查究，岂能以原告愿和之故，而置国法于不问乎？"[2]

　　清政府后续起草的诉讼律草案，已将和解制度限定在民事诉讼范围。1910年修订法律大臣沈家本、俞廉三奏进的《大清民事诉讼律草案》第284条规定："受诉衙门不问诉讼程度如何，得于言词辩论时试行和解。"在立法理由中明确了"和解"的概念："和解者，乃以当事人之合意，使诉讼或各种争点（例如计算上之一争点）终结之办法，故以许可为便。"该草案摒弃了由承审官委派公正人调解的办法，于第286条规定："受命推事或受托推事，得以受诉审判衙门之命令，或嘱托，或因职权

---

[1]　《诉讼法驳议部居》，载陈刚主编：《中国民事诉讼法制百年进程》（清末时期·第1卷），中国法制出版社2004年版，第179页。

[2]　《诉讼法驳议部居》，载陈刚主编《中国民事诉讼法制百年进程》（清末时期·第1卷），中国法制出版社2004年版，第179~180页。

试行和解。"[1] 至此，传统上的官府调解，在民事诉讼立法中仅体现为审判推事调解这种单一途径。这种做法，基本上为北洋政府时期颁行的《民事诉讼条例》所继承。[2]

南京国民政府时期，调解制度发生重大变化。首先，通过立法为"调解"正名，1929 年 12 月，国民党中央政治会议开第 208 次会议，立法院院长胡汉民提交《民事调解条例草案原则》，[3] 在叙述提案要旨时称："我国夙愿重礼让，以涉讼公庭为耻，牙角细故，辄就乡里耆老，评其曲直，片言解纷，流为美谈。今者遗风渐息，稍稍好讼，胜负所系，息争为难，斯宜远师古意，近采欧美良规，略予变通，以推事主持其事，正名为调解，并确定其效力，著之法令，推行全国。"其次，实行推事（+助理）调解制度，于第一审法院附设民事调解处，以推事为调解主任，但经当事人请求，允许在 30 岁以上有正当职业（现任司法官及律师除外）、通晓中国文义的中华民国国民中，推举一人担任助理。再次，实行调解前置：初级管辖及人事诉讼事件，包括经当事人请求调解的其他诉讼事件，"非经调解不和息者"，不得起诉。最后，规定了调解的效力，"调解和息，应由书记官将和息结果，记载于登记簿，与法院判决者，有同等之效力。"

---

〔1〕 所引《大清民事诉讼律草案》"和解"各条，参见陈刚主编《中国民事诉讼法制百年进程》（清末时期·第 2 卷），中国法制出版社 2004 年版，第 171~172 页。

〔2〕《民事诉讼条例》的相关内容，参见《法令大全》第八类《司法》，商务印书馆 1924 年版，第 857 页。

〔3〕 以下有关《民事调解条例草案原则》内容，参见谢振民编著：《中华民国立法史》（下册），张知本校订，中国政法大学出版社 2000 年版，第 1033~1034 页。

南京国民政府"为求杜息人民争端，减少法院诉讼起见"，因而推行民事调解制度，其立法目的并未脱离传统论述模式的窠臼，调解前置的制度设计，也很容易看到元代"拦告"[1]、明代里老人理讼制度的影子。但该时期的调解制度，虽然在当事人请求的情况下允许引入国民助理参与调解，但并未恢复传统的官府委托民间调解人的办法。而把"晚近各国，均励行仲裁制度"当作调解制度取法的"欧美良规"，未免拜错了庙门，研究民国史的学者把仲裁（Arbitration）制度当作舶来品，"是指民商事关系中双方当事人通过事先达成的协议或事后协议，自愿将有关争议提交作为第三方仲裁员或公断人审理，由其依据法律或公平原则作出裁决，并承诺自觉履行该裁决所确定的义务的一种制度。"[2] 仲裁与调解完全是两个概念。

根据顺义的案例和全国的司法统计数字，黄宗智认为南京国民政府时期法庭调解制度的实际影响很小，因为"国民党的立法者们事实上是以德国法的形式主义模式为标榜的，法庭调解的尝试是比较马虎草率"[3]。比较而言，同时代共产党政权在陕甘宁边区实行的调解制度虽然继承了农村地区的传统习惯，但在群众路线等意识形态的影响下"大大增强了调解的功能以服务于新的国家；它在指导民间调解和创建法庭调解制度方面

〔1〕《元典章》卷十五《刑部十五》，陈高华、张帆景点校本，中华书局、天津古籍出版社 2001 年版，第 1790 页。规定："今后凡告婚姻、土地、家财、债负，如原告、被论人等自愿告拦休者和者，准告之后，再兴讼端，照勘得别无违错事理，不许受状。"

〔2〕 谢冬慧：《纠纷解决与机制选择：民国时期民事纠纷解决机制研究》，法律出版社 2013 年版，第 141 页。

〔3〕 [美] 黄宗智：《清代以来民事法律的表达与实践：历史、理论与现实》（卷三），法律出版社 2014 年版，第 180 页。

的作用也是儒家意识形态难以比拟的"[1]。尤其是法庭调解，它"扩大了调解的内涵，将一系列干预性质……的判决性质的活动也纳入了自身的范畴"[2]，黄宗智把它称之为"现、当代时期的发明"并且形塑了当代中国的调解制度："而事实上，当代中国调解的特征首先体现在法庭调解，它包含了法庭的各种权力，也模糊了调解和判决的界线。"[3]

二、从民间裁决到行政调处

直到民国时期，民间调解在农村地区依然有效运行。1922年阎锡山在山西推行村自治，内容之一便是在各村成立息讼会，旨在调解村民纠纷。具体办法是由村长兼任会长，由村民公推公断人4~6人为会员。除命案以外，所有争议事件，双方愿意请求公断者，均由息讼会以多数意见公断。公断后双方如有不服，允等其自由起诉。[4] 1927年阎锡山改进村制，规定息讼会会长由公断员互推产生，不再则由村长兼任。在距离主村较远或户口较多的地方，也可设立息讼分会。[5] 翌年，经阎锡山正式向国民党中央政治会议提议，山西村制被推行于全国。以山

---

〔1〕 [美] 黄宗智：《清代以来民事法律的表达与实践：历史、理论与现实》（卷三），法律出版社2014年版，第183页。

〔2〕 [美] 黄宗智：《清代以来民事法律的表达与实践：历史、理论与现实》（卷三），法律出版社2014年版，第183页。

〔3〕 [美] 黄宗智：《清代以来民事法律的表达与实践：历史、理论与现实》（卷三），法律出版社2014年版，第203页。

〔4〕 参见李德芳：《民国乡村自治问题研究》，人民出版社2001年版，第57~58页。

〔5〕 参见李德芳：《民国乡村自治问题研究》，人民出版社2001年版，第62页。

西村制为蓝本构建的民国乡村自治体的组织体系，由立法、执行、监察、调解四大机关组成，山西村制的息讼会改名为调解委员会。

共产党政权同样重视传统的民间调解，"陕甘宁中央边区的民事司法制度最终被概括成一种三个层次的系统：最基础的是'民间调解'，其上是地方行政干部主持的'行政调解'以及由地方法院主持的'司法调解'。这是一种建立在既存的乡村传统和习惯之上的制度。1943年《陕甘宁边区民刑事调解条例》的颁布意味着这种制度规划的正式化。"[1] 直到今天，民间调解仍然是我国多元化纠纷解决机制的一个重要环节："近年来，人民调解确实出现了层级提升、组织网络及调解范围扩大，得到了政府和有关行政机构的支持，并出现了基层法院、行政机关与乡镇调解中心和村委会调解共同构成的'大调解'格局。"[2]

与民间调解的长盛不衰适成鲜明对照的是，民间裁决在近代以后日渐式微。一方面，是因为分权思想的影响，近人对于司法机关之外的裁判行为持明确的抵制态度，1921年季手文在《司法制度刍议》一文中批判县知事兼理司法时，称其弊害在于"三权未能分立、背于立宪常经"[3]。1931年李浩儒在《司法制度的过去和将来》一文中提出铲除司法制度之障碍，便包括"取消一切非法审判机关"，他激烈批判山西息讼会享有的刑事

---

〔1〕 〔美〕黄宗智：《清代以来民事法律的表达与实践：历史、理论与现实》（卷三），法律出版社2014年版，第181页。

〔2〕 范愉：《纠纷解决的理论与实践》，清华大学出版社2007年版，第332~333页。

〔3〕 季手文：《司法制度刍议》，载《法学会杂志》1921年第3期，第43~55页。

裁决权："又如前山西省公署于 1922 年 3 月曾令各村设立刑事息讼会，并令称凡窃盗吸食鸦片施打吗啡，各种轻微刑事，均由各村社（即村会）惩罚，各法院不得过问，其刑事息讼会章程，复规定除命盗案件外，其余犯罪均可由该会调处了结。夫法院编制法规定法院有管辖刑事职权，此项省令，竟敢取消法院职权，违背法律，根本上推翻司法制度，实属荒谬绝伦，足以腾笑中外……"〔1〕 如前所述，在传统司法语境中，民间组织对民事案件以及轻微刑事案件拥有裁决权是不成问题的，近代以来，人们基于对分权的形式主义理解，裁判事务才开始成为司法机关的禁脔，民间裁决被视为荒谬也就不足为奇了。

另一方面，在近代以来的革命运动中，地方乡绅、族长以及他们所把持的具有裁决权的基层组织往往被视为旧势力的代表，而成为人民革命的对象。1927 年毛泽东在《湖南农民运动考察报告》中称："旧式的都团（即区乡）政权机关，尤其是都之一级，即接近县之一级，几乎完全是土豪劣绅占领。'都'管辖的人口有一万至五六万之多，有独立的武装如团防局，有独立的财政征收权如亩捐等，有独立的司法权如随意对农民施行逮捕、监禁、审问、处罚。这样的机关里的劣绅，简直是乡里王。"〔2〕 农民运动的结果，是"农会势盛地方，族长及祠款经管人不敢再压迫族下子孙，不敢再侵蚀祠款。坏的族长、经管，已被当作土豪劣绅打掉了。从前祠堂里'打屁股''沉潭''活

〔1〕 何勤华、李秀清主编：《民国法学论文精萃》（第 5 卷·诉讼法律篇），法律出版社 2004 年版，第 464~490 页。

〔2〕 毛泽东：《湖南农民运动考察报告》，载《毛泽东选集》（第 1 卷），人民出版社 1991 年版，第 27~28 页。

埋'等残酷的肉刑和死刑，再也不敢拿出来了"[1]。直到 1946 年 4 月，毛泽东在纠正群众工作中的错误问题时，仍然指出："至于给汉奸、豪绅、恶霸、反动分子以严重打击，只要是真正群众的行动，则不是错误，而是必需。"[2]

随着旧的纠纷解决机制被推翻，在人民革命运动中也产生了新的纠纷解决方式。如在 1927 年的湖南，"几个月来，土豪劣绅倒了，没有了讼棍。农民的大小事，又一概在各级农会里处理。所以，县公署的承审员，简直没有事做。"[3] 人民政权机关解决纠纷的活动，包括调解，也包括裁决，有学者甚至把 20 世纪 40 年代太行地区共产党政权机关解决纠纷的活动，笼统地称之为"裁断"。[4] 黄宗智则注意到："解放区的一些地区曾经将'调解'和'调处'区分得很清楚，后者主要由行政机构实施；经调处作出的决定有可能是违背当事人意愿而强加的。"[5] 也许正是在这个时候，"调处"才失去了原有的调解的含义，而成为行政裁决的专门用语。范愉认为："我国历来有通过政府和行政机关解决民事纠纷的传统，包括调解和裁决方式

---

〔1〕 毛泽东：《湖南农民运动考察报告》，载《毛泽东选集》（第 1 卷），人民出版社 1991 年版，第 31 页。

〔2〕 中共中央文献研究室编：《毛泽东年谱（1893—1949）》（修订本·下册），中央文献出版社 2013 年版，第 68 页。

〔3〕 毛泽东：《湖南农民运动考察报告》，载《毛泽东选集》（第 1 卷），第 30 页。

〔4〕 李文军等：《早期人民司法中的乡村社会纠纷裁断——以太行地区为中心》，社会科学文献出版社 2018 年版，第 7 页。

〔5〕 [美] 黄宗智：《清代以来民事法律的表达与实践：历史、理论与现实》（卷三），法律出版社 2014 年版，第 171 页。

（调处）。"[1] 这里所说的行政裁决的传统可以理解为解放区行政机构调处纠纷的实践，可以理解为古代乡里组织裁决纠纷的实践，当然也可以理解为古代地方官府裁决各类案件的实践，毕竟中国古代地方官府司法、行政权集于一身，其审理案件的活动可以同时做司法裁决与行政裁决两种解读。

三、从法律形式主义到现实主义

总的来说，在纠纷解决方面，中国古人似乎从不愿为某些形式主义的东西所束缚，官府可以在裁决过程中加入调解，民间亦可在调解之外使用裁决，不论使用什么样的方式，最终都要达成解决纠纷的目的。黄宗智说："中国法从事实情形而不是抽象的权利原则出发的认识方法，无疑也是追随马克斯·韦伯的形式理性主义者们要排斥的。"[2]

近代以来，人们在建构一种新的司法体系的同时，开始被某些抽象原则所束缚，人们开始排斥司法之外的纠纷解决手段。民间裁决固然在司法独立与革命运动的夹击下成为被遗忘的传统，即便是在民族记忆中从未消逝、近代以来已经被正式制度所接纳的调解，也只是因为栖身于司法体制内部才得到了不断强化的空间。但这并不意味着人们放弃了对调解的质疑，"与传统文化相比较而言，法律意识形态和当代主流话语具有不容置喙的权威和优先性，'诉讼＝法治、调解＝人治'的公式至今仍

---

〔1〕 范愉：《纠纷解决的理论与实践》，清华大学出版社 2007 年版，第 559 页。
〔2〕 〔美〕黄宗智：《清代以来民事法律的表达与实践：历史、理论与现实》（卷三），法律出版社 2014 年版，第 206 页。

为许多法学家所信奉。"〔1〕 而在民间裁决沉寂后，在解决纠纷的实践中产生的行政调处发展到今天也已陷入十分尴尬的境地，"'大调解'面对的最大难题就是如何确立行政调处的位置"，"在简单化的法治理念的支配下，国家一味强调司法的作用、行政的解纷职能和责任日益弱化。由于行政调处定位不明，行政机关不得不借助人民调解的形式履行自己的职责。"〔2〕

在谈到形式主义的法律时，黄宗智认为："形式主义法律坚持以各种抽象的权利原则为前提，要求所有的法律决定都必须通过演绎逻辑归入这些原则范畴之中，因此在这种制度下，几乎可以将所有的纠纷都置入一种侵权或过错问题上的对抗式结构。""由于这样的法律文化，甚至一些正在经历所谓非诉讼纠纷解决模式处理的案件，也会自然陷入对抗式的争议。"〔3〕 黄宗智把解决纠纷的"对抗式结构"归因于形式主义法律，因而怀疑除调解之外采取"对抗式结构"的其他行之有效的解决纠纷方式，包括仲裁，这又未免陷入另一种形式主义。尽管如此，他对当代中国的法庭调解还是持肯定态度：

> 当代中国法庭调解的实践和逻辑，我们已经看到，很大程度上立足于一种事实优先于普适化原则的认识方法。调解的真正逻辑——自愿通过妥协解决分歧、无须确定法律上的是与非，在那些不涉及明确的是非问题和过错问题的事实情形的案件中运作得最有效，因为这些案件中的原

---

〔1〕 范愉：《纠纷解决的理论与实践》，清华大学出版社 2007 年版，第 325 页。

〔2〕 范愉：《纠纷解决的理论与实践》，清华大学出版社 2007 年版，第 550 页。

〔3〕 ［美］黄宗智：《清代以来民事法律的表达与实践：历史、理论与现实》（卷三），法律出版社 2014 年版，第 205 页。

告最有可能满足于折中的解决方案。案件档案表明，在当代中国，依靠法庭来判断哪些事实情形适合以调解的方式解决（如果调解失败，法庭会继续裁断或判决结案），哪些事实情形下调解于事无补，一定程度上是一个行之有效的办法。[1]

所谓"事实优先于普适化原则的认识方法"，就是一种现实主义的认识方法。显然黄宗智并不反对这种认识方法，如果依循这种认识方法，黄宗智也许就能够发现清代官府调解及其与现代、当代法庭调解之间的关联性，同时也能够发现即便不使用调解，即便当事人不满足于折中的解决方案，在过去（如民间裁决）及现在（如仲裁）的实践中，也同样可以找到一些行之有效的纠纷解决方法。

今天，在当代各国的法学研究中，已经出现了由法律形式主义转向现实主义的思潮，"这种共同的现实主义立场就是：坚持关注法与社会的互动，反对法律形式主义和教条主义，与法律中心主义和法律意识形态保持距离，本着实事求是的态度主张从事实出发，从社会现实条件和需求出发，根据现实的可能性和资源发现相对正当、合理和可行的社会控制与纠纷解决之路，并据此进行制度建构和改革。"[2] 作为法律形式主义在当代中国司法实践领域的反映，以司法能动主义为指向的一系列改革在现实中遇到挫折，司法机关认识到对于正义执着追求的

---

〔1〕 范愉：《纠纷解决的理论与实践》，清华大学出版社2007年版，第550页；[美]黄宗智：《清代以来民事法律的表达与实践：历史、理论与现实》（卷三），法律出版社2014年版，第205、206页。

〔2〕 范愉：《纠纷解决的理论与实践》，清华大学出版社2007年版，第33页。

理想主义必须让位于解决纠纷的现实主义，以秉承经验主义和实用主义的美英等国的替代性纠纷解决模式为借鉴，建构矛盾纠纷多元化解机制，已经成为顶层设计中的一项战略安排。不过，当司法机关跃跃欲试地在矛盾纠纷多元化解机制改革中发挥引领和推动作用的时候，谁又能保证这不是一种新的司法能动主义呢？

从事实而不是从抽象的法律原则出发，矛盾纠纷多元化解机制改革不仅需要继续发展法庭调解，并通过法院委托、委派调解推动在"调解＝人治"的污名中进退两难的民间调解及行政调解，还要正视那些司法体制外通过裁决方式解决纠纷的方法和手段，如行政裁决（调处）和仲裁裁决，而不是简单地把裁决当作司法机关的禁脔。当执着于三权分立之类信条的时候，不妨倾听一下纯粹法学家凯尔森（Hans Kelsen）的论断："司法权对所谓行政权的分立，也只有在比较有限的范围上才是可能的。这两种权力的严格分立是不可能的，因为通常以这些术语所称的两种类型的活动实质上并不是不同的职能"，"一旦法律秩序授权公共行政以其特定行为更广泛地干预经济和文化生活时，与特定行政职能有机联系的司法职能交付行政机关的倾向也就兴起。"[1]

从事实而不是从抽象的原则出发，矛盾纠纷多元化解机制改革不仅需要我们重视现实中解决矛盾纠纷的各种资源，还应该重视历史，重视前人的体验。人们追随世界潮流，热衷于借鉴兴起于美国的替代性纠纷解决机制，这对于一个拥有丰富的

---

〔1〕〔奥〕凯尔森：《法与国家的一般理论》，沈宗灵译，中国大百科全书出版社1996年版，第303、307页。

民间纠纷多元解决传统的国家而言，不啻一种讽刺。在法学研究从法律形式主义转向现实主义的时候，回顾历史，找回那些被遗忘的解决纠纷的传统显得尤为重要。

当代法院引领下多元化
纠纷解决机制之困境

20世纪80年代以后，由于世界许多国家和地区致力于通过发展替代性纠纷解决机制（ADR）推动司法和社会治理体系改革，因此形成了世界性的 ADR 潮流。我国的传统解决纠纷制度在经历了一定时期的沉寂以后，又迎来了一个新的发展机遇。人们提出建构多元化纠纷解决机制的理念并付诸实践，尤其是在中共十八届四中全会《关于全面推进依法治国若干重大问题的决定》将完善多元化纠纷解决机制确定为一项改革任务之后，多元化纠纷解决机制在中国的发展便似乎进入了快车道。在最高人民法院的主导下，各级法院在完善调解平台设置，健全诉调对接机制，规范特邀调解制度，创新在线调解等方面进行了大量工作。而关于制定一部综合性的多元化纠纷解决机制法律的呼吁，也显示了实务部门对于多元化纠纷解决机制改革前景的乐观态度。这种乐观态度，让人很容易忽视多元化纠纷解决机制改革中存在的问题，特别是对于司法机关的依赖。在笔者看来，目前的改革虽然取得了一些成效，但距离建立真正的多元化纠纷解决机制的目标而言，依然任重而道远。

一、解决纠纷主体多元问题

2015 年 12 月 6 日，中共中央办公厅、国务院办公厅印发的《关于完善矛盾纠纷多元化解机制的意见》明确规定："人民法院要发挥司法在矛盾纠纷多元化解机制中的引领、推动和保障作用。"这是对人民法院在多元化纠纷解决机制改革中的功能定位。根据最高人民法院副院长李少平的解释，发挥"引领"作用，就是要在矛盾纠纷多元化解的制度设计、平台建设、机制完善、法制宣传等方面发挥引导、指导、规范和示范作用。发挥"推动"作用，就是要通过诉调对接、司法确认、队伍管理、参与立法等途径，让更多的矛盾纠纷解决在非诉解纷渠道。发挥"保障"作用，就是要对非诉讼纠纷解决方式进行全方位、立体式的保障和支持，包括认可调解协议的法律效力、完善调解组织的机构建设、规范调解员行为、提高调解员技能和能力等各个方面。[1]

不过，这种对于人民法院在改革中发挥引领、推动和保障作用的要求，与建立多元化纠纷解决机制的目标之间似乎存在着某种张力。胡兴东曾经提及学术及实务界对于多元化纠纷解决机制的三种理解，包括认为多元纠纷解决机制是在法院中设立多种类型的纠纷解决机制，或者认为多元化纠纷解决机制应是民间纠纷解决机制和国家纠纷解决机制并存，或者在"大调解"理念下，把多元纠纷解决机制理解为三大调解，人民调解、

---

〔1〕 李少平：《示范带动创新发展 不断提升多元化纠纷解决机制改革法治化水平》，载微信公众号"多元化纠纷解决机制"第 148 期。

司法调解和行政调解三者对接。[1] 可见，关于多元化纠纷解决机制的概念并没有形成共识。

在笔者看来，所谓多元化纠纷解决机制，至少应该包括解决纠纷主体多元与解决纠纷方法多元两层含义。所谓解决纠纷主体多元，是指包括民间的、行政的、司法的在内的多种主体参与纠纷的解决过程。有些学者从系统论的视角发现这一问题，"多元化纠纷解决机制改革是一个系统工程，涉及党委、综治、政府部门、司法机关、调解组织、仲裁机构、社会团体和民众等诸多主体。"[2] "多元化纠纷解决机制建设是一个庞大的系统工程，涉及职能主体众多，包括各级人民政府及其各职能部门、人民法院、人民检察院、人民团体、社会组织等。"[3] 来自实务部门的意见也不否认"多元化解机制从形成、完善到最终发挥实效，需要包括司法、行政和其他社会多元解纷主体之间通力配合、相互协作、共同推动"，但他们对人民法院能否在构建多元化纠纷解决机制中发挥主导作用持怀疑态度："从我国权力架构以及以往工作实践来看，法院囿于自身权力和影响力的掣肘，亦无物质方面的激励优势，很难在多元化机制中发挥主导性作用。"

基于上述两层含义来考察，各级法院在完善调解平台设置，健全诉调对接机制，规范特邀调解制度，创新在线调解等方面虽然做了大量工作，但在推动解决纠纷主体多元化方面并没有

---

[1] 胡兴东：《西南民族地区多元纠纷解决机制研究》，载《中国法学》2012年第1期。

[2] 胡仕浩：《多元化纠纷解决机制的"中国方案"》，载《中国应用法学》2017年第3期。

[3] 龙飞：《多元化纠纷解决机制立法的定位与路径思考——以四个地方条例的比较为视角》，载《华东政法大学学报》2018年第3期。

取得实质进展，而在推动解决方法多元化方面进展不大。以所谓平台建设为例，各级法院系统试图通过建立各种诉调对接平台，将大量的纠纷化解在立案阶段或者审前准备阶段。

有的通过在法院内成立相应机构，引入调解员，进行审前调解。如重庆市荣昌区法院实行调解员制度，在立案庭设置调解机构，专设调解员，将庭前调解限定在立案后开庭之前，实现立案、调解、审判的适度分离，庭前调解以当事人合意为前提，合理界定了庭前调解的案件范围等。针对当事人对争议事实没有重大分歧的案件，调解员，当事人未在期限内提出书面异议的，视为双方自愿达成的调解协议，在该期限内提出书面异议的，视为调解不成立。[1]北京市法院实行紧密型司法 ADR 模式，由法官与人民调解员组建"1+N"办案团队，法官全程指导调解员调解，对调解成功的案件及时进行司法确认；对调解不成的简单案件，由法官利用调解过程中查清的事实和固定的证据，快速进行裁判。[2]

有的法院通过引入第三方解纷组织，进行委派或委托调解。如昆明市西山区人民法院自 2012 年以来除面向社会遴选 54 名调解员进入本院特邀调解员队伍以外，还吸纳 31 家调解组织进入本院特邀调解组织队伍，截至 2016 年 12 月 31 日，该院共成功分流案件 3578 件，其中诉前委派调解 1449 件、委托调解 1509 件、司法确认 620 件，被最高人民法院确定为全国多元化纠纷解决机制

---

〔1〕《重庆市荣昌区法院：搭建平台 理性设计 规范运行 建设多元化纠纷解决机制"荣昌模式"》，载微信公众号"多元化纠纷解决机制"，2017 年 2 月 26 日。
〔2〕 胡小静、谢刚炬：《"多元调解+立案速裁"的紧密型司法 ADR 模式探索——以北京市 22 家中基层法院的改革实践为视角》，载《人民司法》2018 年第 1 期。

改革示范法院。[1] 上海市浦东新区人民法院则引入贸易、金融、知产、医疗等领域的 13 家特邀调解组织进入诉调对接中心，并邀请外籍调解员参与涉外纠纷调处。其自贸区法庭回应市场主体解纷需求，搭建商事纠纷"开放式"委托调解平台，2016 年共委托非诉调解 1028 件，正式进入调解程序 489 件，成功调解 295 件。[2] 2016 年四川省高级人民法院制定下发《关于推进全省法院诉讼服务中心建设运用全面提档升级的意见》后，全省 80% 以上的法院依托诉讼服务中心设立了诉非衔接平台，有 103 个法院在诉讼服务中心设立了 506 个第三方调解工作室，吸引了 221 个第三方调解组织入驻，仅 2016 年就通过诉非衔接平台分流化解矛盾纠纷 75 118 件，调成 43 773 件。其中，委派调解 19 420 件，调成 10 785 件；委托调解 9030 件，调成 5331 件；立案调解 46 668 件，调成 27 657 件。司法审查确认调解协议 8150 件。[3]

除了在法院内部建立诉调对接平台以外，有的法院还把这种对接机制延伸到法院之外。如云南省昆明市西山区人民法院以"诉调对接中心"为依托，在辖区内各街道设立了诉调对接工作站，与辖区交警部门、劳动监察部门、仲裁机构、医院等单位建立了固定的诉调对接关系。[4] 杭州市西湖区人民法院先后与司法

---

〔1〕《云南昆明西山区法院：多元创新 专业调解 形成纠纷解决机制整体合力》，载微信公众号"多元化纠纷解决机制"，2017 年 3 月 2 日。

〔2〕《上海浦东新区法院：构建层级网络、促进繁简分流》，载微信公众号"多元化纠纷解决机制"，2017 年 2 月 24 日。

〔3〕《四川高院：多措并举，打造矛盾纠纷多元化解四川样板》，载微信公众号"多元化纠纷解决机制"，2017 年 2 月 23 日。

〔4〕《云南昆明西山区法院：多元创新 专业调解 形成纠纷解决机制整体合力》，载微信公众号"多元化纠纷解决机制"，2017 年 2 月 26 日。

局、劳动和社会保障局、文广新局、工会、妇联、工商联、保险行业协会、中国互联网协会、贸促会、律所等行政机关、行业协会调解组织联合制定并出台有关诉调对接工作的双边制度，建立起多项合作机制，从制度上规范诉调对接工作的具体实施，实现调解主体和调解方式的多元化和立体化。[1] 福建省厦门市中级人民法院针对矛盾多发易发的部门行业，法院主动对接，首创法院、交警、保险、人民调解等多方参与的道路交通事故一体化调处机制；与妇联等合作探索家事案件调解程序前置；与工会、劳动争议仲裁院建立劳动争议调裁审一体化机制；与街道、医调委、医院、保险等共建"五调"联处模式，形成化解矛盾的整体合力，诉前化解上述纠纷5722件。[2]

在主观上，各级法院为推动纠纷解决机制多元化付出了很大努力，这是毋庸置疑的。客观上，各级法院的努力也有利于整合社会上各种解决纠纷的资源，为当事人提供诉讼之外的解决纠纷途径。但是，通过在法院内部设置诉调对接平台的方式，引入调解员或调解组织参与纠纷解决，表面上看解决纠纷主体不再局限于法院，但从解决纠纷程序上看，不论是对于案件的调审分流，调解机关的委派和委托，以及调解协议的司法确认，都是在人民法院的主导下进行，相关调解组织或个人并不能在调解纠纷过程中独立发挥作用。虽然各级法院叠床架屋，甚至在法院之外设置了诉调对接平台，并因此消耗大量的人力、物

---

〔1〕《浙江杭州西湖区法院：顺科技发展之势 应百姓多元之需 努力推动在线纠纷解决的探索实践》，载微信公众号"多元化纠纷解决机制"，2017年2月24日。

〔2〕《福建厦门市中院：坚持法治思维引领 全力打造多元化解纠纷解决机制升级版》，载微信公众号"多元化纠纷解决机制"，2017年2月25日。

力资源，但这些平台的作用只是强化了其他解决纠纷主体对于法院的附庸地位，在实质上很难起到为人民法院减轻诉累的作用。各处法院常常使用这些平台分流调解成功的案件，以彰显其多元化纠纷解决机制改革取得的成果，但在全国法院收案数量普遍增加的情况下，这些数字并没有太多的实际意义。毕竟，只要案件进入了法院，即便经过平台分流，在立案前便调解成功，但也已经占用了法院的资源。更不用说那些调解成功后仍需司法确认，以及调解未成需要法官速裁的案件，其他解决纠纷主体发挥作用的空间，是极其有限的。虽然表面上参与主体众多，但解决纠纷在本质上还是法院的独舞。

二、调解方法一枝独秀

所谓解决纠纷方法多元，是指包括协商、调解、仲裁、诉讼在内的多种方法被运用到解决纠纷的过程。十八届四中全会《关于全面推进依法治国若干重大问题的决定》指出要完善调解、仲裁、行政裁决、行政复议、诉讼等有机衔接、相互协调的多元化纠纷解决机制，也是强调多种纠纷解决方法的协调使用。而在我国的司法实践中，存在着过度依赖诉讼的做法，其结果是法院受理的诉讼案件逐年剧增。这不仅加剧了司法资源匮乏的矛盾，使得法院案多人少问题更为凸显，也增加了当事人化解矛盾纠纷的成本支出，对整个社会而言，都是不经济的。[1] 这种做法已经为中外理论及实务界所摒弃，"那种狭隘的诉讼中心主义立场——认为只有司法诉讼、只有法官判决才

---

〔1〕 宋长士、咸怀民：《多元化纠纷解决机制的实践难题与破解之策》，载《人民法院报》2017 年 11 月 2 日，第 5 版。

· 249 ·

是解决纠纷的正路王道——已经被无数学者和域外司法经验雄辩地予以批驳。"[1]

　　而从解决纠纷方法看，目前法院系统主导的改革对于调解方法显示了极大的热情。以调解的方式解决纠纷，在我国有着十分悠久的历史。但在20世纪90年代，以人民调解为代表的调解制度出于种种原因陷入低谷，进入21世纪后，在社会转型导致纠纷数量攀升、法院系统不堪重负的形势下，调解这种古老的东方智慧重新受到人们的关注。一方面，人民调解因其"在矛盾纠纷多元化解机制中发挥着基础性作用"而受到政府的重视，2010年8月颁布《中华人民共和国人民调解法》（以下简称《人民调解法》）到2012年8月修订的《中华人民共和国民事诉讼法》（以下简称《民事诉讼法》）均规定了司法确认程序，使经过确认的人民委员会调解协议具备了强制执行的法律效力。2018年4月中央政法委、最高人民法院、司法部、民政部、财政部、人力资源和社会保障部六部门发布《关于加强人民调解员队伍建设的意见》，对于人民调解委员会委员的产生，专兼职人民调解员的选聘，人民调解员的职责与培训、管理，人民调解员的工作保障等问题进行了全面安排，并要求各地结合实际，制定具体实施意见。而在"维护人民调解作为基层社区调解的社会功能"的基础上，有学者指出应该"同时给各种新型民间性解纷机构提供更加开放和多元的发展空间"[2]。自

---

〔1〕　熊浩：《论中国调解法律规制模式的转型》，载《法商研究》2018年第3期。

〔2〕　范愉：《当代世界多元化纠纷解决机制的发展与启示》，载《中国应用法学》2017年第3期。

2012 年最高人民法院在《关于扩大诉讼与非诉讼相衔接的矛盾纠纷解决机制改革试点总体方案》中首次提出推动建立律师调解制度以来，全国各地逐步开始律师调解制度的试点改革工作，这可以被看作是民间调解组织发展过程中的一个亮点。

另一方面，法院系统在推进多元化纠纷解决机制过程中，又发展出一套诉前调解模式。2004 年 9 月，最高人民法院颁布《关于人民法院民事调解工作若干问题的规定》，设立委托调解制度，规定人民法院经各方当事人同意，可以委托符合法院规定条件的单位或者个人对案件进行调解，达成调解协议后，人民法院应当依法予以确认，初步建立了"诉调对接"机制。2009 年 7 月，最高人民法院颁布《关于建立健全诉讼与非诉讼相衔接的矛盾纠纷解决机制的若干意见》，设立委派调解制度，规定人民法院在收到起诉状或者口头起诉之后、正式立案之前，可以依职权或者经当事人申请后，委派行政机关、人民调解组织、商事调解组织、行业调解组织或者其他具有调解职能的组织进行调解。当事人不同意调解或者在商定、指定时间内不能达成调解协议的，人民法院应当依法及时立案。在总结委派调解实践经验的基础上，2016 年 6 月最高人民法院相继颁布《关于人民法院进一步深化多元化纠纷解决机制改革的意见》《关于人民法院特邀调解的规定》，明确提出了探索建立调解前置程序，并对立案前委派调解作了详细规定。目前，诉前调解已经成为各地司法实践中最为流行的一种模式：

> 诉前调解模式主要指法院在案件受理前，认为案件满足诉前调解的要求时，建议案件当事人到法院附设的诉前调解机构进行调解，并由法院负责选择调解组织，列入法

院特邀调解组织名册中，并对其进行管理。模式的基本流程为在审查起诉过程中，立案庭对满足诉前调解要求的案件，由调解组织事先征询当事人的诉前调解意愿，如得到肯定意见，则由诉前调解组织确定调解地点和时间。诉前调解的期限为 20 个工作日，自起诉材料收到之日起计算。调解一旦成功，则由立案庭指定法院来审调解协议，以便在确保调解协议合法性前提下，通过出具司法确认裁定书来确认调解结果的强制执行效力。如果双方当事人未达成调解，则立即转为办理立案手续，案件自动进入诉讼程序中。[1]

从所谓"大调解"意义上，人们对于调解制度的希望不在于人民调解、行政调解或司法调解的单一发展或简单累加，而是各种调解方式基于各自特定的功能和运作方式相互协调、相互依存。单纯依靠法院系统的努力显然难以达成上述目标，但法院系统在多元化纠纷解决机制改革中创设的诉前调解模式显然为来自不同体系的解决纠纷机制之间的联动提供了范例，以至于这种联动机制被推广到其他纠纷解决机制中。如国家知识产权局办公室 2017 年发布的《关于开展知识产权纠纷仲裁调解试点工作的通知》，即强调"充分发挥仲裁与调解在协调解决知识产权纠纷中的重要作用"，办法是"推动在重点领域、重点行业的商会、协会内设立知识产权调解组织，加强与国家主要仲裁机构及其地方分支机构或者本地区有较强影响力的仲裁机构

---

〔1〕 何仲新：《法院诉调对接的实践进路及机制完善》，载微信公众号"多元化纠纷解决机制"，第 158 期。

开展合作，鼓励依法建立知识产权仲裁院（中心），或者选取工作基础好、积极性高的现有机构进行能力提升和业务规范"，同时，"促进调解仲裁机构顺畅运转、调仲结合工作有效开展"。2017年人力资源社会保障部、中央综治办、最高人民法院、司法部、财政部等九部门联合发布的《关于进一步加强劳动人事争议调解仲裁完善多元处理机制的意见》也提出"创新仲裁调解制度，可在仲裁院设立调解庭开展调解工作"，"建立健全集体劳动争议快速仲裁特别程序，通过先行调解、优先受理、经与被申请人协商同意缩短或取消答辩期、就近就地开庭等方式，实现快调、快审、快结。"

必须指出，多元化纠纷解决机制的建立，不能仅仅依靠某一种或两种纠纷解决方法发挥作用，它需要多种纠纷解决方式取长补短、共同发挥作用。即便调解方法有着平等自愿、互利共赢、快捷高效、成本低廉等诸多优势，即便实现了所谓"大调解"，社会上也依然存在着需要使用调解之外的手段解决纠纷的领域，毕竟不是所有的纠纷都适用调解的办法来解决。有学者通过研究总结出了一些并不适合或不应该用调解处理的案件类型，包括：①具有宪法意义的案件或那些应该用司法优先处置的问题；②当事人愤怒、尖刻，浪费时间，没有协商对话的诚意；③案件涉及家庭暴力、儿童及性侵犯；④纠纷当事人不遵循调解程序；⑤当事人策略性地使用调解，并将其作为收集信息、证据或拖延时间的策略；⑥调解协议将导致不公平的结果；⑦调解中包含非法协议，不法事实或使无辜的第三方利益受损。[1]

这些不适合或不应该用调解处理的案件，为其他调解纠纷方法的使用提供了空间。那种把多元纠纷解决机制理解为人民调解、司法调解和行政调解三者对接的观点，显然没有为解决所有纠纷提供一个完整的答案。在法院主导的多元化纠纷解决机制改革中，调解制度的发展也很难说是完善的。首先，在当前城乡自治体制因为种种原因陷入困境的情况下，人民调解委员会作为自治体制的一部分，在化解基层纠纷方面能够发挥多大作用有待观察。其次，《人民调解法》和《民事诉讼法》只是规定了对人民调解委员调解协议的司法确认程序，在对人民调解之外的民间调解以及行政调解如何进行司法确认未予规定的情况下，各级法院即对包括商事调解组织、行业调解组织在内的诉前调解组织达成的调解协议进行司法确认，其合法性有待商榷。最后，诉前调解虽然自法院外引入调解人或调解组织主持调解，法官并不参与调解过程，但这种调解在本质上仍是司法调解，"为了保证调解的合法性，法院要对调解进行指导和审查，法院的职能从裁判者转换成管理者，在此意义上，先行调解是司法职能向诉前的延伸，成为法院职责的一个部分。"[2]

这种模式使调解人及调解组织成为法院的附属，并不利于调解机制独立发挥作用。如果案件未经过调解，当事人直接诉至法院，通过法院诉调对接平台实现案件分流，那么该平台所

---

〔1〕 熊浩：《论中国调解法律规制模式的转型》，载《法商研究》2018年第3期。

〔2〕 梁蕾：《多元化纠纷解决机制中的先行调解制度》，载《山东法官培训学院学报》2018年第3期。

扮演的角色只是解决纠纷的桥头堡。最高法院确实也曾强调要"不断健全诉调对接制度机制，支持社会组织参与纠纷解决。要坚持'不错位、不越位、不缺位'，适度延伸职能，将派出法庭打造成为基层治理'桥头堡'"[1]。但这与人们通常希望法院承担的维护社会公平正义的"最后一道防线"的功能是显相矛盾的。如果案件已经过调解，因未达成协议或一方当事人未履行调解协议，而使案件被提交到法院的，如果再进行诉前调解，不仅是浪费当事人的时间，也是在浪费调解资源。考虑到司法实践中还存在所谓"三前调解法"，即指"诉前调解、庭前调解、判前调解，尽量使纠纷调解在成讼前、开庭前和宣判前进行"[2]，可见人们对通过调解解决纠纷的癖好，已经发展到不惜滥用司法资源的地步了。

三、仲裁制度之虚化

在十八届四中全会《关于全面推进依法治国若干重大问题的决定》中提到的几种纠纷解决方式中，除了调解至少表面上看起来一枝独秀外，其他如仲裁、行政裁决等纠纷解决方式的发展，都遇到了不同程度的问题。

仲裁是一种解决纠纷的重要方式。根据《中华人民共和国仲裁法》（以下简称《仲裁法》），由仲裁委员会对平等主体的公民、法人和其他组织之间发生的合同纠纷和其他财产权益纠

---

〔1〕 李少平：《传承"枫桥经验"创新司法改革》，载《法律适用》2018年第17期。

〔2〕 李少平：《传承"枫桥经验"创新司法改革》，载《法律适用》2018年第17期。

纷进行的仲裁，在本质上属于民间仲裁，因为仲裁委员会虽由政府有关部门与商会统一组建，并经司法行政部门登记，但与行政机关之间并无隶属关系。目前人们对于这种民间仲裁关注较多。

（一）商事仲裁对法院的依赖

尽管上述仲裁委员会与行政机关之间并无隶属关系，但从制度设计上看，仲裁制度对人民法院却存在着严重依赖。一方面，是仲裁过程对法院的依赖。在仲裁程序中，如果一方当事人因另一方的行为或者其他原因可能使裁决不能执行或者难以执行而申请财产保全的，仲裁委员会应将当事人的申请提交人民法院。而在证据可能灭失或者以后难以取得的情况下，当事人申请证据保全的，仲裁委员会应当将当事人的申请提交证据所在地的基层人民法院。也就是说，仲裁委员会并无财产保全与证据保全之权限，相关程序必须依赖法院才能进行。

另一方面，是仲裁结果对法院的依赖。根据《仲裁法》第58条规定，人民法院根据当事人申请，经审查核实，有权裁定撤销仲裁裁决。第63条则规定人民法院根据被申请人的申请，有权裁定对仲裁裁决不予执行。法院审查的范围既包括仲裁的程序问题，如争议双方是否存在仲裁协议，争议事项是否属于仲裁协议的范围或者仲裁委员会是否有权仲裁的，仲裁庭的组成或者仲裁程序是否违反法定程序，以及仲裁员在仲裁时是否索贿受贿、徇私舞弊、枉法裁决行为。审查范围也包括仲裁的实体问题，如当事人隐瞒或伪造证据，可能导致法院撤销仲裁裁决；仲裁庭如果认定事实使用的证据不足或适用法律错误，可能导致法院裁定不予执行。早在2004年，便有学者指出，

《仲裁法》关于仲裁监督机制的规定"具有司法化色彩"，鉴于司法与仲裁在实体问题上适用的原则和标准并不一致，这位学者指出："法院对仲裁裁决的实体干预，一方面会侵犯当事人选择纠纷解决方式的处分权，另一方面会形成仲裁裁决的正当性与有效性之间的冲突，侵蚀仲裁的正当性和权威性资源，从而损害法律制度将仲裁作为一种准司法性的解纷机制所预期的功能和优势。"[1]

本来，《仲裁法》对于仲裁员的专业资格有着很高的要求，如必须通过国家统一法律职业资格考试取得法律职业资格，从事仲裁、律师工作满 8 年或曾任法官满 8 年，或者从事法律研究、教学工作以及具有法律知识、从事经济贸易等专业工作并具有高级职称或同等专业水平。在一般情况下，仲裁应开庭但不公开进行，实行一裁终局，仲裁庭的裁决一经作出，即发生法律效力，当事人就同一纠纷再申请仲裁或者向人民法院起诉的，仲裁委员会或者人民法院不予受理。这些规定使仲裁程序在专业性、私密性和快捷性方面，明显优于诉讼程序。但在解决纠纷的实践中，人们对于仲裁制度非但没有表现出更高的兴趣，在某些地区仲裁收案比重还呈现出下降的趋势。江苏省中级人民法院对某市的调查发现："该地区的仲裁委收案数占中级法院受理同类案件数的比重，从 2011 年的近 4.52% 逐年下降到 2015 年的 3.11%，且收案数量也始终处于低位"，究其原因，该市"仲裁委工作人员提到，仲裁法颁布 20 年来，仲裁协会一直未成立，各地仲裁委性质也不同，有公务员编制，有事业单位编制，

---

[1] 傅郁林：《多元纠纷解决机制中的商事仲裁》，载《人民法院报》2004 年 8 月 4 日。

公众对仲裁了解度、信任度有待提高。从案件类型看，一些小微案件如物业纠纷、电信服务纠纷，因标的额低、工作量大，仲裁委一般不受理，且此类案件仲裁收费高于诉讼，一般在500~800元，当事人也不倾向于选择仲裁。"[1]

人们对于仲裁制度缺乏了解是一个普遍性的问题。一方面仲裁委员会只在直辖市和省、自治区人民政府所在地的市，或根据需要在其他设区的市设立，覆盖面本来就有限，"这意味着至少在地级市这样的大城市才会设有仲裁机构，对于生活在农村，在基层的人们，很难接触到仲裁机构。在对仲裁不了解甚至一无所知的情况下，还怎么能奢望他们会运用仲裁这种方式解决纠纷呢?"[2]另一方面，其民间机构的性质，也不符合普通百姓对于解决纠纷主体所必需的权威性的期待。

尽管《仲裁法》对于仲裁员资格的规定甚至比法官更为严格，但仲裁裁决的有效性审查却操之在法官之手，这种制度设计本身就隐藏着对仲裁制度的不信任感。虽然仲裁实行一裁终局，当事人就同一纠纷再申请仲裁或者向人民法院起诉的，仲裁委员会或者人民法院不予受理。但当事人双方均可通过申请撤销，被申请人也可以通过申请不予执行，使仲裁裁决被人民法院依法裁定撤销或者不予执行，当事人既可就该纠纷根据双方重新达成的仲裁协议申请仲裁，也可以向人民法院起诉，一裁终局也就未免流于形式。且法院对于仲裁裁决的审查，既包

〔1〕 江苏省泰州市中级人民法院课题组:《矛盾纠纷多元化解机制的实践困境与路径探析》，载《中国应用法学》2017年第3期。

〔2〕 徐黎明:《仲裁在多元纠纷解决方式中地位低下的原因及对策》，载《广西民族大学学报（哲学社会科学版）》2011年第3期。

括程序审理，也包括实体审查，而以法院认定事实和适用法律的标准要求仲裁程序，则不免仲裁程序与诉讼程序同质化，也就挤压了《仲裁法》关于"根据事实，符合法律规定，公平合理地解决纠纷"的规定为仲裁庭预留的自由裁量空间。

在制度设计上的这些矛盾之处，已经在很大程度上消解了仲裁制度应有的优势。仲裁员良莠不齐的状况，又增加了人民对于这种制度的疏离感，"中国仲裁法对仲裁员的要求过于宽泛，往往会使一些只具备形式要件，而不具备相应专业知识等实质要件的人员，为图一时的名誉，挤入仲裁员行列。这种情况在全国各地的仲裁员选任中具有普遍性，这导致中国民商事仲裁在很多情况下远未达到专家仲裁的层次。"[1]

（二）其他仲裁方式

比较而言，《中华人民共和国农村土地承包经营纠纷调解仲裁法》（以下简称《农村土地承包经营纠纷调解仲裁法》）规定的农村土地承包仲裁，与《中华人民共和国劳动争议调解仲裁法》（以下简称《劳动争议调解仲裁法》）规定的劳动争议仲裁具有较强的行政色彩。如依《农村土地承包经营纠纷调解仲裁法》，农村土地承包仲裁委员会在当地人民政府指导下设立，由当地人民政府及其有关部门代表、有关人民团体代表、农村集体经济组织代表、农民代表和法律、经济等相关专业人员兼任组成，其日常工作即由当地农村土地承包管理部门承担。而依《劳动争议调解仲裁法》，劳动争议仲裁委员会由劳动行政部门代表、工会代表和企业方面代表组成，省、自治区、直辖

---

[1] 徐黎明：《仲裁在多元纠纷解决方式中地位低下的原因及对策》，载《广西民族大学学报（哲学社会科学版）》2011年第3期。

市人民政府劳动行政部门对本行政区域的劳动争议仲裁工作进行指导。上述两个仲裁委员会采取多方或三方机制的形式，但都有政府有关部门代表参加，在日常或仲裁工作中与政府部门有着千丝万缕的联系。早期的研究表明，"在某些地区，劳动仲裁实际上已经高度行政化。"[1]

而从仲裁程序的运行看，土地承包仲裁与劳动仲裁与民商事仲裁相比，也有明显不同。首先，在民商事仲裁中，当事人在申请仲裁前必须达成仲裁协议，没有仲裁协议，一方申请仲裁的，仲裁委员会不予受理。而土地承包仲裁与劳动仲裁则不需要当事人之间事先达成仲裁协议。其次，民商事仲裁不公开进行，如当事人协议公开的，可以公开进行，但涉及国家秘密的除外。而土地承包仲裁与劳动仲裁则开庭进行，但当事人约定不公开及涉及国家秘密、商业秘密和个人隐私的除外。最后，民商事仲裁实行一裁终局的制度，裁决作出后，除非被人民法院依法裁定撤销或者不予执行的，当事人就同一纠纷再申请仲裁或者向人民法院起诉的，仲裁委员会或者人民法院不予受理。而对土地承包仲裁与劳动仲裁裁决不服的，当事人可以向人民法院起诉。虽然《劳动争议调解仲裁法》第47条规定的仲裁裁决为终局裁决，但劳动者对其不服的，可依法向人民法院提起诉讼。用人单位如有证据证明仲裁裁决存在本法第49条规定情形的，可以向劳动争议仲裁委员会所在地的中级人民法院申请撤销。

由于"采用仲裁解决争议的最根本特征是，仲裁的管辖权

---

〔1〕 范愉等：《多元化纠纷解决机制与和谐社会的构建》，经济科学出版社2011年版，第247页。

是非强制性的，它是建立在双方当事人之间协议的基础上"，而"不公开审理是仲裁的基本原则之一"，[1] 可见，土地承包仲裁及劳动仲裁与一般意义上的仲裁完全不同，在性质上或许更加接近行政裁决。从仲裁委员会的构成来看，政府有关部门代表参与其中，在政府有关部门对仲裁委员会发挥指导作用的前提下，其代表在仲裁委员会中的主导作用自不待言。所谓的多方或三方构成机制，试图使这一委员会带有几分民间色彩，但在实践中这种机制很难有效运作。以劳动仲裁为例，"不仅劳动争议仲裁委员会主任由劳动行政部门负责人担任，而且劳动争议仲裁委员会办事机构几乎没有工会和用人代表方面的代表的参与。通过劳动争议案件中的审查、受理环节，劳动行政部门控制案件走向的可能性大为增强。"[2]

农村土地承包仲裁委员会同样面临着组织和运作上的困难，该委员会可以在县和不设区的市设立，也可以在设区的市或者其市辖区设立。这种分布格局，给那些常年生活、劳作在农村、被选为仲裁委员的农村集体经济组织代表、农民代表，以及符合法定条件、被聘为仲裁员的农村居民，带来了地理上的不便，这种不便可能会影响到土地承包仲裁委员会的组成。江苏省中级人民法院在2017年的调解发现："《农村土地承包经营纠纷调解仲裁法》自2010年施行，目前T市下辖7个县（区）仅设有

---

〔1〕 范愉主编：《ADR 原理与实务》，厦门大学出版社 2002 年版，第 370~371 页。

〔2〕 沈恒斌主编：《多元化纠纷解决机制原理与实务》，厦门大学出版社 2005 年版，第 192 页。

5 家机构。"[1] 且农村土地承包经营纠纷主要发生在农村集体经济组织与其成员之间，农村集体经济组织成员相互之间，以及农村土地承包权人与经营权人之间，一旦调解不成，当事人自可诉诸县人民法院在镇设置的派出法庭，又何必舍近求远，到县、市去寻求仲裁？正是因为上述原因，农村土地承包仲裁与劳动争议仲裁的功能并没有得到充分的发挥。[2]

四、行政性纠纷解决机制被弱化

行政性纠纷解决机制，是由行政机关主导的各种纠纷解决方式的总称，"包括和解、斡旋、调解、听证、仲裁、行政法庭（院）、行政委员会、申诉等形式，重点是处理与行政管理职责相关，或与行政管理或执法活动相关联的各种纠纷。"[3]

与其他纠纷解决方式相比，行政性纠纷解决机制起码在理论上具有自己的优势，如范愉指出，该机制"兼有行政权和司法权的特点；高效、及时、直接；具有专门性和针对性，有利于发挥专家优势。行政机关拥有一定的自由裁量权和调查权，有较强的查明事实、进行专业判断和适用法律的能力，可将行政权力的能动性、直接性和高效率与协商性、衡平性及专门性相结合，故而比法院更适于处理一些常规性、突发性、群体性

---

〔1〕 江苏省泰州市中级人民法院课题组：《矛盾纠纷多元化解机制的实践困境与路径探析》，载《中国应用法学》2017 年第 3 期。

〔2〕 江苏省泰州市中级人民法院课题组：《矛盾纠纷多元化解机制的实践困境与路径探析》，载《中国应用法学》2017 年第 3 期。

〔3〕 范愉：《当代世界多元化纠纷解决机制的发展与启示》，载《中国应用法学》2017 年第 3 期。

和新类型纠纷，在维护弱势群体利益方面的作用更为明显和直接"[1]。徐黎明则认为："行政机关在我国现代化过程中发挥着强有力的支配和指导作用，其手中的权力资源使得行政机关在社会控制体系和人们的日常生活中扮演了极为重要的角色。人们崇拜了几千年的以皇权为代表的行政权力的影响，至今仍然存在，因而行政机关的社会地位在人们的心中具有非常高的权威性。行政机关的权威性增加了纠纷解决的可能性与有效性，避免了纠纷当事人对处理结果的不尊重而导致纠纷解决无效的问题。"[2]

行政机关在解决纠纷方面的优势，不仅仅源于几千年专制历史养成的人们对于官府的敬畏心理，也源于今天的行政管理活动更加规范化、法治化、专业化的现实，这种现实使得行政机关对于纠纷的解决可以同法院一样建立公平、法治的基础上，而在专业性方面犹有过之。而且，基于管理活动的需要，行政机关总是处在纠纷发生的第一现场，能够及时掌握与纠纷有关的证据材料，法律赋予的执法权，也使行政机关能够作出具有执行力的处理决定，比起要在证据调查中消耗掉大量时间且纠结于"执行难"的诉讼程序，这些都是行政性解决纠纷机制所独有的优势。行政解纷机制在现实中有广泛的应用空间，"目前我国的法律、法规规定行政机关对与行政管理有关的民事纠纷裁决就有近20项，职能部门对与行政管理有关的民事纠纷的裁

---

〔1〕 范愉：《当代世界多元化纠纷解决机制的发展与启示》，载《中国应用法学》2017年第3期。

〔2〕 徐黎明：《论行政机关处理民事纠纷在多元纠纷解决机制中的地位》，载《西安文理学院学报（社会科学版）》2010年第6期，第63~67页。

决有 30 多项，几乎涵盖了行政管理的绝大多数领域。"[1] 而行政调解、信访适用的范围就更加广泛。

（一）行政性解决纠纷方式的问题

不过，理论界和实务界并未对行政性解决纠纷方式形成明确统一的认识。有的学者认为目前行政机关解决民事纠纷的方式，主要有行政调解、行政裁决、行政仲裁、信访等。[2] 有的则认为行政机构解决纠纷的基本方式，可分为行政调解、行政裁决、行政投诉，把信访制度看作行政投诉的一种形式。[3] 在这些解决纠纷方式中，行政调解这个概念通常不会引起歧义，在现实中这种纠纷解决方式是普遍存在的。

另一种广泛存在的行政性纠纷解决方式是行政裁决，不过，由于行政机关的裁决权在法律法规中采用多种表达形式，容易引起人们认识上的混淆实际上，抛开目前还被当作行政仲裁的劳动争议仲裁不论（毕竟劳动争议仲裁委员会采用多方机制，劳动行政主管部门并非仲裁机关），对于解决纠纷具有实质意义的行政性解决纠纷方法只有行政调解和行政裁决。

就行政投诉以及信访而言，它们只是当事人寻求救济的手段，尽管这种手段可能导致行政机关启动某种解决纠纷的方式，但显然不是解决方式本身。如《中华人民共和国消费者权益保护法》（以下简称《消费者权益保护法》）第 39 条规定，消费

---

[1] 徐黎明：《论行政机关处理民事纠纷在多元纠纷解决机制中的地位》，载《西安文理学院学报（社会科学版）》2010 年第 6 期，第 63~67 页。

[2] 徐黎明：《论行政机关处理民事纠纷在多元纠纷解决机制中的地位》，载《西安文理学院学报（社会科学版）》2010 年第 6 期，第 63~67 页。

[3] 范愉：《纠纷解决的理论与实践》，清华大学出版社 2007 年版，第 263~265 页。

者和经营者发生消费者权益争议的，可以向有关行政部门投诉，第 46 条则规定：消费者向有关行政部门投诉的，该部门应当自收到投诉之日起 7 个工作日内，予以处理并告知消费者。很明显，第 46 条所说的 7 个工作日内所作处理才是行政部门解决纠纷的内容，而投诉只是当事人的寻求行政救济的行为，不能把它看作是行政机关解决纠纷的方式，正如法院裁决而非当事人的起诉才是法院解决纠纷的最终方式。

信访也是一样，信访制度在中国有着六十余年发展历史。新中国成立之初，信访被视为一种监督党和政府的民主权利。今天，信访又被赋予了解决纠纷的手段意义："申诉类信访一方面为民众遭受冤屈、不公待遇和侵害提供一条可能获得救济的渠道，客观上作为社会的'解压阀'使纠纷、争议有可投诉之处，一定程度上可能疏导民众怨气和不满；另一方面，官方也从中获得各种涉及纠纷的信息以及国家机关工作人员的各种违法、违纪和其他不当行为的信息，从而促使上级机关、监督机关和领导及时安排解决矛盾、化解纠纷，平息争议，改进不合理的政策或决策。"[1] 根据《信访条例》第 5 条第 2 款的规定："县级以上人民政府应当建立统一领导、部门协调，统筹兼顾、标本兼治，各负其责、齐抓共管的信访工作格局，通过联席会议、建立排查调处机制、建立信访督查工作制度等方式，及时化解矛盾和纠纷。"其中的所谓排查调处机制，对于化解矛盾和纠纷才具有实质意义。对于信访事项，有关行政机关在登记审查后，交有处理权的机关进行处理。有处理权的机关应对信访

---

[1] 翟校义等：《信访法治化研究》，人民出版社 2016 年版，第 114 页。

事项进行调查，对于重大、复杂、疑难的事项，还要举行听证。通过质询、辩论、评议、合议等方式，查明事实，分清责任。这种模拟司法裁判的程序设置显示，"《信访条例》所预设的处理纠纷的技术工具为'规范—决定'裁决模式。"[1] 由此可见，信访作为行政投诉的一种，其引发的行政性纠纷解决方式在本质上是行政裁决。

十八届四中全会《关于全面推进依法治国若干重大问题的决定》把行政复议也当作是一种纠纷化解方式，[2] 这显然是不正确的，因为行政复议是复议机关根据当事人的申请，对具体行政行为进行审查并作出决定的程序，这种决定在本质上也是一种行政裁决，《中华人民共和国行政复议法》第30条第2款就称："根据国务院或者省、自治区、直辖市人民政府对行政区划的勘定、调整或者征用土地的决定，省、自治区、直辖市人民政府确认土地、矿藏、水流、森林、山岭、草原、荒地、滩涂、海域等自然资源的所有权或者使用权的行政复议决定为最终裁决。"行政复议是对具体行政行为的相对方提供的一种救济，如同诉讼法的二审程序。法院经过二审程序后所作的判决、裁定在法律性质上与一审判决裁定并无不同。在行政裁决程序中，纠纷当事人对行政机关就解决纠纷所做裁决不服，以申请复议的方式寻求救济，复议机关通过对原行政裁决的审查，所做出的维持、撤销或变更原具体行政行为的裁决，在法律性质上也仍然是一种行政裁决。

---

〔1〕 翟校义等：《信访法治化研究》，人民出版社2016年版，第129页。
〔2〕 该决定称："完善调解、仲裁、行政裁决、行政复议、诉讼等有机衔接、相互协调的多元化纠纷解决机制"。

综上所述，在当前解决纠纷的实践中，真正意义上的行政性解决纠纷方式只有行政调解和行政裁决两种。行政复议在本质上是一种行政裁决。投诉或信访，也不应被视为解决纠纷方式，它们的主体是当事人，进行投诉或信访只是他们寻求行政解决的一种手段，纠纷的最终解决还是要依赖投诉或信访机关所做的决定。把投诉或信访当作纠纷解决方式，不仅于理不通，也会忽视接受投诉或信访的行政机关为解决纠纷付出的努力，毕竟他们所作的处理对于解决纠纷而言才具有实体意义。

（二）行政性解决纠纷方式的效力问题

行政性解决纠纷机制需要解决的另一个问题是上述解决纠纷方式的法律效力问题。《民间纠纷处理办法》第 21 条规定："基层人民政府作出的处理决定，当事人必须执行。如有异议的，可以在处理决定作出后，就原纠纷向人民法院起诉。超过15 天不起诉又不执行的，基层人民政府根据当事人一方的申请，可以在其职权范围内，采取必要的措施予以执行。"可见，基层人民政府对于解决民间纠纷所作的处理决定，是具有一定的法律效力的。但 1993 年最高人民法院《关于如何处理经乡（镇）人民政府调处的民间纠纷的通知》却规定："民间纠纷经司法助理员调解达成的协议或者经乡（镇）人民政府所作的处理决定，当事人向人民法院申请强制执行的，人民法院不予执行。"该司法解释虽然于已于 2013 年 1 月被最高人民法院公告废示，但也体现了司法部门对于基层人民政府所作处理决定的态度反复。

而从立法发展趋势上看，行政机关逐渐丧失了对于民事纠纷进行裁决的权力。2006 年已经失效的《中华人民共和国治安管理处罚条例》第 38 条曾规定："被裁决赔偿损失或者负担医疗费用的，应当在接到裁决书后 5 日内将费用交裁决机关代转；数额较大的，可以分期交纳。拒不交纳的，由裁决机关通知其所在单位从本人工资中扣除，或者扣押财物折抵。"可见，裁决机关对于拒不履行裁决规定的行为人，可以直接采取相应的强制措施，这种行政裁决的法律效力是毋庸置疑的。但现行《中华人民共和国治安管理处罚法》第 9 条却规定："对于因民间纠纷引起的打架斗殴或者损毁他人财物等违反治安管理行为，情节较轻的，公安机关可以调解处理。经公安机关调解，当事人达成协议的，不予处罚。经调解未达成协议或者达成协议后不履行的，公安机关应当依照本法的规定对违反治安管理行为人给予处罚，并告知当事人可以就民事争议依法向人民法院提起民事诉讼。"这一规定，一方面把公安机关对于因打架斗殴或者损毁他人财物引起的民间纠纷的解决方式限定为调解，实际上取消了公安机关就此类纠纷进行裁决的权力，同时对于当事人不履行调解协议的，公安机关也只能就违反治安管理的行为予以处罚，有关双方协议的执行问题，则只能告知当事人提起民事诉讼，这就大大削弱了公安机关就违反治安管理行为引发的民间纠纷进行处理的效力与权威。

类似的情况如 1989 年《中华人民共和国环境保护法》第 41 条规定："造成环境污染危害的，有责任排除危害，并对直接受到损害的单位或者个人赔偿损失。赔偿责任和赔偿金额的纠纷，可以根据当事人的请求，由环境保护行政主管部门或者其他依照法律规定行使环境监督管理权的部门处理，当事人对处理决定不服的，可以向人民法院起诉。当事人也可以直接向人民法院起诉。"但 1992 年全国人大常务委员会法工委在《关于正确理解和执行〈环境保护法〉第四十一条第二款的答复》中称：行政主管部门"根据当事人的请求，对因环境污染损害引起的赔偿责任和赔偿金额的纠纷所作的处理，当事人不服的，可以向人民法院提起民事诉讼，但这是民事纠纷双方当事人之间的民事诉讼，不能以作出处理决定的环境保护行政主管部门为被告提起行政诉讼"。这一答复被认为"使我国环境行政处理制度逐渐萎缩成行政调解的单一形态"[1]。再如，2017年修正的《中华人民共和国水污染防治法》则废止了水污染损害赔偿争议行政裁决，于第97条规定，"因水污染引起的损害赔偿责任和赔偿金额的纠纷，可以根据当事人的请求，由环境保护主管部门或者海事管理机构、渔业主管部门按照职责分工调解处理；调解不成的，当事人可以向人民法院提起诉讼。当事人也可以直接向人民法院提起诉讼。"也就是说，环境保护主管部门或者海事管理机构、渔业主管部门丧失了就水污染损害赔偿纠纷进行裁决的权力，他们只能依当事人申请对争议纠纷进行调解。

2013年修正的《消费者权益保护法》则取消了工商部门对消费者权益纠纷的裁决，在第39条规定的消费者和经营者之间的争议解决方法中，除协商和解、消费者协会等组织调解、依协议提请仲裁机构仲裁、向人民法院提起诉讼之外，还规定可以向有关行政部门投诉，如前所述，投诉只是向有关机构表达诉求，并不意味着问题以何种方式解决，以及是否能够得到解决，在立法上用投诉取代裁决，如果不能说是根本取消了对于消费者权益之争的行政裁决，起码可以说是没有为当事人提供

---

〔1〕 左卫民等：《中国基层纠纷解决研究》，人民出版社2010年版，第240页。

一种明确的、负责任的路径选择。

行政性裁决机制在立法上有不断被弱化的趋势，这种思维把司法当作法院的禁脔，把司法外一切解决纠纷的方式，都视为对司法的僭越，"司法是正义的最后一道防线"因此被置换为"司法是正义的唯一一道防线"〔1〕。受这种思维影响，甚至行政机关本身也画地为牢，对解决纠纷态度较为冷漠，在有些行政机关认为"法治就是遇事打官司"的情况下，其出于自身利益考虑，对应承担的纠纷化解职能故意弱化，化解纠纷的主动性不足。〔2〕

目前，在世界其他国家和地区，行政性解纷机制在处理各种新型纠纷时发挥了越来越重要的作用。据统计，美国当事人一年向社会保障署提起的请求或者申诉共有400万件，但经过各种ADR方式，真正由行政法法官裁决的有50万件，最终进入法院的只有1.2万件，超过99%的案件在行政机关内部得到了解决。〔3〕在中国，已经有越来越多的学者认识到建立健全行政性纠纷机制的必要性。2016年最高人民法院在《关于人民法院进一步深化多元化纠纷解决机制改革的意见》中也提出："支持行政机关对行政赔偿、补偿以及行政机关行使法律法规规定的自由裁量权的案件开展行政调解工作，支持行政机关通过提供事实调查结果、专业鉴定或者法律意见，引导促使当事人协商

---

〔1〕 龙飞：《多元化纠纷解决机制立法的定位与路径思考——以四个地方条例的比较为视角》，载《华东政法大学学报》2018年第3期。

〔2〕 江苏省泰州市中级人民法院课题组：《矛盾纠纷多元化解机制的实践困境与路径探析》，载《中国应用法学》2017年第3期。

〔3〕 参见范愉：《当代世界多元化纠纷解决机制的发展与启示》，载《中国应用法学》2017年第3期。

和解，支持行政机关依法裁决同行政管理活动密切相关的民事纠纷。"目前，我国对于某些领域纠纷的进行行政裁决的立法尚处于空白状态，在某些领域还出现了弱化行政裁决的情况，这些状况与人们对于行政裁决的期待是不相适应的。

建构当代多元化纠纷解决机制之路径

　　不论对于行政机关还是对于其他纠纷解决组织来说，要想在多元化纠纷解决机制中真正发挥作用，就必须从程序及效力上摆脱对于司法机关的过度依赖。对于当事人而言，也要从观念上克服把司法当作解决纠纷的唯一途径的思维方式。司法机关固然可以为纠纷解决提供一种权威的解决方式，但它并不是能够提供权威的解决纠纷方式的唯一机关。

　　在建构中国的多元化纠纷解决机制的过程中，人们注意到所谓司法"社会化"的问题，最高人民法院在 2016 年颁布的《关于人民法院进一步深化多元化纠纷解决机制改革的意见》中，首次提出适度社会化理念，这可以看作是最高司法机关对于司法权行使社会化的国际趋势所做的一种回应。很显然，单靠司法机关自身的力量，无法使其真正从诉讼爆炸所带来的压力中解放出来，必须依靠司法机关之外的所有力量。这里面既包括人们在谈社会化时主要指向的民间或者社会资源，也包括在化解纠纷方面具有独特优势的行政机关，还包括那些在解决纠纷方面能够发挥作用的其他国家机关。目前，我们在建构多元化纠纷解决机制时，强调"更加注重源头化解、社会治理、规则创新，更加关注共赢发展"，强调其与西方"替代性纠纷解决机制（ADR）"注重分流案件的发展初衷不同，[1] 即便触及司法权行使社会化的问题，也试图把它限定在"适度"的范围内。在这种理念下建构起来的非诉纠纷解决机制，较难在解决纠纷方面发挥替代性作用。人们似乎格外重视社会资源在解决纠纷方面的作用，将民间调解的参与几乎渗透到整个诉讼流程，但将司法视为正义最后防线的结果，使这种纠纷解决机制更像是一条以法院为制造终端的流水线，形形色色的民间调解机构，也似乎只有依附于这条流水线（司法确认）才具有了存在的价值。与此同时，行政机关的司法职能被不断弱化，行政调解甚至只能以人民调解的名义进行，行政机关面临进退维谷的尴尬局面。但络绎不绝的上访人群，表达了人们对于行政机关在解决问题能力方面的期待，"信访不信法"的质疑，在群众的真实需求面前，是微不足道的。既然我们在建构多元化纠纷解决机制的方方面面已经付出了大量时间、人力和物力，现在应该反思的就是这些努力何以事倍功半，并积极寻求应对之道，而不是质疑甚至弱化那些看起来行之有效的救济渠道。

当然，这并不意味着建立起一套完全替代司法机关的纠纷解决系统。在中国古代，官府之外的纠纷解决组织针对的案件限于民事案件以及轻微刑事案件，重要刑事案件则必须经过官府审判流程加以裁决。在今天，由于严格实行罪刑法定主义，除自诉案件外的刑事案件必须交由司法机关审判外，其他性质的纠纷都可以进入非诉讼纠纷解决机制的视野。

---

〔1〕 胡仕浩：《多元化纠纷解决机制的"中国方案"》，载《中国应用法学》2017 年第 3 期。

一、厘清解决方法

从总体上看，纠纷解决机制依其不同性质，可以分为三类：民间性、行政性、司法性纠纷解决机制。其中民间性纠纷解决机制是指除行政、司法机关之外所有由民间人士、民间组织或机构所主导的纠纷解决制度，包括当事人协商、人民调解、律师调解及各种专业调解、民商事仲裁等。行政性和司法性纠纷解决机制是指由行政机关和司法机关主导的纠纷解决制度，前者包括行政调解、行政仲裁和行政裁决，后者包括法庭调解和诉讼。上述解决纠纷机制所使用的方法众多，但从解决机关与当事人之间关系的角色看，则不外乎四类，即协商、调解、非诉讼裁决和诉讼。

（一）协商

协商是指双方当事人在纠纷发生以后，通过商议谋求妥协，从而解决纠纷的方法。在 ADR 的语境中，协商的同义语是"谈判"（negotiation），即"在争议发生后，当事人各方在自愿平等、互谅互让的基础上，按照有关法律、惯例或合同条款的规定直接进行磋商，而不需要任何第三者参与，从而达成协议，最终解决纠纷的一种方式"[1]。虽然谈判在更多的场合是一种为达成交易而进行的交流或对话，但在解决纠纷过程中，谈判也不失为一种有效的解决纠纷的手段。当然，在实践中，谈判这种行为，存在着协商、私了、和解等多种表达方式。学者调查发现，在中国农村的多元化纠纷解决机制中，"尽管村民偶尔

---

[1] 范愉主编：《ADR 原理与实务》，厦门大学出版社 2002 年版，第 261 页。

也会靠力量占强，但和解与民间调解总是居于主导地位。"[1]

论者常常把没有第三方介入当作协商或谈判的主要特征，或者强调即便在谈判中出现第三方，"但他们不是决策者，而是引导双方达成协议的促进者（facilitators）"，"他们的出现并没有剥夺纠纷当事人自行做出选择、达成协议的权利，因此，他们的参与不影响谈判的性质。"[2] 可见，有无第三方介入并不影响协商程序的性质。在协商解决纠纷过程中，当事人中的任何一方，都有可能征求亲友或律师及其他专业人士的意见，或者听取他们的劝解。这些第三方（甚至第四方或多方）也只是向当事人中的一方（而不是双方）提供意见或建议，既无法决定当事人一方的选择，更不会直接影响双方当事人的选择。而后者，或许是协商程序中的第三方角色与诸如调解、仲裁程序中介入的第三方角色的根本的不同。

另外，"协商"与"和解"是两个需要加以区分的概念，不能混为一谈。和解，被认为是"旨在通过双方当事人的相互协商和妥协，达成变更实体权利义务的约定，从而使纠纷得以消除的行为"[3]。可见，协商与和解是方法与结果之间的关系，协商是当事人使用的解决纠纷方法，目的是达成和解的结果。但协商的结果未必都能达成和解，而达到和解的方法也未必只有协商一途，所以这两个概念并不一样，从作为一种解决纠纷方式的意义上说，使用"协商"一词更为准确。而使用"和

---

〔1〕 李俊：《从均衡到失衡：当代中国农村多元纠纷解决机制困境研究》，载《河北学刊》2015 年第 6 期。

〔2〕 范愉主编：《ADR 原理与实务》，厦门大学出版社 2002 年版，第 264 页。

〔3〕 沈恒斌：《多元化纠纷解决机制原理与实务》，厦门大学出版社 2005 年版，第 102 页。

解"一词，并不能体现解决纠纷方式的差异，当事人固然可以通过协商达成和解，通过调解、通过仲裁及诉讼，当事人都有达成和解的可能。有的学者提出建构当事人先行协商和解制度，其中"协商和解"的提法，似兼顾此种解决纠纷的方式与结果，但论及"只有经过协商和解程序后，协商不成的才可以进行下一步的诉讼或仲裁"，其中"协商和解程序后"与"协商不成"是显相矛盾的。[1] 所以在论及解决纠纷方式时，我们使用协商似更严谨，正如调解、仲裁均有成败两种可能，使用协商概念时，自不必同时强调其达成和解的结果，因为那也只是协调的结果之一。至于有的学者在谈及民商事纠纷的解决方式多样性时，把和解与诉讼、仲裁、调解并列而论，[2] 就是混淆了和解作为解决纠纷结果与解决纠纷方式协商的区别，协商并不是达成和解的唯一途径，在通过调解亦可达成和解的前提下 [如2016 年 2 月联合国国际贸易法委员会第二工作组第六十四届会议，即拟通过一项国际公约，赋予国际商事调解组织主持达成的和解（调解）协议强制执行效力[3]]，把和解与调解同视为解决纠纷的方式在逻辑上是难以成立的。

在多元化纠纷解决机制中，协商这种解决方式最有灵活性。它完全依据当事人双方的自愿，而不依赖于第三方的介入，这一特征使协商比其他解决方式更具有适配性，即协商不仅可以

---

　〔1〕　孟晟：《论当事人先行协商和解制度的构建》，载《法制与社会》2017 年第 24 期。

　〔2〕　徐黎明：《仲裁在多元纠纷解决方式中地位低下的原因及对策》，载《广西民族大学学报（哲学社会科学版）》2011 年第 3 期。

　〔3〕　范愉：《当代世界多元化纠纷解决机制的发展与启示》，载《中国应用法学》2017 年第 3 期。

被作为一种独立的解决纠纷方式，也可以与其他纠纷解决方式配合使用。如在调解、仲裁、诉讼程序中，当事人双方可不待调解、仲裁或判决结果，通过一方或双方妥协而达成和解。双方虽已进入调解、仲裁或诉讼程序，但作为第三方的调解人、仲裁人、法官均未对协商结果起决定作用，他们仍然只是当事人双方达成和解的促进者。尽管学界对诸如诉讼上和解的法律性质等问题存在争议，但对于诉讼上和解的存在均持肯定态度。在调解和仲裁程序中，双方通过协商达成和解，其合理性自然毋庸置疑。

有学者基于 2012 年《中华人民共和国民事诉讼法》（以下简称《民事诉讼法》）修改后"未将庭前调解程序之前的当事人先行协商和解程序予以规范，从而导致司法实践中出现先行和解率不高，先行和解启动程序不明朗、先行和解过程不规范、先行和解中当事人之间的权利义务不确定，先行和解结果效力不一等问题"，提出通过修改《民事诉讼法》或单独立法的形式构建当事人先行协商和解制度，并对协商和解程序的提起、简易和普通程序的分流、协商和解程序的结果与执行等问题进行了制度设计。[1] 实际上，由于协商这种解决纠纷方式应用范围最为广泛，它不仅可以存在于民事诉讼、行政诉讼等司法活动中，也可以存在于各种行政和民间解决纠纷活动中，修改一部《民事诉讼法》无法规范所有协商程序，单独立法则未免叠床架屋。重要的是，由于协商主要是双方当事人的自愿行为，其灵活性、私密性非其他纠纷解决方式所能比拟，对于协商程序化、

---

〔1〕 孟晟：《论当事人先行协商和解制度的构建》，载《法制与社会》2017 年第 24 期。

规范化的努力可能会削弱其在这些方面的特有优势。想要提高协商和解率，需要在立法上突显这种纠纷解决方式的低成本、高效率，这是通过确认协商和解协议对于终结其他解纷程序的效力以及确定当事人之间权利义务的效力就可以实现的，而通过将协商与公证程序进行衔接，也可以使和解协议的法律效力得到切实的保障。

（二）调解

调解是指纠纷发生后，当事人在第三方斡旋下达成妥协，从而解决纠纷的办法。依靠调解解决纠纷，在中国古代社会有着悠久的历史。在当代，它也是一种颇受重视的纠纷解决方式。

与协商方法不同的是，在调解过程中，第三人也就纠纷调解者是一种必要的角色，他以一种双方认可的居间方式在解决纠纷过程中发挥推动作用。而在协商方法中，即便出现第三方角色，他们也只通过分别向一方当事人施加影响的方式推动纠纷的解决。

近代民事诉讼立法过程中，一度使用"和解"的概念，如在《大清民事诉讼律草案》和北洋政府时期颁行的《民事诉讼条例》中都规定受命推事或受托推事，得依据审判衙门的命令、嘱托，或因职权试行和解。[1] 这里所说的"和解"，以今天的定义标准来看，实质上就是调解，只不过是一种在特殊第三方即法院主持下的调解，当时给和解的定义是："和解者，乃以当事人之合意，使诉讼或各种争点（例如计算上之一争点）终结之办法，故以许可为便。"这一定义强调双方通过合意终结诉讼

---

〔1〕 参见《大清民事诉讼律草案》"和解"各条，载陈刚主编：《中国民事诉讼法制百年进程》（清末时期·第2卷），中国法制出版社2004年版，第171~172页。

或争议，但它无法体现这种合意是通过双方自行商议达成，还是通过第三方斡旋而达成，也就是说无法体现在达成和解的具体手段上协商与调解的区别。到了南京国民政府时期，这种由法院推事主持的和解就已经被"正名为调解"，通过调解达成"和息"，并由书记官将"和息"结果进行登记，使之与法院判决具有同等法律效力。[1] 可见，"和息"或称"和解"，是调解所追求的结果，但调解却并不是达成和解的唯一手段，二者并不能混为一谈。有学者使用"和解与调解"来指代那种"在民事纠纷解决以及民事诉讼中最经常使用和最有效的方式"，[2] 这种提法可能注意到了和解与调解的区别，但把两个概念并列使用，仍然是不合适的。

由于调解方法便捷易行，不仅在民事诉讼中被经常使用，在其他纠纷解决方式如民商事仲裁、行政裁决中也被广泛使用。不过，在有些场合，当事人对于调解的自愿性受到质疑，最典型的莫过于法院调解。美国学者黄宗智称："当调解同时也是一种法庭行动时，调解人和承审法官两种身份就合而为一了，调解和庭审两个阶段的事实发现也无从分开。因而在中国的模式中，法庭调解一旦失败，随后几乎总是由同一个法官来进行裁断或判决，这个特点使法官的意见格外有分量，也对纠纷当事人造成更大的压力。"[3] 这种带有强制性质的"法庭调解很大

---

[1] 有关《民事调解条例草案原则》内容，参见谢振民:《中华民国立法史》(下)，中国政法大学出版社 2000 年版，第 1033~1034 页。

[2] 范愉:《纠纷解决的理论与实践》，清华大学出版社 2007 年版，第 256 页。

[3] [美] 黄宗智:《中国法庭调解的过去和现在》，载 [美] 黄宗智、尤陈俊主编:《从诉讼档案出发：中国的法律、社会与文化》，法律出版社 2009 年版，第 460~461 页。

程度上是现代—当代中国司法制度的创新，而不是清代的遗产"[1]。实际上，在明清时期甚至更早以前，官府在审理民间纠纷过程中进行调解，或者委托民间士绅、乡里组织进行调解都是非常常见的事情，《周礼》云："调人掌司万民之难而谐和之。"这种理想使得地方官对于调解结案的追求达到近乎痴迷的程度，而他们给当事人双方所带来的压力，自非当代法官所能同日而语，所以，如果仅就"法庭"的出现本身对于中国司法制度的创新意义而言，"法庭调解"勉强可以称为现代—当代中国司法制度的创新，但从官府调解的历史演变来看，它实质上就是中国古代的遗产。

目前，即便在世界范围内，法院调解也是一种常见的事情，有学者总结了强制调解的两类不同模式，"一类作为司法程序的组成部分，由法院专设机构和司法人员担任，调解程序与审判程序衔接紧密，如我国台湾地区。另一类属于法院外非诉讼程序，采用委托调解模式，通过立法（或相关规范）授权，由具体的司法或行政机关负责指定、审核和交付法院外调解机构或人员进行调解，与诉讼程序之间相互分立，不直接衔接，如德国、英国。"尽管以往有人因强制调解违背自愿或侵犯诉权而质疑其正当性，但"大多数国家和地区认为这种强制仅限于参加的强制，尽管对当事人的选择权进行了一定限制，但并不意味着强制其接受处理结果，如果不能达成和解，当事人仍然有权

---

[1] [美] 黄宗智：《中国法庭调解的过去和现在》，载 [美] 黄宗智、尤陈俊主编：《从诉讼档案出发：中国的法律、社会与文化》，法律出版社 2009 年版，第433 页。

提起诉讼"[1]。类似的情况在行政性甚至民间性纠纷解决机制中也可能出现，比如现在人们正在推动的各种形式的仲裁与调解的结合，在当事人已经选择用仲裁的方式解决纠纷的时候，仲裁机构对双方进行调解，自然也会让人担心当事人拒绝调解协议将会在随之而来的仲裁中承担不利的后果，这就使仲裁程序中使用的调解同样带有某些强制性质。不过，与法院调解一样，只要这种调解协议本身对当事人不具有强制性，也就是说当事人仍可自愿选择接受或者拒绝调解结果，那么这种调解的正当性就是毋庸置疑的。

（三）非诉讼裁决[2]

非诉讼裁决，是指法院裁决以外，由第三方组织或机构以裁决方式解决纠纷的方法。虽然已有学者把包括非诉讼裁决在内的所有裁决作为和协商、调解并列的三种解决纠纷方法之一，但尚未有人对非诉讼纠纷裁决方法进行专门研究。本书尝试提出非诉讼裁决这一概念，考察这种纠纷解决方式所面临的困境，并就其当前存在的某些问题提出相应的解决之道。

在谈到纠纷解决方式时，范愉教授指出："纠纷解决的程序

---

〔1〕 范愉：《当代世界多元化纠纷解决机制的发展与启示》，载《中国应用法学》2017 年第 3 期。

〔2〕 范愉（《纠纷解决的理论与实践》，清华大学出版社 2007 年版，第 226～227 页）认为纠纷解决的方式主要包括协商、调解和裁决三种，"裁决，即由纠纷解决机构（或解决者）作出判断和决定。在双方不能达成和解时，为了不使纠纷长久停留在悬而未决的状态，就需要作出裁决。裁决方式主要应用于仲裁、行政裁决和司法裁决（裁定和判决）中。裁决者必须拥有作出裁决的权威和权限，其权限可以是法定的（即法律赋予的职权，如法院的审判权和行政机关的裁决权），也可以是源自于双方当事人的共同委托（如仲裁契约）"，本文将司法裁决之外的裁决称为非诉讼裁决。

和手段也是多元的，主要包括协商、调解和裁决三种基本方式及其组合构成的多元化纠纷解决方式。"而其所谓裁决是指"由纠纷解决机构（或解决者）作出判断和决定"，"裁决方式主要应用于仲裁、行政裁决和司法裁判（裁定与判决）中"。[1] 很显然，仲裁（包括民商事仲裁和行政仲裁）、行政裁决与司法裁决一样，都是通过裁决方式解决纠纷，而他们与司法裁决的区别，就在于解决纠纷的主体是法院之外的第三方组织或机构。

仲裁，通常"是指发生争议的双方当事人，根据其在争议发生前或争议发生后所达成的协议，自愿将该争议提交中立的第三者进行裁判的争议解决制度和方式"[2]。或者说："仲裁是根据当事人的合意（仲裁契约），把基于一定法律关系而发生或将来可能发生的纠纷的处理，委托给法院以外的第三方进行裁决的纠纷解决方法或制度。"[3] 这些定义都承认仲裁是一种法院之外的第三方裁决，同时都认为双方当事人之间的协议是进行仲裁的依据。放在《仲裁法》的语境下，上述定义是成立的，但就土地承包仲裁与劳动争议仲裁而言，这些定义就不太合适，因为土地承包仲裁与劳动仲裁都不需要当事人之间达成仲裁协议。所以，要从总体上把握仲裁的概念，双方当事人的合意似不应当成为其必要条件。相对于上述学者的观点，《辞海》关于仲裁的概念更具有普适性，即"权威机构依据法律规定和争议

---

〔1〕 范愉：《纠纷解决的理论与实践》，清华大学出版社 2007 年版，第 226~227 页。

〔2〕 肖建华等：《仲裁法学》，人民出版社 2004 年版，第 6~7 页。

〔3〕 范愉主编：《ADR 原理与实务》，厦门大学出版社 2002 年版，第 369 页。

当事人申请，对较大争议事项作出裁决"[1]。

长期以来，学术界关于仲裁的性质，存在着司法权理论、契约理论、混合理论等各种论断。司法权论者着眼于仲裁裁决与法院判决的同等效力，契约论者着眼于仲裁基础在于双方当事人的契约，混合论者试图兼顾仲裁上述两个方面的属性。固然，依据《中华人民共和国仲裁法》（以下简称《仲裁法》），仲裁基于当事人之间的契约，但这种合意仅限于确定解决纠纷的方式，它无法决定仲裁的过程和结果，而仲裁的过程和结果，体现着仲裁机构作为第三方的独立性，这不是双方契约所能涵盖的内容。特别是在土地承包仲裁与劳动仲裁语境下，仲裁并不是依据当事人双方的合意，而是根据一方当事人的申请依法律规定而进行，这时所谓契约性便不足以体现仲裁的法律性质。

如果把裁决视为一种国家主权行为，[2] 那么围绕仲裁裁决，很容易引发关于其司法或准司法性质的种种联想。但从历史上看，仲裁制度滥觞于古罗马时期，作为一种依靠第三方裁决解决纠纷的制度，它产生于主权国家理论形成之前，按照现代分权理论对其进行非此即彼的权力性质的归类，总不免有削足适履之嫌。况且，今天作为纠纷仲裁者的可能是民间机构，也可能是行政机关，这些仲裁机构本身的性质，而不是仲裁机

---

〔1〕 《现代汉语辞海》编委会主编：《现代汉语辞海》，光明日报出版社2002年版，第1539页。

〔2〕 坚持仲裁性质为司法权的学说认为："裁判权是一种国家主权，只有国家才有权行使。现代社会中，作为民间机构的仲裁机构之所以能够审理案件，在特定范围内行使国家法院的某些审判职能，完全是基于国家法律的授权。因而，仲裁具有司法权性质。"参见范愉主编：《ADR原理与实务》，厦门大学出版社2002年版，第372页。

构所做裁决的性质，决定了仲裁的法律性质，正如调解本身并不能决定诸如民间调解、行政调解、法庭调解的法律性质。毕竟，裁决是许多机构和组织得依职权而为的行为，它早已不是司法机关独有的权力。

正是基于仲裁机构的行政属性，有学者提出仲裁的行政性理论："该理论认为仲裁具有行政性质，因为仲裁机构是行政管理机构，是国家行政管理体系中的一个职能部门，它由行政机构组建，并受行政机构的监督；仲裁程序具有某些行政程序的特点，依靠行政权解决纠纷，仲裁裁决实质上是一种行政决定。"[1] 这种理论，大概源于长期以来行政机关运用仲裁的方式解决纠纷的实践。人们把行政仲裁定义为"根据法律规定和当事人的申请，由国家行政机关以第三者的身份对双方当事人之间发生的民事纠纷进行判断分析、裁决"[2]。"据统计，1994年6月底之前，我国共有14部法律、82个行政法规和190个地方性法规对仲裁问题（主要是行政仲裁）作了规定。行政仲裁的范围极其广泛，门类齐全，包括经济合同纠纷仲裁、技术合同纠纷仲裁、劳动争议仲裁、消费纠纷仲裁、价格争议仲裁、著作权纠纷仲裁、房地产纠纷仲裁、房屋拆迁纠纷仲裁、工业产品质量纠纷仲裁、新闻纠纷仲裁、土地权属争议仲裁、农业承包合同纠纷仲裁等。1995年9月1日《仲裁法》生效后，行政仲裁制度被打压殆尽，除劳动仲裁一枝独秀外，其他行政仲

---

〔1〕 肖建华等：《仲裁法学》，人民出版社2004年版，第11页。
〔2〕 徐黎明：《论行政机关处理民事纠纷在多元纠纷解决机制中的地位》，载《西安文理学院学报（社会科学版）》2010年第6期。

裁制度归于沉寂。"[1] 现在，虽然劳动争议仲裁被某些人视为行政仲裁，但其仲裁委员会的组成采取的是劳动行政部门代表、工会代表和企业方面代表三方机制，仲裁机关并不是国家机关，所以劳动争议仲裁很难称之为真正意义的行政仲裁。同样，仲裁的行政性理论未必适用于商事仲裁，因为行政仲裁"与解决民商事纠纷的仲裁是两种完全不同的仲裁方式，如果硬性地将两种仲裁方式混为一谈，实质上是混淆了两种仲裁的性质，它必然导致仲裁权的行政性，使当事人的意思自治原则无法得到体现，甚至违背当事人的真实意愿。我国以往长期的仲裁实践已经印证了这一点"[2]。上述观点之所以认为商事仲裁与行政仲裁是两种性质的仲裁，也正是因为两个仲裁机构的不同性质，近年来有学者提出仲裁的民间性理论，也是基于仲裁机构的民间属性。[3]

这里所说的仲裁，当然只是就民商事仲裁而言。根据《仲裁法》，仲裁委员会由政府有关部门与商会统一组建，并经司法行政部门登记，但与行政机关之间并无隶属关系，由仲裁委员会对平等主体的公民、法人和其他组织之间发生的合同纠纷和其他财产权益纠纷进行的仲裁，当然属于民间仲裁。

不过，正如劳动争议仲裁已经被某些人认定为行政仲裁一样，虽然民商事仲裁委员会在名义上并非行政机关，但行政机关在这些仲裁机构的运作过程中参与度极高，"按照我国《仲裁

---

〔1〕 齐树洁主编：《纠纷解决与和谐社会》，厦门大学出版社 2010 年版，第266 页。

〔2〕 肖建华等：《仲裁法学》，人民出版社 2004 年版，第 11 页。

〔3〕 范愉主编：《ADR 原理与实务》，厦门大学出版社 2002 年版，第 369 页。

法》的规定，各地的仲裁委员会是社会团体法人，独立于行政机关。但仲裁机构仍然套用行政编制的设置，且在人员、财政上与地方有着千丝万缕的关系，因而不可避免地打上了官方性、地方性的烙印。"〔1〕 这就可能导致人们在判断这些仲裁的性质时产生某些困惑。之所以有人在民商事仲裁的语境下提出仲裁行政性理论，也正是因为民商事仲裁机构的行政色彩。

同样是以裁决方式解决纠纷，行政裁决的法律性质似乎不应该引发争议。人们认为："行政裁决是指行政主体依照法律授权，以中间人的身份，对特定的民事纠纷进行审理和公断的具体行政行为。"〔2〕 这就是把行政裁决归入具体行政行为之列。不过，仍然有人在这个问题上表现得很纠结，他们认为行政仲裁和行政裁决，"具有一定的准司法性质"。〔3〕 这种判断建立在裁决的司法权属性之上，认为裁决权是国家司法机关固有的权力。当这种权力由司法机关以外的机构行使时，便不能称之为真正意义上的司法权，而只能称之为准司法权，基于这种理解，有人认为民商事仲裁也是一种准司法权。

把裁决权认定为司法机关独有权力的做法显然是错误的。目前，我国的司法机关是人民法院，根据《中华人民共和国宪法》规定，法院独立行使审判权，审判权固然是法院司法权最为重要的权能，但却不是司法权的唯一权能。因为根据《中华人民共和国法院组织法》，人民法院又拥有一定的行政权能，比

---

〔1〕 范愉主编：《ADR 原理与实务》，厦门大学出版社 2002 年版，第370 页。

〔2〕 缪文升：《一元亦或多元：行政纠纷解决机制的徘徊与抉择》，载《内蒙古社会科学（汉文版）》2009 年第3 期。

〔3〕 沈恒斌：《多元化纠纷解决机制原理与实务》，厦门大学出版社 2005 年版，第241 页。

如院长管理本院行政事务，比如司法警察负责法庭警戒、人员押解和看管等警务事项，再如法院内部人员编制专项管理及经费管理等。由此可见，作为一个完整的司法权，它是由包括审判权、行政权在内的多种权能组成的。我们不能把法院的行政权能称之为行政权或者准行政权，因为这种行政权能本身是法院整体司法权不可分割的组成部分。同样的道理，我们也没必要把行政机关拥有的裁决权能称之为司法权或者准司法权。根据《中华人民共和国宪法》规定，县级以上地方各级人民政府依照法律规定的权限，管理本行政区域内的经济、教育、科学、文化、卫生、体育事业、城乡建设事业和财政、民政、公安、民族事务、司法行政、计划生育等行政工作，发布决定和命令。管理各项行政工作固然是县级以上地方各级人民政府行政权的最为重要的权能，但它也不是行政权的唯一权能。宪法规定县级以上地方各级人民政府有权发布决定和命令，这些决定和命令依法既可以是具有普遍约束力的决定、命令，也可以是为了解决与行政管理行为相关的特定民事纠纷而发布的决定、命令，前者使行政机关具有立法权能，后者使行政机关具有裁决权能，这些权能也都是完整的行政权的组成部分。

在实践中，行政机关的裁决权能的适用范围十分广泛。据统计，"目前我国的法律、法规规定行政机关对与行政管理有关的民事纠纷裁决就有近20项，职能部门对与行政管理有关的民事纠纷的裁决有30多项，几乎涵盖了行政管理的绝大多数领域。"[1]

---

〔1〕 徐黎明：《论行政机关处理民事纠纷在多元纠纷解决机制中的地位》，载《西安文理学院学报（社会科学版）》2010年第6期。

　　不过，行政机关的裁决权能在法律法规中却有多种表达形式。《民间纠纷处理办法》规定基层人民政府处理民间纠纷，应当进行调解，调解不成的，"基层人民政府可以作出处理决定"，这里讲的处理决定便是一种行政裁决。而根据《中华人民共和国治安管理处罚法》，公安机关对于因民间纠纷引起的打架斗殴或者损毁他人财物等违反治安管理行为，情节较轻的，可以进行调解处理。"经调解未达成协议或者达成协议后不履行的，公安机关应当依照本法的规定对违反治安管理行为人给予处罚。"这里所说的治安管理处罚决定，也是一种行政裁决。依《中华人民共和国土地管理法》第77条，县级以上人民政府自然资源主管部门对于未经批准、非法占用土地行为作出的责令退还、恢复原状、罚款等决定，同样体现了土地行政主管部门所具有的行政裁决权能。

　　认清裁决的权能属性至关重要，它只是某种国家权力所具有的功能，并不是该项权力本身。仅凭这一功能的行使，无法对国家权力的性质作出准确的判断。因为，不仅司法机关、行政机关依照目前的宪法和法律可以具备这种功能，作为民间机构的民商事仲裁委员会也可以因为《仲裁法》的授权而具备这种功能。明白这一点，我们在认定仲裁或行政裁决的法律性质时，就不会被所谓的司法权理论或准司法权理论所困扰，从而避免在理论上把仲裁（包括民商事仲裁和行政仲裁）、行政裁决置于司法权的附庸地位，后者正是我们在立法和司法实践中常常看到的情形。

　　基于裁决的权能属性，我们可以把法院裁决以外的其他方式的裁决统称为非诉讼裁决。无论是特定民间机构，还是行政机关，只要被法律赋予了裁决功能，就可以用这种方式解决纠纷。享有这种功能并不意味着享有司法权，法院以外的机构用裁决方式解决纠纷也不可能造成对于司法权的侵害。目前，法律上关于法院裁决权已经规定得十分明确，而关于其他方式裁决的规定却是政出多门、法律不一、效力不彰，要想改变这种状况，首先在理论上对于商事仲裁、行政仲裁及行政裁决等法院之外的裁决方式进行整合，是一种必要的尝试，这是本章提出"非诉讼裁决"这一概念的初衷。

二、整合案件分流系统

尽管我们在建构多元化纠纷解决机制时，更加关注多种纠纷解决方式的共赢发展，而不是像西方替代性纠纷解决机制那样强调案件的分流，但不论在理论上，还是在实践中，如何实现案件分流仍是人们关注的焦点。人们把矛盾纠纷分流渠道不通畅，视为多元化纠纷解决机制运行中存在的问题之一，[1] 并积极探索破解之道，目前存在的矛盾纠纷分流方式主要有两种，一种是法院分流，另一种是法院外分流。

（一）法院内分流

法院内分流是指在法院内部由特定机构对进入到法院的案件进行分流配置。早在 2004 年 9 月，最高人民法院颁布《关于人民法院民事调解工作若干问题的规定》将《民事诉讼法》规定的协助调解具体化，并创设了委托调解制度，开始建立通过引入社会力量分流民事案件的新机制。2009 年 7 月，最高人民法

---

〔1〕 宋长士、戚怀民：《多元化纠纷解决机制的实践难题与破解之策》，载《人民法院报》2017 年 11 月 2 日，第 5 版。

院颁布《关于建立健全诉讼与非诉讼相衔接的矛盾纠纷解决机制的若干意见》则将调解范围进一步向立案前延伸，创设委派调解机制。该意见第 14 条规定："对属于人民法院受理民事诉讼的范围和受诉人民法院管辖的案件，人民法院在收到起诉状或者口头起诉之后、正式立案之前，可以依职权或者经当事人申请后，委派行政机关、人民调解组织、商事调解组织、行业调解组织或者其他具有调解职能的组织进行调解。"

在实践中，有些地方法院通过特邀调解员和律师进入本院调解团队，进行委托或委派调解。如昆明市西山区人民法院自2012 年以后积极推行诉调对接和多元化改革，通过面向社会遴选调解员进入法院特邀调解员队伍，吸纳调解组织进入法院特邀调解组织队伍，选取律师事务所律师调解员进入本院特邀律师调解员队伍，形成涵盖行政、人民、行业、商事调解的多元化纠纷解决机制，到 2016 年 12 月 31 日，该院共成功分流案件3578 件，其中诉前委派调解 1449 件、委托调解 1509 件、司法确认 620 件。[1] 而最高院的研究显示，截至 2016 年底，各级人民法院按照新的规范要求，建立特邀调解组织近 2 万个，吸纳特邀调解员 6 万多人。这支法院编外解纷队伍，接受法院委派调解和委托调解案件 101 万件，调解成功 53.8 万件，成功率为53.3%。通过特邀调解，有效配置法院内外的纠纷解决资源，分流案件约占一审民商事案件总数的 10% 以上，缓解了法院案多

---

〔1〕 参见《云南昆明西山区法院：多元创新 专业调解 形成纠纷解决机制整体合力》，载微信公众号"多元化纠纷解决机制"，2017 年 2 月 26 日。

人少的矛盾。[1] 除了利用特邀调解分流案件以后，各级法院还选派擅长调解的法官或司法辅助人员担任专职调解员，化解立案阶段适宜调解的案件。"2016 年，各级人民法院配备专职调解员 8480 人，调解案件 72.5 万件，调解成功 38 万件，成功率保持在 50% 以上。通过专职调解分流化解大量简易案件，让法官集中精力审理疑难复杂案件。"[2]

在实践中，有的法院还设置专门机构，对案件进行非诉处理。如上海市长宁区人民法院于 2003 年设立了国内首家法院附设调解机构，即"区联调委人民调解窗口"，第一次将法院外力量引入到法院调解之中。此后，各地法院纷纷设立类似机构，名称却不一而足，如"诉前联调""人民调解工作室"等。[3] 2013 年成立了云南省法院第一家单独编制的诉调对接中心，诉调中心现配备法官、助理、书记员、陪审员。抽调善于做群众工作、亲和力好、调解能力强的法官到诉调中心从事案件速裁及繁简分流工作。扩大中心工作职责，集调解、小额诉讼及简易程序快速裁判于一身，因案制宜地提供协商、调解、庭审三位一体的品字型诉调中心，除法定不适用调解的案件外，立案后均在当事人自愿的基础上坚持先行调解。[4] 福建厦门市中级

〔1〕 李少平：《示范带动创新发展 不断提升多元化纠纷解决机制改革法治化水平》，载微信公众号"多元化纠纷解决机制"，第 148 期。

〔2〕 李少平：《示范带动创新发展 不断提升多元化纠纷解决机制改革法治化水平》，载微信公众号"多元化纠纷解决机制"，第 148 期。

〔3〕 何仲新：《法院诉调对接的实践进路及机制完善》，载微信公众号"多元化纠纷解决机制"，第 158 期。

〔4〕 参见《云南昆明西山区法院：多元创新 专业调解 形成纠纷解决机制整体合力》，载微信公众号"多元化纠纷解决机制"，2017 年 2 月 26 日。

人民法院融合闽南特色民俗文化，打造"台缘""人缘""商缘""乡缘""家缘"的"五缘"调解室；全市法院共设立 29 个调解室，配备 24 名专职调解干部，选聘 121 名特邀调解员，设立以法官和调解员命名的"调解工作室"，形成品牌效应。引入律师驻点调解，邀请代表委员、专家学者、社会志愿者等社会力量协助调解，委派、委托相关调解组织调解，成功化解各类矛盾纠纷 14 304 件。[1]

对于在法院内部设置类似诉调对接平台，最高人民法院持肯定态度。2016 年 6 月最高人民法院发布《关于人民法院进一步深化多元化纠纷解决机制改革的意见》，即提出完善平台建设："人民法院应当配备专门人员从事诉调对接工作，建立诉调对接长效工作机制，根据辖区受理案件的类型，引入相关调解、仲裁、公证等机构或者组织在诉讼服务中心等部门设立调解工作室、服务窗口，也可以在纠纷多发领域以及基层乡镇（街道）、村（社区）等派驻人员指导诉调对接工作。"据统计，"截至 2016 年底，全国法院设立专门的诉调对接中心 2338 个，通过建立与各类调解组织的诉调对接平台，将大量的纠纷化解在立案阶段或者审前准备阶段。"[2]

（二）法院外分流

法院外分流是指在案件进入法院之前，即通过调解或非诉讼裁决等方式进行处理。有的地方在推动"大调解"过程中，

---

〔1〕《福建厦门市中院：坚持法治思维引领、全力打造多元化解纠纷解决机制升级版》，载微信公众号"多元化纠纷解决机制"，2017 年 2 月 25 日。

〔2〕 李少平：《示范带动创新发展 不断提升多元化纠纷解决机制改革法治化水平》，载微信公众号"多元化纠纷解决机制"，第 148 期。

通过设立相应机构实现案件分流。如内蒙古鄂尔多斯市在旗、区、级社会设矛盾纠纷"大调解"中心，由大调解工作领导小组领导，下设接待室、调解室、督查室，其工作人员从大调解领导小组成员单位抽调。调处中心的主要职责是受理、分流、指派、督办辖区内矛盾纠纷排查调处，对重大疑难矛盾纠纷组织、协调、调度有关部门联合调处。[1] 吉林省通过建立调解组织分流案件的经验是，在企事业单位建立人民调解委员会，在行业部门建立人民调解组织，并在屯组、居民小区、车间（班组）设立调解小组，聘任调解员，从而形成严密的调解网络，对于排查发现的纠纷，按照"属地管理、分级负责""谁主管谁负责"的原则进行分流，由各类基层人民调解组织和相关单位负责初级调处，解决不了的移送"矛调中心"逐级联调。[2]

当然，调解并不是案件分流的唯一途径。有学者通过对《厦门经济特区多元化纠纷解决机制促进条例（2015 年)》《山东省多元化解纠纷促进条例（2016 年）》以及黑龙江省、福建省两个省的多元化解纠纷条例进行研究发现："四个多元条例通过对各种纠纷解决方式的衔接与融合的规定，鼓励和引导当事人优先选择对抗性较弱、成本较低的方式解决纠纷，首选协商，和解不成再进行调解或申请行政解决；通过对纠纷的分流与过滤，建立纠纷解决分层递进的模式，避免和减少诉讼，形成了具有中国特色的资源整合、功能互补、相互协调的多元化纠纷

---

〔1〕 参见张文香：《蒙古族习惯法与多元纠纷解决机制——基于邵尔多斯地区的调查》，中央民族大学 2011 年博士学位论文。

〔2〕 赫然、张荣艳：《中国社会纠纷多元调解机制的新探索》，载《当代法学》2014 年第 2 期。

解决体系。"〔1〕

从这些条例的内容上看，它们都规定了和解、调解、行政裁决、行政复议、仲裁、诉讼等多种化解纠纷的办法，对于非诉程序及程序衔接、对于非诉程序的组织建设与保障措施都作了相应的规定，如果当事人能够选择这些程序解决纠纷，那自然可以起到案件分流的作用。但实际情况却是，2015 年立案登记制的实施，大大降低了立案门槛，当事人接受调解、仲裁等其他解决纠纷方式的意愿降低，大量纠纷涌进法院。最高人民法院两会期间的工作报告显示："2015 年最高人民法院受理案件 15 985 件，审结 14 135 件，比 2014 年分别上升 42.6% 和 43%；地方各级人民法院受理案件 1951.1 万件，审结、执结 1671.4 万件，结案标的额 4 万亿元，同比分别上升 24.7%、21.1% 和 54.5%。2016 年，最高人民法院受理案件 22 742 件，审结 20 151 件，比 2015 年分别上升 42.3% 和 42.6%；制定司法解释 29 件，发布指导性案例 21 件。地方各级法院受理案件 2303 万件，审结、执结 1977.2 万件，结案标的额 4.98 万亿元，同比分别上升 18%、18.3% 和 23.1%。"〔2〕

在这种形势下，各级法院系统把诉调对接机制延伸到法院以外，与相关组织或机构联合建立平台，化解纠纷，从而起到分流案件的作用。2016 年以后，最高人民法院与司法部、保监会、证监会等部门开展对接平台建设，联合出台了涉及行业性

---

〔1〕 龙飞：《多元化纠纷解决机制立法的定位与路径思考——以四个地方条例的比较为视角》，载《华东政法大学学报》2018 年第 3 期。

〔2〕 何仲新：《法院诉调对接的实践进路及机制完善》，载微信公众号"多元化纠纷解决机制"，第 158 期。

专业性纠纷的诉调对接规定或意见。各地法院纷纷与地方相关机构或组织进行对接。比如，安徽省高级人民法院分别与安徽省侨联、工商联等八家单位联合印发了诉调对接工作意见；北京市高级人民法院与首都综治办共同指导成立北京多元调解发展促进会，整合了 35 家行业协会调解组织的力量，2016 年接收法院委托调解案件 3675 件，调解成功案件涉及标的达 7 亿多元。[1] 福建省厦门市中级人民法院针对矛盾多发易发的部门行业，主动对接，首创法院、交警、保险、人民调解等多方参与的道路交通事故一体化调处机制；与妇联等合作探索家事案件调解程序前置；与工会、劳动争议仲裁院建立劳动争议调裁审一体化机制；与街道、医调委、医院、保险等共建"五调"联处模式，形成化解矛盾的整体合力，诉前化解上述纠纷 5722 件。该院还派出 188 名法官与全市 476 个村（居）建立共创共建关系，联合司法行政、公安、综治、信访、民政等部门的基层调解力量，协同化解矛盾纠纷 7599 件，最大限度避免纠纷成讼，相关经验被上级法院推广。[2]

从上述两种方式，我们可以看到目前案件分流存在着两个问题：其一，是案件分流的主导权掌握在法院。正如有学者所说："2012 修改后的《民事诉讼法》将案件分流的权力完全配置给了法院，即法院作为主体决定将不同的案件配置到不同的纠纷解决渠道，这一点则有待商榷，因为在事实上，民事纠纷的

〔1〕 李少平：《示范带动创新发展 不断提升多元化纠纷解决机制改革法治化水平》，载微信公众号"多元化纠纷解决机制"，第 148 期。
〔2〕《福建厦门市中院：坚持法治思维引领 全力打造多元化解纠纷解决机制升级版》，载微信公众号"多元化纠纷解决机制"，2017 年 2 月 25 日。

性质依旧带有某种契约自治的根属，在管辖、适用程序、适用调解等制度上的当事人自治，正是民事纠纷的这种性质在程序法制上的体现。因此，更为理想的状况应该是让当事人参与到纠纷解决的决策程序中来，通过赋权使当事人知悉不同纠纷解决程序的利弊，从而进入恰当的纠纷解决程序中去。"[1] 其二，分流的主要方向是调解。法院系统对于建立各种诉调对接机制趋之若鹜，而对于其他非诉讼解纷方式尤其是行政裁决的态度有所保留。由于行政机关的职权受到法律规定的制约、行政机关与司法机关相互独立，现在诉调对接机制中受各级法院委托、委派裁决案件的情况对于行政机关而言是不可想象的，"不少行政机关片面认为化解矛盾的法治方式就是诉讼方式，往往囿于自身利益考虑，对其应承担的矛盾化解和社会维稳职能故意弱化，穷尽办法推诿至法院进行解决。不仅未能发挥非诉矛盾化解方式的优势，反而导致了许多矛盾因长期堆积而更难解决。"[2] 调解表面上的一枝独秀，并不能带来多元化纠纷解决机制的健全发展。在受理案件的数量逐年攀升的情况下，各级法院建立各种诉调对接平台，这种为了优化资源配置而在机构设置和人员编制上投入更多资源的做法很难称得上是真正的解决问题之道。

（三）实现诉前分流

在大量案件流向法院后，由法院将案件批发给不同的纠纷

---

〔1〕 熊浩：《论中国调解法律规制模式的转型》，载《法商研究》2018 年第 3 期。

〔2〕 宋长士、戚怀民：《多元化纠纷解决机制的实践难题与破解之策》，载《人民法院报》2017 年 11 月 2 日，第 5 版。

解决渠道，在目前是一种不得已而为之的事情，但它显然不是更好的选择。

2018 年最高人民法院将传承创新"枫桥经验"纳入司法改革工作要点，要求各级人民法院大力弘扬"枫桥经验"，不断健全完善多元化纠纷解决机制。尽管在不同的历史时期，"枫桥经验"的目标定位不断发生变化，工作方法也在不断地进行调整，但其核心内涵还是毛泽东同志 1963 年所提炼的"矛盾不上交，就地解决"。在推广"枫桥经验"过程中，最高人民法院要求，"各级人民法院要在诉讼服务和诉调对接工作中让人民群众拥有更多参与纠纷解决的选择权，在纠纷解决中真正感受到便利。充分尊重当事人的自主意思表示，支持和引导人民群众理性表达诉求，自愿参加调解、仲裁、诉讼等纠纷解决活动，自主达成和解协议，引导当事人选择最便捷、最适合、最经济的纠纷解决渠道"[1]，这体现了"枫桥经验"尊重人民群众主体地位的一面。但最高人民法院同时要求，"充分发挥人民法院在纠纷解决体系建设中的引领、推动、保障作用，形成全覆盖、网格化的调解指导体系，将纠纷化解关口前移。大力建设从村（居）调解、行业调解，再到法院特邀调解，最后由诉讼终局裁判的纠纷解决体系"[2]，这种既想把法院打造成为基层治理"桥头堡"，又把法院当作维护社会公平正义"最后一道防线"的要求是显相矛盾的。在基层矛盾纠纷发生以后，没有经过当事人所

---

〔1〕 李少平：《传承"枫桥经验"创新司法改革》，载《法律适用》2018 年第 17 期。

〔2〕 李少平：《传承"枫桥经验"创新司法改革》，载《法律适用》2018 年第 17 期。

在地的人民调解组织调解，没有经过有管理权的行政机关进行处理，而直接提交法院解决，这本身就违背了"矛盾不上交，就地解决"的基本精神，而解决诉前分流问题的关键仍然是"矛盾不上交，就地解决"。

我们在建构多元化纠纷解决机制过程中，每每强调"不仅要注重矛盾纠纷案件的分流，更应侧重于矛盾纠纷的源头化解与协调治理，将矛盾纠纷止于未发、化于萌芽、归于人和"[1]，将矛盾纠纷止于未发固然是好的，但这只是一种理想状态，更为实际的考虑是在纠纷发生以后，我们能够给当事人提供怎样的纠纷解决方法，又怎样引导当事人寻找到合适的解决方案。

1. 以人民调解委员会为中心的民间调解分流体系

有学者针对 2012 年修改的《民事诉讼法》规定的案件分流程序疏导纠纷而非解决争议所带来的问题，建议"在社会条件允许、司法资源足够的地区，为了促进诉讼与多元化纠纷解决机制的系统性发展，应该在地方司法政策中逐步试点建立'诉前中立案件评估程序'，从而将法院案件受理之过程同时也视为各种纠纷解决机制的资源优化配置的程序性枢纽之一"[2]。最高人民法院在《关于人民法院进一步深化多元化纠纷解决机制改革的意见》中也提出："探索民商事纠纷中立评估机制。有条件的人民法院在医疗卫生、不动产、建筑工程、知识产权、环境保护等领域探索建立中立评估机制，聘请相关专业领域的专家担任中立评估员。对当事人提起的民商事纠纷，人民法院可以建议当事

---

〔1〕 宋长士、戚怀民：《多元化纠纷解决机制的实践难题与破解之策》，载《人民法院报》2017 年 11 月 2 日，第 5 版。

〔2〕 熊浩：《论中国调解法律规制模式的转型》，载《法商研究》2018 年第 3 期。

人选择中立评估员，协助出具评估报告，对判决结果进行预测，供当事人参考。当事人可以根据评估意见自行和解，或者由特邀调解员进行调解。"这种中立评估机制确实可以为当事人解决纠纷提供明确的指引，问题在于，这种评估机制未必适合所有地区，也未必适合所有的纠纷解决领域。况且，在法院受理过程中建立中立评估机制的做法并不是真正的诉前分流。

按照"就地解决"的原则，应该建立以人民调解委员会为中心的民间调解分流体系。依照《中华人民共和国人民调解法》（以下简称《人民调解法》）规定，人民调解委员会存在于村（居）民委员会、乡镇、街道及部分企事业单位中，同时还以区域性、行业性等形式存在，几乎可以涵盖所有民事纠纷可能发生的地域，也是当事人最方便找到的解决纠纷场所。2018年4月19日，中央政法委、最高人民法院、司法部、民政部、财政部、人力资源和社会保障部在《关于加强人民调解员队伍建设的意见》中明确规定人民调解员的职责任务，包括"积极参与矛盾纠纷排查，对排查发现的矛盾纠纷线索，采取有针对性的措施，预防和减少矛盾纠纷的发生；认真开展矛盾纠纷调解，在充分听取当事人陈述和调查了解有关情况的基础上，通过说服、教育、规劝、疏导等方式方法，促进当事人平等协商、自愿达成调解协议，督促当事人及时履行协议约定的义务"。可见，化解纠纷、疏导纠纷本就是人民调解委员会的工作职责。尤为重要的是，目前我国法律仅对人民解决协议规定了司法确认程序，因为民事诉讼法仅规定了对人民调解协议的司法确认，其他行业调解、商事调解在当事人调解成功后，也只能通过重新立案要求法院出具调解书，而许多行政调解"为了取得人民调解协议的合同效力，以免不被法院所承认"[1]，只能以人民调解的名义运作，人民调解在法律效力上这种独特优势为人民调解委员会整合所有调解资源、有效分流案件创造了条件。

一方面，人民调解委员会需要不断提高专业化水平，《关于加强人民调解员队伍建设的意见》提出"要注重选聘律师、公证员、仲裁员、基层法律服务工作者、医生、教师、专家学者等社会专业人士和退休法官、检察官、民警、司法行政干警以及相关行业主管部门退休人员担任人民调解员"，但各人民调解委员会所在的村（居）民委员会、乡镇、街道及企事业单位资源不同，专业人才未必足敷使用。另一方面，适应市场主体对于调解专业化和调解服务的新需求，各地行业性、专业性调解组织取得迅猛发展，它们分布在知识产权、医疗、证券、保险、房地产、工程承包、国际贸易等多个领域，为相关领域的纠纷解决提供了更多的选择。不过，这些行业性专业性调解组织，"现阶段主要以政府职能部门主导，参照各地行政服务中心的运作模式，人员由各部门派驻，人员的来源和结构注定此类机构工作缺乏凝聚力和主动性，同时面临案源不足、经费保障力度不够等问题，运营难以为继，'有人员没案件'的状况与法院'有案件没人员'形成强烈反差。"[2]

有的地方依靠政府、法院的力量实现这些调解组织的整合。2015年底，首都综治办、北京市高级法院共同指导，吸纳35家调解组织成为其会员单位，成立了全国首家省一级的、行业性

---

〔1〕 范愉：《纠纷解决的理论与实践》，清华大学出版社2007年版，第550页。
〔2〕 卞文林、梅贤明：《多元化纠纷解决机制如何成长完善》，载《人民法院报》2017年11月7日，第2版。

专业性调解组织的自律性行业协会——北京多元调解发展促进会。由多元调解促进会统一承担法院委托调解案件的接收、分配、监管、业务指导和沟通等职责。据统计，2016 年，多元调解促进会共接收法院委托调解案件 3675 件，调解成功案件涉及标的 7 亿多元。[1] 这种整合方式固然为行业性专业性调解组织解决了案源的问题，但并没有摆脱由法院批发案件的窠臼，而这种分流案件的工作，完全可以由人民调解委员会在诉前完成。

由于人民调解委员会处在预防和化解纠纷的最前沿，人们对于各级法院"建立纠纷解决告知程序，通过诉讼成本评估、优化工作流程，引导当事人自愿选择非诉渠道解决纠纷"[2]的期待，对人民调解委员而言，也是责无旁贷。人民调解委员会固然可以自己选聘专业人士担任人民调解员，毕竟有一至三人的名额限制，况且一二名专业调解员也无力应付多种多样的行业性、专业性的民商事纠纷，所以不妨借鉴司法机关附设调解的经验，在人民调解委员会为行业性、专业性调解组织设立调解工作室或类似机构，将人民调解委员会无力调解的行业性、专业性纠纷，委托给行业性、专业性调解组织进行调解，调解成功后再以人民调解委员会的名义制作人民调解协议。设立调解工作室整合各种调解组织，在实践中根据不同纠纷的具体情况，为当事人提供和配置更多元、更有效的调解方案，从而实现案件的分流，既可以解决人民调解委员会专业性不足问题，

---

〔1〕《北京高院：以问题为导向、以创新为动力 全面深入推进多元纠纷解决机制发展》，载微信公众号"多元化纠纷解决机制"，2017 年 2 月 22 日。

〔2〕 李少平：《示范带动创新发展 不断提升多元化纠纷解决机制改革法治化水平》，载微信公众号"多元化纠纷解决机制"，第 148 期。

也可以解决行业性、专业性调解组织调解协议的法律效力不足问题。

有学者指出："在民间社会机制的发展方面，应坚持维护人民调解作为基层社区调解的社会功能，同时给各种新型民间性解纷机构提供更加开放和多元的发展空间，民间性调解无需一律套用人民调解的名称和组织形式。"[1] 目前，虽然有的地方性法规如《黑龙江社会矛盾纠纷多元化解条例》将司法确认范围扩大到商事调解组织、行业调解组织以及公证调解组织调解达成的调解协议，但这毕竟只是一省条例，在通过国家立法解决行业性、专业性调解协议的法律效力之前，由人民调解委员会委托业性、专业性调解组织进行调解也许是一个有益的尝试。

2. 以政府信访机构为中心的行政调处分流体系

不过，人民调解委员会所依托的乡镇、街道、村（居）民委员会等基层政权发展的现状，使得纠纷的解决无法完全依赖以人民调解委员会为中心的调解组织。近年来，随着中国新型工业化、城镇化发展逐年加快，大量农村成年人口涌入城市，由此造成的农村"空心化"给农村经济发展和社会治理带来了双重困难。尤其国家实行税费改革、取消农业税后，基层政权的运作失去原有的财政支持，权力削弱。"某些地方黑恶势力及邪教组织借机沉渣泛起，填补国家权力退出后留下的真空地带，肆无忌惮地介入农村纠纷，使得纠纷的解决出现黑恶化。"[2]

---

[1] 范愉：《当代世界多元化纠纷解决机制的发展与启示》，载《中国应用法学》2017年第3期。

[2] 丁建军：《村庄内生与国家介入：农村纠纷的解决逻辑》，载《求实》2008年第10期。

在自身利益受到侵害而又无法通过正常渠道获得救济的情况下，人们把上访当成了解决问题的唯一出路。"在乡村组织纠纷解决功能弱化的同时，我们看到的却是高潮迭起的信访洪峰。越来越多的农民越级上访、集体上访、缠访，其目的无非是借助上级行政力量解决纠纷。"[1]

尽管有些人对这种"信访不信法"的现象不以为然，但还是有人从中感受了强化行政救济的必要性，"中国目前处于社会转型时期，利益格局在不断的调整之中，相关利益群体为维护自身的利益展开博弈，基于各自拥有的社会资源，其博弈方式不同，纠纷日益复杂、尖锐、突然。在这种情况下，相比消极被动的司法权，积极主动的行政权更能够防患于未然，或者避免纠纷的激化。""行政权所具有的全面管理、协调各方力量与利益的资格与能力，能综合解决比较复杂的纠纷。"[2] 行政救济的强化可能带来对司法救济弱化的担忧，其实这是大可不必的，在世界其他国家和地区，行政性解纷机制在处理各种新型纠纷中发挥了越来越重要的作用。如前文所述，在美国当事人一年向社会保障署提起的请求或者申诉共有 400 万件，但经过各种 ADR 方式，真正由行政法法官裁决的有 50 万件，最终进入法院的只有 1.2 万件，超过 99% 的案件在行政机关内部得到了解决。[3]

---

〔1〕 李俊：《从均衡到失衡：当代中国农村多元纠纷解决机制困境研究》，载《河北学刊》2015 年第 6 期。

〔2〕 李俊：《从均衡到失衡：当代中国农村多元纠纷解决机制困境研究》，载《河北学刊》2015 年第 6 期。

〔3〕 范愉：《当代世界多元化纠纷解决机制的发展与启示》，载《中国应用法学》2017 年第 3 期。

在中国，已经有越来越多的学认识到建立健全行政性纠纷机制的必要性。最高人民法院在《关于人民法院进一步深化多元化纠纷解决机制改革的意见》中也提出："支持行政机关对行政赔偿、补偿以及行政机关行使法律法规规定的自由裁量权的案件开展行政调解工作，支持行政机关通过提供事实调查结果、专业鉴定或者法律意见，引导促使当事人协商和解，支持行政机关依法裁决同行政管理活动密切相关的民事纠纷。"虽然目前我国对于部分领域纠纷的行政解决机制的立法尚处于空白状态，在某些领域还出现了弱化行政解决机制的情况，但这些都是立法机关需要进一步考虑的事项。当前，从方便纠纷当事人的角度，亟待解决的问题是如何为他们提供解决纠纷的路径指引，毕竟，我国现有的法律法规规定了包括行政调解、行政裁决、行政复议等在内的多种解决纠纷方法，但拥有上述权力的行政机关级别不同、职权不同、管辖范围不同，作为行政管理相对方的当事人在纠纷发生以后，如何选择解决机关及解决方法，需要一个解决纠纷的路径指引。

有学者通过对云南、四川、贵州和广西 4 个省及 14 个民族州市的 20 个乡镇进行调查研究，发现"乡镇一级人民政权组织中形成了以党委领导的综合治理办公室为中心的强有力的行政纠纷解决机制。西南少数民族地区党委为中心的行政机关的纠纷解决机制的作用在基层社会纠纷的解决中起到了较为重要的作用，因为它能把基层社会中各类行政机关调动起来，进行有效的解决"[1]。四川眉山、河南焦作、安徽亳州等地人民法院

---

〔1〕 胡兴东：《西南民族地区多元纠纷解决机制研究》，载《中国法学》2012年第 1 期。

也有"依托社会治安综合治理平台，将纠纷化解纳入社会综合治理体系，建立矛盾纠纷排查化解联动机制"，以确保纠纷多元化解工作责任落实，有效对矛盾纠纷进行源头治理。[1] 针对多元纠纷解决机制面临的困境，来自司法机构的研究者建议"由中央及地方各级党委政法委牵头，在社会综合治理领导机构成立社会矛盾多元化解机制领导机构，统领相应区域矛盾纠纷的化解和社会稳定工作"[2]。一些地方出台的多元化纠纷解决条例也都赋予综合治理部门监督协调多元化解工作的职责。如《厦门经济特区多元化纠纷解决机制促进条例》第4条第1款规定："社会治安综合治理部门会同司法行政部门，推进多元化纠纷解决机制的建立和完善，制定发展规划，指导、推动工作开展。"《山东省多元化解纠纷促进条例》第7条规定，"各级社会治安综合治理部门负责纠纷多元化解工作的组织协调、调查研究、督导检查和考核评估，推动人民调解、行政调解、司法调解协调联动，促进各种纠纷化解途径的有机衔接"。

作为协助党委、政府领导社会治安综合治理工作的常设机构，各级社会治安综合治理部门固然可以为推动多元化纠纷解决工作提供强有力的统筹协调，后者在某种程度上也是涉及众多国家机关、社会团体和组织的多元化纠纷解决机制所必需的，但这样一个领导机构显然不适合直接出现在解决矛盾纠纷的前沿，承担分流案件的职责，更适合承担这项职责是的政府信访

---

〔1〕 李少平：《示范带动创新发展 不断提升多元化纠纷解决机制改革法治化水平》，载微信公众号"多元化纠纷解决机制"，第148期。

〔2〕 江苏省泰州市中级人民法院课题组：《矛盾纠纷多元化解机制的实践困境与路径探析》，载《中国应用法学》2017年第3期。

机构。

这是因为，一方面，不断涌现的信访潮体现了人们对于以行政力量解决问题的期待，人们已经习惯通过信访机构反映问题、表达意见、解决纠纷。另一方面，政府也希望"建立统一领导、部门协调，统筹兼顾、标本兼治，各负其责、齐抓共管的信访工作格局，通过联席会议、建立排查调处机制、建立信访督查工作制度等方式，及时化解矛盾和纠纷"（《信访条例》第5条第2款）。可以说，在解决矛盾与纠纷方面，信访机构承载了来自政府与人民双方的期待。

通过几十年的信访实践，现在已经形成通过信访解决问题的机制。根据《信访条例》的规定，县级以上人民政府信访工作机构收到信访事项后，应在15日内分别情况进行处理：对已经或者依法应当通过诉讼、仲裁、行政复议等法定途径解决的，不予受理，但应当告知信访人依照有关法律、行政法规规定程序向有关机关提出。对依照法定职责属于本级人民政府或者其工作部门处理决定的信访事项，应当转送有权处理的行政机关。信访事项涉及下级行政机关或者其工作人员的，按照"属地管理、分级负责，谁主管、谁负责"的原则，直接转送有权处理的行政机关，并抄送下一级人民政府信访工作机构。有关行政机关在受理信访事项后，应进行调查核实，对于重大、复杂、疑难的信访事项，还可以举行公开听证。通过质询、辩论、评议、合议等方式，查明事实，分清责任。一旦作出支持信访人的决定，则督促有关机关或者单位执行。信访机构负责督办上述程序执行情况，并向本级人民政府定期提交信访情况分析报告。

有学者认为，信访事项的处理被设置为一种准司法过程："由信访事项的提起，信访事项的登记、审查，决定是否受理，回避，调查，听证，对信访投诉的请求进行处理，书面答复，复查、复核以及执行督促，这些已被'改造'成符合信访制度语境的步骤组合过程，被塑造为一个模拟司法裁判的设置。这种设置试图使信访的程序启动、过程控制、决定作出以及决定执行均具有强制性，从而促成信访处理的正式程序化，并借助这种'法院式的程序仪式'来强化信访处理过程的权威。"[1]但在这种所谓的准司法过程中，对当事人的实体权利作出处理的只能是接受信访机构转送事项的有关行政机关，信访机构的职责就是将信访事项转送给相关行政机关，并督办其执行。当信访事项与当事人之间的矛盾纠纷联系在一起时，信访机构对该事项的处理恰好起到分流案件的作用。

鉴于越来越多的"矛盾纠纷流入到信访渠道，形成了'信访不信法''信上不信下'等怪圈，矛盾纠纷在多元化解机制之间出现恶性循环"[2]。曾有学者提出，"改变目前格局的途径只能是在提供更为有效的救济机制的同时，改变缠诉等行为和思维模式及对信访的迷信，并将司法与信访适度分离"，同时建议："将信访制度逐步转化或建构为一种类似西方国家行政监察专员制度的机制，赋予其直接处理解决当事人投诉的权限。"[3]到2014年，中共中央办公厅、国务院办公厅印发《关于依法处

---

〔1〕 翟校义等:《信访法治化研究》，人民出版社2016年版，第128~129页。

〔2〕 程琥:《在线纠纷解决机制与我国矛盾纠纷多元化解机制的衔接》，载《法律适用》2016年第2期。

〔3〕 范愉:《纠纷解决的理论与实践》，清华大学出版社2007年版，第361~362页。

理涉法涉诉信访问题的意见》，便试图将涉法涉诉信访事项导入司法程序机制，实行诉讼与信访分离制度。把涉及民商事、行政、刑事等诉讼权利救济的信访事项从普通信访体制中分离出来，由政法机关依法处理。各级信访部门对到本部门上访的涉诉信访群众，应当引导其到政法机关反映问题；对按规定受理的涉及公安机关、司法行政机关的涉法涉诉信访事项，收到的群众涉法涉诉信件，应当转同级政法机关依法处理。

至于是否赋予信访机构直接处理解决当事人投诉的权利，是一个值得商榷的问题。毕竟信访机构建立的初衷在于倾听人民群众的建议、意见或者投诉请求，目前涉诉信访固然越来越多，但就纠纷解决而言，信访机构存在的意义不在于他们提供解决当事人之间实体问题的具体方案，而是将当事人分流到不同的行政性纠纷解决程序中去。信访也不是解决纠纷的方法，而是将矛盾纠纷进行分流处置的一种有效手段。随着社会结构的转变，传统的以协商和民间调解为主的多元纠纷解决机制衰落，"但公力救济并不能填补由此带来的纠纷解决的真空，行政救济强化与弱化并存、司法救济有所发展但还很不完善，由此导致本应发挥中介、监督、协调、信息传递等功能的信访在多元纠纷解决机制中地位的凸显"，虽然有人认为这"这显然是不合理的"，[1] 但当更多的纠纷流入信访渠道的时候，我们所能做的也只能是因势利导，以信访机构为中心，建构行政性纠纷解决机制的分流体系。2002 年，上海市曾以司法所和信访办为组织构成，构建街道（乡镇）"司法信访综合服务窗口"，以此

---

〔1〕 李俊：《从均衡到失衡：当代中国农村多元纠纷解决机制困境研究》，载《河北学刊》2015 年第 6 期。

作为行政机关处理社会纠纷的平台和通道，这个集人民调解、法律服务、法律咨询、安置帮教、信访接待等功能为一体的平台，重要职能之一便是"接待、疏导、调处社区疑难、重大纠纷，防止矛盾激化"[1]。

或许受到"上海模式"的启发，有学者建议"整合现在综治、信访资源，在镇、街一级设立'纠纷解决服务中心'，对矛盾纠纷集中梳理，实现归口管理"[2]。当然，就其信访机构分流案件的制度设计而言，是沿用固有处理模式，还是采取类似上海模式，抑或仿照法院做法，在信访机构内部为有纠纷调处权的行政机关设立对接工作室，从而使其分流案件的职能专门化、制度化，可以在实践中进一步探讨。而"广大群众，包括一些组织，很难搞清一个纠纷的处理责任主体是谁，因此必须提供一个便民利民的窗口"[3]，政府信访机构最适合承担这种窗口的职能。

三、设置非诉前置程序

通过建立以人民调解委员会为中心的民间调解分流体系、以政府信访机构为中心的行政调处分流体系，可以为当事人解决纠纷提供合适的途径，至于当事人是否选择这些路径，在很大程度上取决于当事人的自愿。不过，从世界范围来看，一些

---

〔1〕 沈恒斌主编：《多元化纠纷解决机制原理与实务》，厦门大学出版社 2005 年版，第 325 页。

〔2〕 沈恒斌主编：《多元化纠纷解决机制原理与实务》，厦门大学出版社 2005 年版，第 24 页。

〔3〕 沈恒斌主编：《多元化纠纷解决机制原理与实务》，厦门大学出版社 2005 年版，第 29 页。

国家和地区并不排除对于某些非诉讼解决方法的强制性使用，"通过立法建立法定前置性或强制性 ADR；或者要求所有或部分民事纠纷在起诉前均需经过调解，例如北欧一些国家和我国香港特别行政区；或者在劳动、社会保险、环境、家事等纠纷处理程序中建立强制调解制度，例如德国、日本及我国台湾地区。"[1] 而设置非诉讼解决方法前置程序，也是目前我国实现多元化纠纷解决机制的必要手段，首先是调解前置问题。

（一）调解前置

所谓调解前置，是指依照法律规定，某些类型的民事纠纷应以调解作为诉讼前的必经阶段。有学者认为"在实证分析的基础上，选择那些经证明通过调解能够获得有效解决的纠纷类型，如家事纠纷、相邻纠纷等，建立调解前置制度，或许是可取的"[2]。来自实务部门的观点，也把建立调解前置程序作为加大矛盾纠纷诉前分流力度的手段，他们强调"要注重发挥地方积极性，推动有条件的基层法院开展家事、相邻关系、小额债务、消费者权益保护、交通事故、医疗纠纷、物业管理等适宜调解的纠纷调解前置程序的试点工作，促进矛盾纠纷的诉前分流"[3]。

北京市高级人民法院针对法院多元调解工作中遇到的"案件导出难"问题，曾经探索开展调解程序前置工作，选取交通事故、婚姻家庭继承、物业供暖、10 万元以下的买卖、借款等

---

〔1〕 范愉：《当代世界多元化纠纷解决机制的发展与启示》，载《中国应用法学》2017 年第 3 期。

〔2〕 范愉主编：《ADR 原理与实务》，厦门大学出版社 2002 年版，第 331 页。

〔3〕 李少平：《传承"枫桥经验"创新司法改革》，载《法律适用》2018 年第 17 期。

五类适宜调解的纠纷，在立案前委派给进驻法院的人民调解员进行先行调解，尽可能将纠纷化解在诉前。[1] 这一做法引起了最高人民法院的重视，他们要求各地法院借鉴北京法院试点调解前置程序做法，推动有条件的基层法院对家事纠纷、相邻关系、小额债务、消费者权益保护、交通事故、医疗纠纷、物业管理等适宜调解的纠纷开展先行调解试点。[2]

很显然，实务部门把先行调解等同于强制调解。根据《民事诉讼法》第 122 条："当事人起诉到人民法院的民事纠纷，适宜调解的，先行调解，但当事人拒绝调解的除外。"该条但书内容"当事人拒绝调解的除外"，意味着调解的开启必须得到当事人的同意，这实行上否定了调解是进入诉讼的必经程序，而不是仅仅"限制了调解前置程序的发展空间"[3]。从这点来看，先行调解与调解前置是完全不同的。

目前，学界和实务界关于先行调解存在的争议，不论认为先行调解是立案登记前的调解或认为是开庭审前所进行的调解，还是认为是指法院立案前或者立案后不久的调解，先行调解的案件都是"已经起诉至法院且符合法院受理条件的案件"，[4]也就是说，调解发生于起诉之后，这与把调解作为起诉之必经程序的强制调解是大相径庭的。而从北京高级人民院的实践来

---

〔1〕 《北京高院：以问题为导向、以创新为动力 全面深入推进多元化纠纷解决机制发展》，载微信公众号"多元化纠纷解决机制"，2017 年 2 月 22 日。

〔2〕 李少平：《示范带动创新发展 不断提升多元化纠纷解决机制改革法治化水平》，载微信公众号"多元化纠纷解决机制"，第 148 期。

〔3〕 龙飞：《替代性纠纷解决机制立法的域外比较与借鉴》，载《中国政法大学学报》2019 年第 1 期。

〔4〕 梁蕾：《多元化纠纷解决机制中的先行调解制度》，载《山东法官培训学院学报》2018 年第 3 期。

看，他们的做法是把某些类型的案件在立案前委派给进驻法院的人民调解员进行调解，这在实质上就是 2009 年 7 月最高人民法院颁布的《关于建立健全诉讼与非诉讼相衔接的矛盾纠纷解决机制的若干意见》所规定的委派调解："对属于人民法院受理民事诉讼的范围和受诉人民法院管辖的案件，人民法院在收到起诉状或者口头起诉之后、正式立案之前，可以依职权或者经当事人申请后，委派行政机关、人民调解组织、商事调解组织、行业调解组织或者其他具有调解职能的组织进行调解。当事人不同意调解或者在商定、指定时间内不能达成调解协议的，人民法院应当依法及时立案。"

　　委派调解是法院附设调解的一种形式，"法院附设调解不同于法院调解，它与诉讼程序严格区别开来，并按自身的运作规律和特有的方式进行，因此本质上仍然是一种替代性纠纷解决方式。"[1] 而在理论界看来，法院附设调解、法院调解与他们理解为强制调解的调解前置是不一样的概念。"所谓强制调解应为调解前置，即规定某些类型纠纷的解决应以调解为必经阶段。强制调解的'强制'仅表现为纠纷双方在提起诉讼之前必须进行调解，但调解程序的进行及调解协议的达成等事项仍取决于当事人之间的合意。"[2] 从纠纷双方在提起诉讼之前必须进行调解这个意义上而言，调解前置确实是一种强制调解，这也是它与当事人有权拒绝的先行调解制度的根本区别。而从所谓调审合一的意义上说，在诉讼过程中，由法官主持的法院调解也是一种强制调解，或者说至少带有强制性质，正如黄宗智所指

---

〔1〕 范愉主编：《ADR 原理与实务》，厦门大学出版社 2002 年版，第 327 页。
〔2〕 范愉主编：《ADR 原理与实务》，厦门大学出版社 2002 年版，第 329 页。

出的那样。

　　因此，把强制调解完全等同于调解前置，未免引起理论上的混乱。毕竟，法院调解和法院附设调解都是指调解方式而言，而调解前置指向的是调解与诉讼的关系。很多学者在谈到调解前置时，总是引用根据我国台湾地区相关民事诉讼法律规定有关十一类案件在起诉前应经法院调解的例子，[1] 这里虽然规定相关案件在起诉前应经调解，但调解的主体还是法院，这十一类案件的调解仍然是法院调解的一部分。在法院调解方面，我们本身就有着丰富的历史经验。而在立案登记制实行以后法院案多人少的情况下，如果仅仅是通过法院附设调解的方式把法院同各种调解资源联系起来，从而解决案件分流问题，显然是十分不够的。因为进入法院的案件调解结案率的上升，并不意味着法院收案率的减少，也就意味着法院的负担并没有从根本上得到缓解。"国内外学者普遍认为，各种纠纷解决方式或社会控制手段之间存在替代性关系，……如果一种纠纷解决方式或社会控制手段的力量下降，则其他纠纷解决方式或社会控制手

---

　　[1] 这十一类案件是：①不动产所有人或地上权人或其他利用不动产之人相互间因相邻关系发生争执者。②因定不动产之界线或设置界标发生争执者。③不动产共有人间因共有物之管理、处分或分割发生争执者。④建筑物区分所有人或利用人相互间因建筑物或其共同部分之管理发生争执者。⑤因增加或减免不动产之租金或地租发生争执者。⑥因定地上权之期间、范围、地租发生争执者。⑦因道路交通事故或医疗纠纷发生争执者。⑧雇用人与受雇人间因雇佣契约发生争执者。⑨合伙人间或隐名合伙人与出名合伙人间因合伙发生争执者。⑩配偶、直系亲属、四亲等内之旁系血亲、三亲等内之旁系姻亲、家长或家属相互间因财产权发生争执者。⑪其他因财产权发生争执，其标的之金额或份额在新台币10万元以下者。此外，离婚之诉、夫妻同居之诉、终止收养关系之诉等人事诉讼案件，在起诉前应经法院调解。参见范愉主编：《ADR 原理与实务》，厦门大学出版社2002年版，第329～330页。

段的力量就会上升，由此填补前者力量下降带来的空缺。"[1]
所以，要想从根本上解决法院案多人少的问题，就必须充分发挥其纠纷解决方式的替代性作用，而不是通过各种衔接平台把其他纠纷解决方式变成法院的附庸。

就调解而言，在民间及行政调解资源十分丰富的前提下，正应当通过前置程序的设计，让各种调解组织及机构独立发挥作用，将案件就地解决，而不是等案件进入法院之后再由法院将案件批发给上述调解组织解决。我国历史上有些朝代如元朝、明朝，就通过立法明确规定民事案件及轻微刑事案件，必须经过基层组织处理，如直接告官，则被视为越诉。当代德国《民事诉讼法施行法》第 15 条也规定："针对特定的案件类型必须进行诉前强制调解，各州可以规定，下述争议只有在州司法管理机构设置或者认可的调解机构对争议调解之后才能被受理：①地方法院受理的财产争议数额低于 750 欧元。②邻地争议，涉及经营活动额除外。③没有经过媒体、广播报道的个人名誉损害。"[2]

在为特定纠纷寻求合适的民间或行政调解机构方面，我们在立法上并没有什么困难。至于哪些纠纷可以设定调解前置程序，有学者认为："一般而言，此类纠纷主要包括：①涉及特殊社会关系的纠纷，如家事纠纷（离婚、子女抚养和家庭财产分割等）、劳资纠纷、邻里或相邻关系发生的纠纷、教育纠纷、农

---

〔1〕 李俊：《从均衡到失衡：当代中国农村多元纠纷解决机制困境研究》，载《河北学刊》2015 年第 6 期。

〔2〕 龙飞：《替代性纠纷解决机制立法的域外比较与借鉴》，载《中国政法大学学报》2019 年第 1 期。

村承包关系纠纷和不同民族当事人之间的纠纷，等等；②争议标的额较小，事实清楚、争议不大的民事纠纷；③尽管不属于上述两类，但法官认为适于通过调解解决，或明显具有和解可能的纠纷，也可以要求当事人先进行调解，等等。"[1] 最高人民法院《关于适用简易程序审理民事案件的若干规定》第14条曾经规定了六类人民法院在开庭前应先行调解的纠纷，包括婚姻家庭纠纷和继承纠纷、劳务合同纠纷、交通事故和工伤事故引起的权利义务关系较为明确的损害赔偿纠纷；宅基地和相邻关系纠纷；合伙协议纠纷；诉讼标的额较小的纠纷。[2] 鉴于先行调解的案件当事人有权拒绝，并非真正的强制调解，上述纠纷完全可以用调解前置的方法加以解决。

总的来说，在通过立法设定调解前置程序时，应该考虑下列因素：①特定社会关系，包括婚姻家庭关系、相邻关系、土地承包关系、合伙关系等，发生在上述关系之间的纠纷应按属地原则，由当地人民调解委员会先行调解；②纠纷的行业性、专业性，如医疗纠纷和消费者权益纠纷等，应由当地行业性、专业性调解组织先行调解；③对纠纷的行政管理权，如治安纠纷、交通事故纠纷、劳务合同纠纷等，应由当地对上述事务有管理权的行政机关先行调解；④争议金额，对于不属于上述纠纷范围，但争议金额在若干元以下的，应由当地人民调解委员会先行调解。

---

〔1〕 范愉主编：《ADR 原理与实务》，厦门大学出版社 2002 年版，第 337~338 页。

〔2〕 梁蕾：《多元化纠纷解决机制中的先行调解制度》，载《山东法官培训学院学报》2018 年第 3 期。

（二）非诉讼裁决前置

非诉讼裁决，包括商事仲裁、行政仲裁和行政裁决。由于民商事仲裁是建立在当事人的仲裁协议基础之上，不存在仲裁前置问题，被认为行政仲裁硕果仅存的劳动争议仲裁本来就实行先裁后审，更不用谈仲裁前置。这里主要谈行政裁决的前置程序问题。

目前，从世界范围来看，包括行政仲裁、行政裁决在内的"行政性解纷机制的优势、作用和管辖范围不断扩大，行政性ADR 已被视为政府的责任和社会福利。很多行政程序被设定为法定前置程序或专属管辖，要求在司法程序前'穷尽行政救济'；行政调解、行政委员会、行政申诉专员等新制度层出不穷；政府通过'购买服务'、委托调解、向民间社会 ADR 提供公共财政资源的支持和适度监管，实现了社会机制与行政机制的衔接互动"〔1〕。尽管行政性解决纠纷机制的作用不断被人提及，但我国行政性解决纠纷机制发展的现状却并不令人满意。

就行政裁决而言，行政机关在立法层面也不断失去对某些民事纠纷进行裁决的权力。如《中华人民共和国治安管理处罚条例》第 38 条曾规定："被裁决赔偿损失或者负担医疗费用的，应当在接到裁决书后 5 日内将费用交裁决机关代转；数额较大的，可以分期交纳。拒不交纳的，由裁决机关通知其所在单位从本人工资中扣除，或者扣押财物折抵。"但现行《中华人民共和国治安管理处罚法》第 9 条却规定："对于因民间纠纷引起的打架斗殴或者损毁他人财物等违反治安管理行为，情节较轻的，

---

〔1〕 范愉：《当代世界多元化纠纷解决机制的发展与启示》，载《中国应用法学》2017 年第 3 期。

公安机关可以调解处理。经公安机关调解，当事人达成协议的，不予处罚。经调解未达成协议或者达成协议后不履行的，公安机关应当依照本法的规定对违反治安管理行为人给予处罚，并告知当事人可以就民事争议依法向人民法院提起民事诉讼。"这一规定把公安机关对于打架斗殴或者损毁他人财物引起的民间纠纷的解决方式限定为调解，实际上取消了原有的就此类纠纷进行裁决的权力，同时对于当事人不履行调解协议的，公安机关也只能就违反治安管理的行为予以处罚，有关双方协议的执行问题，则只能告知当事人提起民事诉讼，这就大大削弱了公安机关就违反治安管理行为引发的民间纠纷进行处理的效力与权威。

有学者通过对 2006—2007 年 S 省 S 县 D 派出所进行的调研发现，该派出所 2006 年调处的 740 起纠纷中，有 468 起纠纷通过调解解决，占总数的 63.2%；在派出所的主持下，通过双方协商解决的共 60 起，占总数的 8.1%；在 D 派出所民警的建议之下移送法院、劳动监察部门、消费者协会等其他机关处理的纠纷共 58 起，占总数的 12.4%；"作情况掌握"的纠纷共有 115起，占总数的 15.3%；被"调查处理"的纠纷 39 起，占总数的 5.3%。[1] 其中"作情况掌握"并非意味着纠纷得到解决，而是对纠纷可能发展状况的一种消极评价，"即由于纠纷未能得到根本的解决，D 派出所民警、领导担心纠纷当事人之间可能再次发生纠纷，或者出现纠纷升级，导致人员伤亡之类的恶性后果。为了防止可能发生的恶性后果发生，派出所不得不将这些

---

〔1〕 左卫民等:《中国基层纠纷解决研究》，人民出版社 2010 年版，第 78 页。

纠纷纳入其日常工作计划体系，并以一种更为积极主动的姿态来寻求解决的渠道。"[1] 而所谓"调查处理"的最终结果也"不会对纠纷当事人进行实质性的治安处罚，而是希望通过采取拟对纠纷当事人进行处罚的姿态，以再次寻求通过调解等方式解决纠纷的结果"[2]。可见，总共三成以上的纠纷没有在该派出所得到实质性解决，要么移送其他机关，要么采取一些简单防范措施，要么寻求再次解决，这固然不是一种解决矛盾的办法，但将其归咎于基层公安机关的怠惰显然是不公正的，问题在于他们失去了从根本上解决问题的某些必要的权力。

在谈到行政行为的明确化和稳定化功能时，德国学者哈特穆特·毛雷尔（Hartmut Maurer）指出，"一方面，行政行为服务于行政效率，是一种方便的、合理的管理手段，特别适合现代行政规模过程的控制，在某种程度上是必不可少的。除非明显违法或严重违法无效的情况外，行政机关可以以此为出发点：行政行为是有效的，当事人应该服从，必要时可采取强制措施，除非当事人及时借助法律救济进行防御。另一方面，行政行为服务于公民利益，即明确地确立或划定公民的权利义务，成为稳定的——在违法时行政机关也不能随意撤销的——进行其他处理的根据。总之，行政行为使国家和公民之间的关系得以明确化、稳定化，因此具有法律安定性原则上的正当根据。"[3] 从行政行为明确化、稳定化功能的角度出发，当行政管理相对

---

〔1〕 左卫民等：《中国基层纠纷解决研究》，人民出版社 2010 年版，第 91 页。

〔2〕 左卫民等：《中国基层纠纷解决研究》，人民出版社 2010 年版，第 92 页。

〔3〕 ［德］哈特穆特·毛雷尔：《行政法学总论》，高家伟译，刘兆兴校，法律出版社 2000 年版，第 205 页。

方之间发生纠纷的时候，其间的权利义务即处于不明确、不稳定的状态，行政管理机关既有权力也有义务采取包括强制措施在内的必要的合法的手段，将公民之间的权利义务关系恢复到正常状态。以交通事故引起的纠纷为例，交通事故的发生基本上缘于一方当事人的违法行为，但在事故现场，交警部门对于解决双方纠纷的贡献仅限于出具事故责任认定书，却没有明确双方权利义务关系的进一步行政行为。2003 年制定的《中华人民共和国道路交通安全法》取消了行政调解前置程序，当事人协商不成，只管到法院提起诉讼，这当然会导致法院受理交通事故案件的数量猛增。由此可知，通过立法恢复或赋予特定行政机关的行政仲裁权与行政裁决权，不仅仅是行政行为明确化、稳定化功能的理论需要，也是加强行政性纠纷解决机制从而分流法院办案负担的现实需求。

一份来自法院院系统的研究成果建议："在行政裁决方面，就目前而言，应从立法上逐步建立起行政裁决制度体系，明确行政执法部门的纠纷裁决职责；可设立行政裁决事项的民事纠纷应包括自然资源权属、知识产权、环境污染损害赔偿、医疗事故、交通事故、消费者权益、物业管理、不动产产权以及其他与行政管理活动密切相关或政策性较强的纠纷；在医疗卫生、环境资源、权属纠纷以及商标、专利等领域可以建立行政裁决前置程序。必要时，对特定类型案件可以赋予行政机构终局裁决权。"[1]

考虑到行政裁决的法律效力非调解可比，在设定前置程序

---

[1] 江苏省泰州市中级人民法院课题组：《矛盾纠纷多元化解机制的实践困境与路径探析》，载《中国应用法学》2017 年第 3 期。

时也必须持审慎的态度。对于那些与行政管理活动密切相关的纠纷而言，如果当事人双方对于纠纷的主要事实没有异议，且争议标的数额较小，受理纠纷的行政机关对该类纠纷的裁决即可成为终局裁决，即一裁终局，而无需将其作为诉讼的前置程序。这是因为如果案件事实清楚，当事人未就证据问题发生异议，则行政机关可以最大程度地避免调查者与裁决者集于一身所带来的弊端，把行政机关作出错误裁决的概率降到最低限度，加之争议标的较小，人民法院自不必为此浪费司法资源。另外，《中华人民共和国行政复议法》第30条第2款规定，根据国务院或者省、自治区、直辖市人民政府对行政区划的勘定、调整或者征用土地的决定，省、自治区、直辖市人民政府确认土地、矿藏、水流、森林、山岭、草原、荒地、滩涂、海域等自然资源的所有权或者使用权的行政复议决定为最终裁决，上述裁决自然不能被设定为诉讼的前置程序。

此外，人民法院一般受理公民之间、法人之间、其他组织之间以及他们相互之间因财产关系和人身关系提起的民事诉讼。"但是在司法实践中，法院会以内部文件的形式，对一些纠纷不予受理，如广西高级人民法院2003年发布的桂高法［2003］180号文件，就对因政府行政管理方面的决定、体制变动而引起的房地产纠纷案件、因企业改制或者企业效益不好等原因出现的企业整体拖欠职工工资而引发的纠纷案件以及因劳动制度改革而出现的职工下岗纠纷案件、地方政府根据农业产业化政策及规模经济的发展要求，大规模解除农业承包合同而发生的纠纷案件等13类纠纷不予受理。而这13类法院不予受理的纠纷，行政机关都会受理。"[1] 对于那些法院不予受理的纠纷，也不宜设定前置程序，画蛇添足。

在完善行政机关裁决权的基础上，可以考虑设置前置程序的纠纷领域包括：一是专业性较强的领域，如医疗卫生、环境资源、商标、专利等领域；二是政策性较强的领域，如权属纠纷、土地征用、房屋拆迁等领域。这些领域的纠纷涉及政策、专业等因素，情况较为复杂，行政机关正可以利用其"有较强的查明事实、进行专业判断和适用法律的能力，可将行政权力的能动性、直接性和高效率与协商性、衡平性及专门性相结合"[2] 的优势，而人民法院则为这些复杂案件的程序及实体公正提供最终的保障。

四、非诉讼程序的法律效力

非诉讼解决纷纷机制要想真正发挥对于诉讼的替代性作用，关键在于其提供的解决方案能够产生足够的法律效力。

（一）协商的法律效力

当事人协商，是一种最为灵活的纠纷解决方式。协商可以在纠纷发生后、诉诸第三方解决之前进行，也可以发生在几乎任何一种第三方解决纠纷程序之中。经过双方协商未能达成和解的，双方得寻求第三方出面的调解或裁决程序，这一点自不待言。

---

[1] 徐黎明：《论行政机关处理民事纠纷在多元纠纷解决机制中的地位》，载《西安文理学院学报（社会科学版）》2010 年第 6 期。

[2] 范愉：《当代世界多元化纠纷解决机制的发展与启示》，载《中国应用法学》2017 年第 3 期。

　　一旦通过协商达成和解，双方签订的和解协议便产生了合同的效力。任何一方拒不履行协议时，另一方自然有权按照合同法的规定追究对方的违约责任。单纯从合同法的角度看，对于拒不履行协议的当事人追究其违约责任，这就足够了。问题在于，和解协议不仅仅是一份合同，它代表着双方当事人为解决纠纷所付出的努力。当原始纠纷依然处于悬而未决的状态时，和解协议未被履行只能使问题雪上加霜，这不仅是对时间的浪费，也是对解决纠纷所付出努力的消极回应。尤其是当拒绝履行和解协议的当事人正是原始纠纷的过错方时，仅仅追究其违约责任简直是对不诚信乃至违法行为的鼓励。

　　为了保证和解协议得到履行，有必要采取措施使和解协议产生超越合同的效力。"从各国民事诉讼立法来看，几乎无一例外地肯定经过法院认可的和解协议与法院判决、裁定具有同样的法律效力。例如，在英国和美国，诉讼上的和解达成后，法院一般会按当事人的协议内容作出'合意判决'，这种判决具有与一方胜诉判决一样的效力，除了强制执行力外，还有'一事不再理'的既判力。而在德国和日本，则把和解方案记载在法院卷宗里，将其作为一种诉讼行为，同样保证其强制执行力。"[1]

　　在诉讼程序中，双方当事人达成和解协议，便意味着争议问题得到解决，法院无论通过作出"合意判决"，还是通过将和解方案记入卷宗的形式，都是确认和解协议的法律效力，同时终结诉讼程序。在其他非诉讼裁决程序，比如在仲裁或行政裁

---

〔1〕　沈恒斌：《多元化纠纷解决机制原理与实务》，厦门大学出版社 2005 年版，第 105 ~ 106 页。

决程序中，一旦当事人通过协商达成和解协议，仲裁或裁决机构同样可以根据和解协议内容作出决定，终结非诉讼裁决程序，使协议内容产生强制执行力。

通过协商达成的和解协议，或者在调解过程中双方自行达成的和解协议，也可以通过某种程序确认其法律效力。在一些地方制定的多元化纠纷解决条例中，已有相关规定。如《厦门经济特区多元化纠纷解决机制促进条例》第 43 条规定："和解协议、调解协议具有给付内容的，双方当事人可以共同向公证机构申请办理具有强制执行效力的债权文书公证。对前款规定的公证债权文书，一方当事人不履行的，对方当事人可以向有管辖权的人民法院申请执行。"《山东省多元化解纠纷促进条例》第 40 条第 1 款规定："对以给付为内容的民事和解协议或者调解协议，当事人可以共同向公证机关申请办理具有强制执行效力的债权文书公证。"

除了办理公证外，上述条例还规定，当事人可通过向仲裁机构提出申请，确认和解协议效力。如《厦门经济特区多元化纠纷解决机制促进条例》第 44 条第 1 款规定："经济纠纷经和解、调解达成的协议，当事人可以根据协议中约定的仲裁条款，或者达成的仲裁协议，向选定的商事仲裁机构申请确认其效力，制作调解书或者裁决书。"《山东省多元化解纠纷促进条例》第 41 条第 1 款则规定："当事人可以根据具有民事合同性质的和解协议、调解协议中约定的仲裁条款，或者事后达成的仲裁协议，在法律规定的范围内向选定的民事商事仲裁机构申请确认和解协议、调解协议的效力。"

也许囿于目前我国法律仅对人民解决协议规定了司法确认

程序，上述条例并未规定对协商和解协议的司法确认程序，但已有学者提出这样的主张："有些和解协议经过公证机构的公证程序，有些和解协议经过人民法院司法确认程序，对这些经过公证或司法确认程序的和解协议法律赋予其强制执行的效力，如果一方当事人不履行或不完全履行则另一方当事人可以申请人民法院强制执行。"[1] 法院部门的观点也支持这种做法："对于当事人自行达成的调解协议，在不违背法律法规强制性规定的情况下，当事人基于自愿原则，可以依法共同向法院申请效力确认。"[2] 除申请司法确认外，向人民法院申请支付令，也是赋予和解协议以强制执行效力的一种办法，《厦门经济特区多元化纠纷解决机制促进条例》第 46 条规定："以金钱或者有价证券给付为内容的和解协议、调解协议，当事人可以向有管辖权的基层人民法院申请支付令。人民法院应当依法发出支付令。债务人逾期不履行支付令的，债权人可以向人民法院申请执行。" 2017 年 9 月最高人民法院和司法部联合颁布的《关于开展律师调解试点工作的意见》也规定，经律师调解达成的和解协议、调解协议中，具有金钱或者有价证券给付内容的，债权人得依法向有管辖权的基层人民法院申请支付令，债务人未在法定期限内提出书面异议且逾期不履行支付令的，人民法院可依支付令强制执行。可见，申请支付令，也不失为通过向法院渠道解决和解协议法律效力问题的一个办法。

---

〔1〕 孟晟：《论当事人先行协商和解制度的构建》，载《法制与社会》2017 年第 24 期。

〔2〕 宋长士、戚怀民：《多元化纠纷解决机制的实践难题与破解之策》，载《人民法院报》2017 年 11 月 2 日，第 5 版。

不论是通过公证机关、仲裁机构，或是通过人民法院赋予和解协议以强制执行的效力，都需要当事人双方提出申请。在当事人未提出相关请求的情况下，如何保障和解协议的法律效力，可能是更亟待解决的问题。当事人有义务履行自己签订的和解协议，本是诚实信用原则的体现。除非当事人有证据表明自己对和解协议存在重大误解，或者协议对自己显失公正，法院或其他有裁决权的机关对于当事人背弃和解协议另行寻求救济的行为不应予以支持，同时可以参考学者提出的如下建议，即"如果一方当事人违反和解协议约定，不履行或不完全履行和解协议，则另一方当事人有权以和解协议纠纷直接向人民法院起诉，法院受理后直接审理和解协议效力和履行情况，无需对和解协议之前的基础法律关系进行实质审理"[1]。

(二) 调解的法律效力

至于调解协议的法律效力，也应该分别按不同情况进行处理。首先，就民间调解而言，除行政调解、法院调解之外，所有人民调解委员会、行业性、专业性调解组织进行的调解，以及律师调解都属于民间调解的范围。依《民事诉讼法》及《人民调解法》，人民调解委员会居间达成的调解协议可通过司法确定程序获得强制执行力，自不待言。根据《人民调解法》的规定，除村民委员会、居民委员会设立人民调解委员会外，乡镇、街道、企业事业单位及社会团体或者其他组织可根据需要设立人民调解委员会。而从2018年4月中央政法委、最高人民法院、司法部、民政部、财政部、人力资源和社会保障部发布的《关

<hr>

[1] 孟晟：《论当事人先行协商和解制度的构建》，载《法制与社会》2017年第24期。

于加强人民调解员队伍建设的意见》来看，经有关单位、社会团体或者其他组织推选，亦可设立行业性、专业性人民调解委员会委员。可见，人民调解委员会组织有向行业、专业领域拓展的趋势，这有助于改变以前行业调解、商事调解无法申请司法确认，在当事人调解成功后，也只能通过重新立案要求法院出具调解书的情况。2017年9月最高人民法院和司法部联合颁布的《关于开展律师调解试点工作的意见》更规定："经律师调解工作室或律师调解中心调解达成的具有民事合同性质的协议，当事人可以向律师调解工作室或律师调解中心所在地基层人民法院或者人民法庭申请确认其效力，人民法院应当依法确认调解协议效力。"可见，起码从立法上看，得申请司法确认的民间调解协议范围不断扩大，这有利于促进于民间调解制度的发展。

当然，民间调解协议的法律效力不能仅仅依靠司法确认的方式得到保证。前述《厦门经济特区多元化纠纷解决机制促进条例》《关于开展律师调解试点工作的意见》都规定，具有金钱或者有价证券给付内容的某些调解协议，债权人可以向基层人民法院申请支付令。而在人民法院之外，当事人也可以找到保障民间调解协议的法律效力其他方法，如双方共同向公证机关申请公证，或向仲裁机构申请确认调解协议的效力，《厦门经济特区多元化纠纷解决机制促进条例》《山东省多元化解纠纷促进条例》及其他地方类似条例均有相关规定。

至于各种形式的行政调解，在实践中往往都以人民调解的名义存在，其目的就是取得人民调解协议的合同效力。在地方性法规中，已有关于行政调解协议申请司法确认的规定，如《厦门经济特区多元化纠纷解决机制促进条例》第45条第1款明确规定："经行政机关、调解组织调解达成的协议，双方当事人可以共同向行政机关、调解组织所在地基层人民法院申请确认其效力。人民法院裁定调解协议有效后，一方当事人不履行的，对方当事人可以向人民法院申请执行。"《山东省多元化解纠纷促进条例》第36条第1款规定："行政机关在作出行政裁决前可以先行调解；在作出行政复议决定前，对符合法定条件的，可以进行调解。调解不成的，依法作出裁决、复议决定。"但对于达成调解协议的，行政机关如何区处，并未言明，其第42条称："对符合法律规定的调解协议，当事人可以依法共同向人民法院申请确认其法律效力……"行政调解协议自应照此办理。

在上述地方条例中，各种民间调解组织调解达成的协议可以通过公证、仲裁、向法院申请司法确认、支付令等多种途径获得强制执行效力，而行政调解协议却似乎仅有司法确认这单一途径。来自法院部门的研究成果至多不过建议，通过行政调解，"对于达成调解协议的，当事人可以依法申请公证或申请法院确认效力。"[1]行政调解协议与民间调解协议在立法上的差别待遇，显然是不合理的。实际上，即便是"不具有强制执行力的行政调解协议，当事人慑于行政机关的权威性，一般也会履行"[2]。行政机关的权威性，虽然可以在一定程度上有助于行政调解协议的履行，但它并不意味着行政调解协议天然地具有强制执行的法律效力，否则人们也不必申请法院确认其效力。

---

〔1〕 江苏省泰州市中级人民法院课题组：《矛盾纠纷多元化解机制的实践困境与路径探析》，载《中国应用法学》2017年第3期。

〔2〕 徐黎明：《论行政机关处理民事纠纷在多元纠纷解决机制中的地位》，载《西安文理学院学报（社会科学版）》2010年第6期。

目前，我国对于行政裁决的立法虽不完善，但在法律上仍然有一些行政机关对于民事纠纷拥有裁决权，这就可以我们为解决行政调解协议的法律效力问题提供另一种选择。《山东省多元化解纠纷促进条例》第36条规定行政机关在作出行政裁决前可以先行调解，这种先行调解可以适用于所有有行政裁决权的行政机关，一旦达成调解协议，行政机关即可根据调解协议的内容作出行政裁决，这是保证行政调解协议法律效力的更有效、更便捷的手段。该条例第41条第2款规定："劳动人事争议、农村土地承包经营纠纷经调解组织调解达成的协议，当事人可以共同向有管辖权的劳动人事争议仲裁机构、农村土地承包仲裁机构申请确认其效力。"2017年人力资源社会保障部、中央综治办、最高人民法院、司法部等单位联合发布的《关于进一步加强劳动人事争议调解仲裁完善多元处理机制的意见》也提出"落实调解建议书、委托调解、调解协议仲裁审查确认等制度"等问题。同样是对纠纷拥有裁决权的机关，劳动人事争议仲裁机构、农村土地承包仲裁机构既然可以赋予相关调解协议法律效力，行政机关没有理由不可以这样做。有些情况下，行政机关依法对民事纠纷只有调解权，没有裁决权，则对于该机关调解达成的调解协议，当事人可以依法申请公证或申请法院确认效力，对于具有金钱等给付内容的调解协议，债权人可以直接向基层人民法院申请支付令。

即便民间调解、行政调解在解决纠纷方面能够实际发挥替代性作，即便建立了完善的调解前置制度，仍然会有一些未经调解或调解未成或者调解成功后当事人起诉的案件进入诉讼程序，这就涉及法院调解的法律效力问题。对于已达到调解协议的案件，除非提出诉讼的当事人提出明确证据，表明自己对协议存在重大误解，或者协议对自己显失公正，否则人民法院不予受理。这一方面是尊重法院外调解组织或机构的努力，防止当事人滥用诉权；另一方面也是民法诚实信用原则的要求，防止当事人出尔反尔。对于未经调解或调解未成当事人诉至法院的案件，除非是依法不适于调解的纠纷，法院仍应按先行调解制度的规定进行处理。经过先行调解达成协议的，由法院根据协议内容作出判决。对先行调解不成而转入诉讼程序的案件，有学者建议，"应当根据案件的具体情况选择进行诉讼阶段的调解，减少相同救济手段的重复使用，避免司法资源和其他社会解纷资源浪费以及程序拖延，造成变相强迫调解。"[1] 在司法实践中，调解被重复使用的情况是很常见的，诸如"三前调解法"便是要求纠纷调解在成讼前、开庭前和宣判前进行[2]，这种重复使用，除了显示出法院对调解这种解决纠纷方式的偏爱以外，对于纠纷的解决并无特别的好处，反而会加重当事人轻视调解的心理。若是调解不成进入审判程序，可以借鉴我国台湾地区的做法，"诉讼中则不再组织调解，而是采取合意和解的方式。台湾地区此种精妙的制度设计避免了程序复杂、繁琐，也从根本上规避掉可能因诉讼时效届满而影响当事人诉权行使的问题。"[3] 在诉讼过程中，法院虽不主动进行调解，但当事

---

〔1〕 梁蕾：《多元化纠纷解决机制中的先行调解制度》，载《山东法官培训学院学报》2018 年第 3 期。

〔2〕 李少平：《传承"枫桥经验"创新司法改革》，载《法律适用》2018 年第 17 期。

〔3〕 何仲新：《法院诉调对接的实践进路及机制完善》，载微信公众号"多元化纠纷解决机制"，第 158 期。

人双方在判决内容可预见的情况下，有可能通过双方或其代理人的协商达到和解，一旦达成和解议，法院即可根据协议内容作出判决。

（三）非诉讼裁决的法律效力

作为一种纠纷解决方式，裁决与协商、调解的不同之处就在于它的强制性，裁决一旦作出，当事人不论是否自愿，都必须执行。当然，法院作为司法机关，其所作裁决的法律效力是最强的。至于其他非诉讼裁决的法律效力，虽无法比肩法院裁决，但在立法上起码应该遵循相同情况相同处理的原则，才能符合公平原则。而目前我国关于几种非诉讼裁决法律效力的规定，却未能体现这种公平原则。

首先看三种仲裁，民商事仲裁委员会政府有关部门与商会统一组建，其所作仲裁为一裁终局，裁决书自作出之日起发生法律效力。一方当事人不履行的，另一方当事人可以依照民事诉讼法的有关规定向人民法院申请执行，受申请的人民法院应当执行。依《中华人民共和国劳动争议调解仲裁法》，劳动争议仲裁委员会由劳动行政部门代表、工会代表和企业方面代表组成，其就追索劳动报酬、工伤医疗费、经济补偿或者赔偿金，不超过当地月最低工资标准12个月金额的争议，以及因执行国家的劳动标准在工作时间、休息休假、社会保险等方面发生的争议所作仲裁裁决为终局裁决，裁决书自作出之日起发生法律效力，但对上述裁决不服的，仍可以自收到仲裁裁决书之日起15日内向人民法院提起诉讼，对于其他劳动争议案件的仲裁裁决则并非终局裁决，当事人如果不服可以自收到仲裁裁决书之日起15日内向人民法院提起诉讼。对于已经生效的裁决书，一方当事人逾期不履行的，另一方当事人可以依照民事诉讼法的有关规定向人民法院申请执行。而依《中华人民共和国农村土地承包经营纠纷调解仲裁法》，农村土地承包仲裁委员会由当地人民政府及其有关部门代表、有关人民团体代表、农村集体经济组织代表、农民代表和法律、经济等相关专业人员兼任组成，其就农村土地承包经营纠纷所做裁决，当事人如果不服仲裁，可以自收到裁决书之日起 30 日内向人民法院起诉。逾期不起诉的，裁决书即发生法律效力。

可以看到，同样是以仲裁裁决方式解决纠纷，其法律效力有终局裁决（民商事仲裁）与非终局裁决（土地承包仲裁）之别；同样是终局裁决，又有可以起诉的终局裁决（劳动争议仲裁）和不可以起诉的终局裁决（民商事仲裁）之别，这在立法上显然是一种差别待遇。或许这些差别待遇可以从仲裁机构上、从纠纷性质上找到理由，但即便是实行一裁终局的民商事仲裁，当事人既可依法申请撤销，亦可依法申请不予执行，人民法院根据上述申请对仲裁裁决的审查既包括程序审查，也包括实体审查，这就使得所谓的终局裁决流于形式。即便是劳动争议仲裁委员会依法实行终局裁决的劳动争议案件，用人单位亦可以适用法律、法规确有错误、违反法定程序、对方隐瞒、伪造证据等理由申请撤销，劳动者也可以在法定期间内起诉，终局裁决依然流于形式。既然终局裁决最终都流于形式，在立法上又何必作出上述差别规定？

针对民商事仲裁中的司法审查问题，有学者建议强化一裁终局制度，"强化仲裁民间性、自治性、专业性特点，取消法院对仲裁裁决的实体审查的规定，对仲裁裁决仅审查程序事项。"[1] 针对劳动争议仲裁实质上的一裁二审，有学者主张进一步改革，"具体建议包括：第一，建立适用于全部劳动争议案件的一裁终局和限制诉讼制度。一方面，劳动仲裁在事实审理方面具有终局性，在法律适用方面，当事人有权提起诉讼；另一方面，上述制度适用于全部劳动争议案件，而不仅仅是有限的几类争议。第二，将当事人的诉讼请求视为'上诉'，由中级人民法院管辖，具体负责对当事人起诉的案件进行法律审查，以防止地方保护主义的影响。第三，适应法律审查的特点，法院审理可采用书面审查，不必采用庭审方式。"[2] 关于强化一裁终局的建议，只有在当事人乐于接受一裁终局的前提下才具备合理性。但事实上，一裁终局所带来的风险已经成为人们回避仲裁制度的理由，这时立法者需要考虑的应该是如何给那些选择使用仲裁的方式解决纠纷的当事人提供必要的救济机会，而在民商事仲裁委员会体制下，仲裁委员会独立于行政机关，与行政机关没有隶属关系。仲裁委员会之间也没有隶属关系。欲从立法上为不服仲裁裁决的当事人提供救济，似乎只有先裁后审一途，这又难免落入劳动争议仲裁及土地承包仲裁先裁后审、一裁二审那样的窠臼。程序过于繁复，只能迫使当事人走进法院。

　　另一个不容忽视的问题是，无论民商事仲裁机构、还是劳动争议仲裁及土地承包仲裁机构，在运行过程中都存在着行政

---

〔1〕 江苏省泰州市中级人民法院课题组：《矛盾纠纷多元化解机制的实践困境与路径探析》，载《中国应用法学》2017年第3期。

〔2〕 左卫民等：《中国基层纠纷解决研究》，人民出版社2010年版，第342页。

化的倾向。民商事仲裁机构部分存在"官方性、地方性的烙印"，而在当地人民政府指导下设立，日常工作即由当地农村土地承包管理部门承担的农村土地承包仲裁委员会，同样具有该倾向。既然上述仲裁机构行政化的趋势不可阻止，既然权威性不足已经成为人们回避仲裁制度的另一个理由，那么将上述纠纷的仲裁权完全移交给相关行政部门也许可以成为将来的一种选择，毕竟，行政机关的权威性、专业性足以符合人们的期待，且在行政机关内部机制中不难找到为当事人提供救济的方法。

关于行政裁决，"目前我国部分领域纠纷的行政裁决尚处于立法空白状态"[1]，现存有关行政裁决的规定存在着"立法层次不一""立法用语不规范""行政裁决的规范范围狭小""行政裁决机构的独立性不强""行政裁决程序规范欠缺""行政裁决执行效力不清""救济机制错位"[2]等问题，这些都是事实，但有些问题如立法层次、用语规范等，假以时日不难解决。有些问题如裁决机构的设置、裁决程序规范可以交给行政机关解决，且在程序设计问题上也不必追求形式主义，毕竟行政性解决纠纷机制的优点便在于它的便捷性、灵活性。在制度设计上，最不可回避的是行政裁决的法律效力问题，有学者注意到我国目前关于行政裁决法律效力规定的混乱状况，建议"必须统一行政处理的法律效力。不论处理对象是哪种类别的民事纠纷，也不论负责处理的是哪种行政处理机关，只要采取的是相同的

---

〔1〕 江苏省泰州市中级人民法院课题组：《矛盾纠纷多元化解机制的实践困境与路径探析》，载《中国应用法学》2017年第3期。

〔2〕 齐树洁主编：《纠纷解决与和谐社会》，厦门大学出版社2010年版，第268~270页。

行政处理形式，原则上都应具有相同的法律效力"，"对于行政仲裁和行政裁决，由于它们具有一定的准司法性质，可以赋予它们达到一定期限后的强制执行效力。"[1]

鉴于民事纠纷复杂多样，而行政机关职权各不相同，在制度设计上，各行政机关得以裁决的纠纷范围自然会有所不同。不过，一旦作出裁决，这个裁决原则上就应该具有法律效力，当事人不履行的，有强制执行权的行政机关即可依法强制执行，行政机关无强制执行权的，另一方当事人可申请人民法院强制执行。既然行政机关组建的仲裁机构尚可就某些纠纷作出具有法律效力的终局裁决，而行政机关就与其管理活动有关的民事纠纷所作裁决竟无法律效力，显然于理不通。况且，行政机关就管辖权范围的其他事项所作的决定、命令，法律效力从未成为问题，唯独其就与管理活动有关的民事纠纷所作裁决的法律效力成为问题，同样于理不通。

至于行政裁决的救济问题，可以通过行政复议与诉讼两种途径解决。对于在立法上规定行政裁决前置的案件，应先进行行政裁决，当事人不服行政裁决的内容，则依法提起民事诉讼。之所以提起民事诉讼，是因为纠纷本身的性质就是民事纠纷，作为前置程序的行政裁决只是解决纠纷的一种手段，对于裁决内容不满，当事人希望通过司法途径寻求救济，这种行为并没有改变纠纷本身的性质。当事人没有理由因为对裁决内容不满把裁决者变成被告，正如在民间调解程序中，当事人对调解内容不满，也没有把调解者变成被告一样。另外，如果在立法上

---

〔1〕 沈恒斌：《多元化纠纷解决机制原理与实务》，厦门大学出版社 2005 年版，第 241 页。

规定以行政裁决作为民事诉讼的前置程序，就意味着当事人只能选择民事诉讼这一条救济途径，而不能选择行政复议，否则，民事纠纷的解决可能会陷入二裁一审甚至二裁二审的繁琐程序，既违背了效率原则，也失去了利用非诉讼裁决分流案件的本意。既然在诉讼制度上实行二审终审，那么经过行政裁决的案件，当事人试图通过提起诉讼的方式寻求救济，法院也只能为当事人提供一次救济机会，即由中级人民法院依二审程序进行审理，毕竟这些案件都是专业性、政策性较强、影响较大的案件。这种救济方式，可以同样适用于仲裁裁决。

对于行政裁决前置程序以外，行政机关有裁决权的民事纠纷，应该采取或裁或审的原则，如果当事人向行政机关申请行政裁决，则不得以同一争议事实再向人民法院提起民事诉讼，其中就包括那些人民法院不予受理的民事纠纷。对于行政机关所作的行政裁决不服的，除了那些当事人对案件事实无争议、标的数额较小、行政机关有权一裁终局的案件以外，当事人可以依《中华人民共和国行政复议法》的规定申请复议。复议机关所作裁决，即为行政机关对该民事纠纷的最终裁决。

这样的制度设计，不仅可以充分利用行政机关在解决纠纷方面的权威和资源，最大程度地摆脱行政裁决机制对于法院的依赖，同时又通过行政复议、民事诉讼等救济手段把行政裁决给当事人带来的风险降至最低。在包括民商事仲裁在内的各种现有仲裁机制形同鸡肋的情况下，回归上述仲裁的行政性质，在行政裁决的框架下解决现有仲裁管辖范围内的民事纠纷，也许是一种明智的办法，毕竟我们本来就有诸多的行政仲裁的经验可循。

如前所述，要建立完善的多元化纠纷解决机制，确实需要在立法层面的大力支撑。多年来，人民法院在探讨多元化纠纷解决机制方面付出了巨大努力，也确实发挥了引领和推动作用，但这毕竟是一项涉及党委、综治、政府部门、司法机关、调解组织、仲裁机构、社会团体和民众等众多主体共同努力的复杂工程，任何单一主体的过度努力，都可能使多元化纠纷解决机制的发展偏离正常的轨道。正如所我们所看到的，人民法院对其引领和推动作用的强调，未尝不是今天非诉讼纠纷解决机制无法摆脱对人民法院依附状况的原因。

重要的是思维方式的转变，既不能把解决纠纷当成司法机关的禁脔，弱化民间解决纠纷机制与行政解纷机制的实际作用，又不能过度迷信"司法最后防线论"，把所有非诉讼解决纠纷方式都变成法院的附庸。正确的做法是在解决民事纠纷方面，让民间解决纠纷机制与行政解决纠纷机制独立发展，以至于能够发挥对人民法院的替代性作用。首先建立以人民调解委员会为中心的民间调解分流体系、以政府信访机构为中心的行政调处分流体系，为当事人提供解决纠纷的路径选择；其次设置调解前置与非诉讼裁决前置程序，切实保证实现法院之外、诉讼之前的案件分流；最后采用多种制度设计，为协商、调解、非诉讼裁决提供法律效力的保障。一旦当事人看到民间及行政纠纷解决机制提供的方案能够以方便、快速、有效的方式进行，他们就不会络绎于诉讼之途，一种健全的、完善的多元化纠纷解决机制也才能真正地建立起来。

参考文献

《史记》，中华书局 2000 年版。

《汉书》，中华书局 2000 年版。

《后汉书》，中华书局 2000 年版。

《三国志》，中华书局 2000 年版。

《晋书》，中华书局 2000 年版。

《魏书》，中华书局 2000 年版。

《梁书》，中华书局 2000 年版。

《隋书》，中华书局 2000 年版。

《旧唐书》，中华书局 2000 年版。

《新唐书》，中华书局 2000 年版。

《宋史》，中华书局 2000 年版。

《明史》，中华书局 2000 年版。

（宋）司马光：《资治通鉴》，（元）胡三省音注，"标点资治通鉴小组"校点，中华书局 1956 年版。

（唐）李林甫等撰：《唐六典》，陈仲夫点校，中华书局 1992 年版。

《唐律疏议》，刘俊文点校，法律出版社 1999 年版。

《宋刑统》，薛梅卿点校，法律出版社 1999 年版。

《大明律》，怀效锋点校，法律出版社 1999 年版。

《大清律例》，田涛、郑秦点校，法律出版社 1999 年版。

《钦定大清会典事例》，光绪二十五年（1899 年）刻本，新文丰出版公司 1976 年版。

（汉）许慎撰：《说文解字》，（宋）徐铉校定本，中华书局 1963 年版。

（宋）李焘撰：《续资治通鉴长编》，中华书局 1995 年版。

（宋）郑克编著：《折狱龟鉴译注》，刘俊文译注点校，上海古籍出版社 1988 年版。

《名公书判清明集》，中国社会科学院历史研究所辽金元史研究室点校，中华书局 1987 年版。

（宋）朱熹撰：《四书章句集注》，陈立点校，辽宁教育出版社 1998 年版。

（宋）朱熹：《朱熹集》，尹波、郭齐点校，四川教育出版社 1996 年版。

（宋）李心传：《建炎以来系年要录》，中华书局 1988 年版。

（元）马端临：《文献通考》，中华书局 1986 年版。

（明）黄淮、杨士奇编：《历代名臣奏议》，上海古籍出版社 1989 年版。

（明）颜俊彦：《盟水斋存牍》，中国政法大学古籍整理研究所整理标点，中国政法大学出版社 2002 年版。

（明）冯梦龙编纂：《喻世明言》，洛保生等校注，河北大学出版社 2004 年版。

（明）凌濛初编著：《初刻拍案惊奇》，韩进廉校点，河北大学出版社 2004 年版。

（清）徐松辑：《宋会要辑稿》，刘琳等校点，上海古籍出版社 2014 年版。

（清）周尔吉：《历代折狱纂要》，全国图书馆文献缩微复制中心 1993 年版。

（清）薛允升撰：《唐明律合编》，李鸣、怀效锋点校，法律出版社 1999 年版。

（清）赵翼：《陔余丛考》，栾保群、吕宗力校点，河北人民出版社 1990 年版。

（清）祝庆祺等编：《刑案汇览三编》，北京古籍出版社 2004 年版。

（清）樊增祥：《樊山政书》，那思陆、孙家红点校本，中华书局 2007 年版。

《各省审判厅判牍》，法学研究社 1911 年版。

《大清法规大全》，考证出版社 1972 年版。

《清实录·世宗宪皇帝实录》，中华书局 1985 年版。

《法令大全》，商务印书馆 1924 年版。

张家山二四七号汉墓竹简整理小组编：《张家山汉墓竹简（二四七号墓）》，文物出版社 2001 年版。

睡虎地秦墓竹简整理小组编：《睡虎地秦墓竹简》，文物出版社 1978 年版。

《官箴书集成》编纂委员会编：《官箴书集成》，黄山书社 1997 年版。

刘海年、杨一凡总主编：《中国珍稀法律典籍集成》，科学出版社 1994 年版。

李民、王健撰：《尚书译注》，上海古籍出版社 2004 年版。

崔高维点校：《礼记》，辽宁教育出版社 1997 年版。

程俊英撰：《诗经译注》，上海古籍出版社 2012 年版。

朱越利校点：《墨子》，辽宁教育出版社 1997 年版。

方向东译注：《新书》，中华书局 2012 年版。

李学勤主编：《十三经注疏》（标点本），北京大学出版社 1999 年版。

郭成伟、田涛点校整理：《明清公牍秘本五种》，中国政法大学出版社 1999 年版。

天一阁博物馆、中国社会科学院历史研究所天圣令整理课题组校证：《天一阁藏明钞本天圣令校证》，中华书局 2006 年版。

一凡藏书馆文献编委会编：《古代乡约及乡治法律文献十种》，黑龙江人民出版社 2005 年版。

黄时鉴：《元代法律资料辑存》，浙江古籍出版社 1988 年版。

方龄贵校注：《通制条格校注》，中华书局 2001 年版。

故宫博物院明清档案部编：《清末筹备立宪档案史料》，中华书局 1979 年版。

［法］孟德斯鸠：《论法的精神》，张雁深译，北京，商务印书馆 1961 年版。

［英］威廉·韦德：《行政法》，徐炳等译，中国大百科全书出版社 1997 年版。

［日］田口守一：《刑事诉讼法》，刘迪等译，卞建林审校，法律出版社 2000 年版。

［奥］凯尔森：《法与国家的一般理论》，沈宗灵译，中国大

百科全书出版社 1996 年版。

[英] 马丁·阿尔布劳：《全球时代——超越现代性之外的国家和社会》，高湘泽、冯玲译，高湘泽校，商务印书馆 2001 年版。

[法] 米歇尔·福柯：《不正常的人》，钱翰译，上海人民出版社 2003 年版。

[德] 哈特穆特·毛雷尔：《行政法学总论》，高家伟译，刘兆兴校，法律出版社 2000 年版。

《毛泽东选集》（第 1 卷），人民出版社 1991 年版。

中共中央文献研究室编：《毛泽东年谱（1893—1949）》，（修订本·下册），中央文献出版社 2013 年版。

周枏：《罗马法原论》，商务印书馆 1994 年版。

郑秦：《清代司法审判制度研究》，湖南教育出版社 1988 年版。

陈光中、沈国峰：《中国古代司法制度》，群众出版社 1984 年版。

徐忠明：《包公故事：一个考察中国法律文化的视角》，中国政法大学出版社 2002 年版。

瞿同祖：《瞿同祖法学论著集》，中国政法大学出版社 1998 年版。

李峰：《西周的政体：中国早期的官僚制度和国家》，生活·读书·新知三联书店 2010 年版。

王玉哲：《中华远古史》，上海人民出版社 2003 年版。

程幸超：《中国地方行政制度史》，四川人民出版社 1992 年版。

郭东旭：《宋代法制研究》，河北大学出版社 2000 年版。

王云海主编：《宋代司法制度》，河南大学出版社 1992 年版。

春杨：《晚清乡土社会民事纠纷调解制度研究》，北京大学出版社 2009 年版。

郑振满：《明清福建家族组织与社会变迁》，中国人民大学出版社 2009 年版。

张德美：《从公堂走向法庭：清末民初诉讼制度改革研究》，中国政法大学出版社 2009 年版。

宋英辉主编：《刑事诉讼原理》，法律出版社 2003 年版。

张从容：《部院之争：晚清司法改革的交叉路口》，北京大学出版社 2007 年版。

陈刚主编：《中国民事诉讼法制百年进程》（清末时期·第 1 卷），中国法制出版社 2004 年版。

谢振民：《中华民国立法史》，张知本校订，中国政法大学出版社 2000 年版。

李德芳：《民国乡村自治问题研究》，人民出版社 2001 年版。

谢冬慧：《纠纷解决与机制选择——民国时期民事纠纷解决机制研究》，法律出版社 2013 年版。

范愉主编：《ADR 原理与实务》，厦门大学出版社 2002 年版。

范愉等：《多元化纠纷解决机制与和谐社会的构建》，经济科学出版社 2011 年版。

翟校义等：《信访法治化研究》，人民出版社 2016 年版。

肖建华等：《仲裁法学》，人民出版社 2004 年版。

齐树洁主编：《纠纷解决与和谐社会》，厦门大学出版社 2010 年版。

左卫民等：《中国基层纠纷解决研究》，人民出版社 2010 年版。

王名扬：《美国行政法》，中国法制出版社 1995 年版。